《国际汉语教育研究》系列丛书

主编：郑通涛

汉语特征与
国际汉语教育

THE CHARACTERISTICS OF THE CHINESE LANGUAGE IN
FOREIGN LANGUAGE TEACHING

李如龙　郑通涛◎著

中国出版集团

世界图书出版公司

广州·上海·西安·北京

图书在版编目（ＣＩＰ）数据

汉语特征与国际汉语教育 / 李如龙，郑通涛著. --广州：
世界图书出版广东有限公司，2016.3
ISBN 978-7-5192-0936-0

Ⅰ．①汉… Ⅱ．①李… ②郑… Ⅲ．①汉语－研究②
汉语－对外汉语教学－研究 Ⅳ．①H1②H195

中国版本图书馆CIP数据核字(2016)第054690号

汉语特征与国际汉语教育

总 策 划	王颖萱
策划编辑	汪 玲
责任编辑	李玄梅
封面设计	行言工作室
出版发行	世界图书出版广东有限公司
地 址	广州市新港西路大江冲25号
电 话	020-84459702
印 刷	虎彩印艺股份有限公司
规 格	710mm×1000mm 1/16
印 张	11.5
字 数	195千
版 次	2016年3月第1版 2018年9月第3次印刷
ISBN	978-7-5192-0936-0/H·1038
定 价	46.00元

《国际汉语教育研究》系列丛书总序

郑通涛

国际汉语教育是面向国际汉语学习者的以汉语文化教学为载体的教育实践过程，是汉语和中华文化走向世界的重要平台。

作为一门多学科交叉融合的新兴学科，国际汉语教育虽起步较晚，但跨越国界的汉语教育实践活动则源远流长，历史上汉字文化圈的形成、中国语言文化典籍的外传、西方汉学的兴起发展以及海外华侨华人的华文教育等便是最好的明证，也为当今国际汉语教育和中华文化传播的实践与学术研究提供了丰富的历史借鉴。

作为文化载体的语言，是人类文明与民族文化的结晶。国外开展语言国际推广教育的历史悠久、影响深远。早在 15 世纪，"语言作为立国的工具"的重要性就得到了国际上的普遍认可。18 世纪中叶，西方各国政府都把语言推广看作是"教化属地内有色人种最重要的方式"，也是除政治、军事和经济以外的第四个层面的外交活动。

在当今强调文化影响力等"软实力"的时代，语言的国际教育不仅是国际政治、经济、文化交流的有效工具，也是获取民族和国家利益的重要手段。语言的国际化程度已日益成为国家综合实力的重要体现，向国外推广本国语言更是成为增强国家软实力、提升国际地位的重要战略手段。因而，语言的国际教育就不只是语言的教学和推广，更重要的是以本国语言为载体，传播自己的文化和价值观念，使本国文化在世界多元文化格局中占据重要地位，借以提高本国的国际地位。

纵观国外的语言推广发展状况，可以发现这样两点共识：一是各国普遍将本民族语言教育的国际化纳入其强国战略的一个组成部分；二是将语言教育和文化推广相结合是发达国家向外传播自己的语言时所采取的一个基本政策。英国文化委员会、法语联盟、德国歌德学院、西班牙塞万提斯学院等借助语言国际教育在各国人文外交中逐步声名鹊起，在全球范围建立了语言教学、教育文化交流、国际服务等分支机构，以促进文化、教育、国际关系的拓展和交流。

新中国成立特别是改革开放以来，国际汉语教育承前启后，日渐由零散走向系统，展现出全新的局面。随着中国经济的高速发展和国际地位的大幅提升，国际汉语教育也被赋予新的历史内涵，成为中国语言文化传播和展现中国文化软实力的重要路径，得到国际社会越来越广泛的关注。

国际汉语教育作为一门学科，它以国际汉语学习者为中心，研究国际汉语学习者汉语学习的理论和实践，国际汉语教师的专业发展途径与特点，国别化汉语教育的课程、教材、教法，国际汉语教育所涉及的各种教育测评问题，不同国家的语言国际教育之对比，以及国际汉语教育发展的历史脉络等。较之传统的对外汉语教学，国际汉语教育所研究的对象和规律,拓展到教学方法之外的教育学诸多分支领域,研究问题的转变带来了研究内容、研究方法的重大转变,学科内涵得到进一步丰富。

国际汉语教育学科既要分析总结国际汉语教育的实践和现象,也要研究在跨语言文化背景下的国际汉语教育的理论和规律,探索汉语国际传播的机制、路径、策略和手段,因此,语言学、教育学、心理学、管理学、经济学、历史学、文化学、政治学、社会学、国际关系学、计算机科学等都进入了国际汉语教育学科的研究视野。

首先,国际汉语教育以汉语教学为载体,因此必须在汉语语言学理论基础上研究作为外语或二语的汉语本体的特点、结构和功能,它一方面可直接为国际汉语教育服务,另一方面又可加深我们对汉语自身特点的认识,促进汉语的本体研究的深入发展,因而汉语语言学和汉外语言对比成为学科重要基础理论之一。

第二,国际汉语教育本质上是一种教育实践活动,因此就必须遵循教育教学的基本规律和原则,并针对国际汉语教育的实际需求,确立教育教学的具体原则和方法,使国际汉语教育既体现出教育的目的和教育的阶段性,又体现出本学科的性质和特点,这些都与教育学及其各分支学科密切相关。

第三,国际汉语教育是汉语作为第二语言的教育,涉及国际汉语学习者的生理、情感、认知因素,学习迁移、学习策略、交际策略等,也涉及国际汉语教师的心理素质、职业道德修养和职业发展规划等,这些都与心理学及其各分支学科有密切关系。

第四,国际汉语教育对象学习汉语的过程,实质上是跨越自己的母语文化学习另一种语言文化的过程。国际汉语教育要培养学习者的交际能力,实际上是跨文化的交际能力。交际能力中所包括的社会语言能力、话语能力和策略能力,均与文化有关,因而国际汉语教育需要以文化学和跨文化交际学理论为指导。

第五,国际汉语教育本质上也是语言文化的国际推广和传播过程,传播学研究人类社会信息系统及其运行规律,研究传播行为和传播过程发生、发展的规律以及传播与人和社会的关系,因而国际汉语教育需要以传播学理论作为指导,以提高汉语文化教育传播的针对性和实效性。

第六,国际汉语教育作为中外人文交流的重要载体,需要以国际关系学及公共外交理论作为指导,研究如何通过汉语文化国际教育机制体制和区域化国别化策略,提升汉语与中华文化的国际影响力,不断丰富中外人文交流的内涵,在潜移默化中影响其他国家的民众并形成国际舆论,在国际上树立中国良好的形象,进而实现国家的战略利益。

国外在语言国际教育领域的成果与经验,对我国国际汉语教育的学科建设发展具有诸多启发和借鉴意义。事实上,我国学界已经或正在把国外语言国际教育的理论和经验引入国际汉语教育的实践与科研之中,在借鉴国外语言国际教育相关理论和经验的同时,努力探索符合汉语与中国自身特点的国际汉语教育之路。

汉语教学是汉语国际教育的载体和支撑。汉语作为外语教学的主要难点是什么？如何降低汉语学习的门槛,帮助外国人更快更好地掌握汉语,这是我们在汉语国际教育过程中不得不面对的问题。作为汉语教学的母语国,我们不能仅仅依赖于对外来模式的借鉴,必须具有国际领先和模式输出意识,必须首先建立自己的有说服力的品牌。在汉语教学国际化进程中,掌握制定规则、输出规则的主动权,这是决定我们能够引领国际汉语教育潮流的重要之举。

　　为此必须进一步促进汉语国际教育学科理论的深化和教学实践的创新,在借鉴、吸收世界第二语言教学经验和成果的同时,应着重从汉语内在的特征和自身规律出发,建构汉语作为第二语言教学基础理论。一是进行针对外国学习者的汉语本体研究,侧重点是教学中的难点以及汉语跟学习者的母语或第一语言的差异,并结合学习者的认知心理和语言习得以及跨文化交际等对汉语进行多角度综合研究;二是进行汉语第二语言的学习理论与教学理论的研究,包括习得理论、教学模式、教学方法等的研究;三是进行针对教学实践和解决遇到的瓶颈问题的研究,包括教学案例、课堂教学设计、教学管理、测试评估、语料库建设、教材编写、师资培训、现代教育技术等的研究与推广。

　　由厦门大学两岸关系和平发展协同创新中心、厦门大学海外教育学院共同策划推出了《国际汉语教育研究》系列丛书。该系列丛书收录了当今国际汉语教育领域最新的研究成果,分门别类作了编排。值得一提的是该丛书还邀请包括两岸知名学者在内的海内外相关学科领域的专家赐稿或参与点评,共同探讨国际汉语教育的热门话题,体现了两岸和海内外学者跨学科的协同创新。

　　我们衷心希望本套系列丛书的出版,能为汉语国际教育事业添砖加瓦,也为推动两岸国际汉语教育和中华文化传播协同创新和深化两岸关系和平发展做出一点应有的贡献。

汉语国际教育任重而道远(代序)

一、汉语国际教育是一项伟大的事业

刚跨过新世纪,国家就出台了到国外创办孔子学院的举措。面向五大洲,和外国的大学联合办学,教授汉语,传播中华文化。中国崛起,世界瞩目,学习中文、了解中华文化成为亿万外国朋友的需求。中国要走向世界、广交朋友也需要一道沟通心灵、传递信息的桥梁。这是一项事关21世纪国家发展的具有战略意义的重要事业,也是汉语教育事业发展的新机遇。

二、从对外汉语教学到汉语国际教育是个重大的转型

上世纪50年代启动的对外汉语教学,主要是接受外国留学生来华学习汉语,陆续发展了长期正规化教学和短期培训等不同方式的训练,但都是脱产的专业训练,虽然多数学生都是没有语感的"零起点",在课余、假日却可以广泛地接触社会,获得良好的语境。

汉语国际教育和对外汉语教学有许多不同。从教学对象说,不仅有少数的精英(留学的大学生或是政府官员),更多的是不同年龄、不同职业、不同目的的学习者,包括中小学生、退休老人、华裔的幼儿、准备来华短期旅游的各色人等。从教学内容说,要有系统完整的,也要有简易的或专业的。从教学方式说,有正规化的教学班,也有分散、自由选择的积累。从教学条件说更是千差万别,可能有现代化教学设备,也可能只有简陋的场所,有的学员甚至连课本也没有。从社会背景说,都是"异文化"的环境,不但全无语言环境,所使用的语言文字大多属于与汉语、汉字不同的类型。

三、原型化——按照汉语的特征教汉语

国际汉语教育是二语教学,目的是掌握作为第二语言的汉语。汉语及其文字和世界各地的语言文字固然有不少共性,但也有许多自己的特征,甚至可以说有点"特立独行"。

汉语的特征是经过与不同语言作比较而显示出来的。语言的对比是个浩大的工程,全世界有那么多的语言,我们不能等到全都比较完了才出国教汉语。全面、系统、深入地比较不容易,在二语教学中也用不上。二语教学只能从宏观方面拿第二语言和母语做粗线条的、漫画式的比较,而后取其异点,择其要点,明确难点,选定重点,体现于教材之中。举例如下:

语音方面,汉语是声调语言,调值模仿容易,调类(每个字所属的调,也就是"字调")掌握却很难,真要教好很不容易;声母中的翘舌音,韵母中的撮口呼、三合元音、儿化韵以及变调与轻声等等,都是许多别的语言所没有的,往往都是教学的难点。

词汇方面,单音词是核心,使用频率高、构词能力强,应该作为教学重点,切实教好。其他语言绝大多数都是多音词,现有的对外汉语教材就很不重视单音词的训练。其余的多义词、文言词、方言词、兼类词也是不好教、不易掌握的。还有,汉语的书面语和口头语差别比别的语言大,至少对于那些书面和口语专用的词语,需要给予适当提示。

语法方面,汉语形态标记不多,有的只是类似,并非一定要用,语素组词、词语造句主要靠语义的组合和虚词的关联。词性(不同的词类)与句子成分不挂钩,不同语序可区别语法意义。这都是汉语和其他语言在词语、句段的组织上很重要的不同特征。叙述中的流水句省略主语,以及其他的省略句也很有特色。半个多世纪以来,对外汉语教学的专家已经有许多研究成果,现在主要是如何在教材中贯彻,在教学中应用。

文字方面,汉字是世界上仅存的非拼音化的文字,外国人或觉得神奇,或视为陈旧的怪物,初学者都很难理解,总带有几分恐惧。确实,汉字的字形繁难、字数繁多,表音度差,表意也含糊,要学好实在不容易。外国人学汉语,如果不求深造,也可以不学汉字,只练口语。对初学者来说,教学汉字,只能集中教好300—500个常用的少数字,开始时还只能要求认读,不能要求书写。到了组词扩词的阶段再来巩固和扩大识字的成果。

四、多元化——教学班组织、教材编写、教法选择都要多样化

在国外教汉语,很难坚守一套不变的教学大纲和教材、教法。要根据不同生源的需求编班和制定大纲,量身定做,编写深浅、繁简、长短不同的教材,分别采取普及或提高、严肃或生动的各种不同训练方法。

入门的基础教材最为重要,必须集中力量编好普遍适用的核心教材,供各种教学班的初学者用。初级教材如果能充分体现汉语的特征、内容精要、简约通俗、朗朗上口、生动有趣、便于背诵,就能增加吸引力,留住初学者,降低流生率,确保教与学都能得到持续发展。

中高级教材则需要多样化,不但要按学生的情况分程度、分年龄制定教学大纲,还要按他们的需要分专业,制定不同的听说读写的要求,设计不同的作业和分门别类制作大规模、分等级的语料库。包括字库(字频、部首、声旁、多音字),词库(词频、词类、词缀、称谓词、同义词、反义词、多义词、方位词、成语、俗语、谚语),句库(句型、句式、句类、单句、复句),文库(记叙、应用、韵文、散文、论文),还有可供教师备课或制作习题、试卷用的题库。有条件的地方,各种语料库还可以用来培训外国教师,甚至可以在教师的指导下,直接提供给学生查阅和自学。

教学手段也要多样化。课余补充阅读的文本、录音录像制品,网络资源开发都应该大大加强。

五、在地化——根据所在地的实际情况安排各种教学活动

在地化首先是要适合"语情",了解当地语言文字的状况,学习第二语言不可避免要受到母语的严重制约,汉语作为第二语言的教学首先要有对本地语言文字的适应。到印欧语地区和到东亚、东南亚就大不同,东亚的"汉字文化圈"对汉字不反感,日本的学生大体都掌握了一两千个汉字,学起来就容易些。在东南亚华人圈里教华语,学习者多少还有些华语的语感。

其次是要适应"异文化"的背景。不同的政治制度、文教政策,不同的历史传统,不同的国际地位,对二语教育的影响是很大的。就社会上说,所在地都有不同的"地情、民情、社情",不同的民族、宗教信仰、风俗习惯、人际关系的传统,不同经济生活所造成的价值取向、城乡关系,等等,对二语教育的开展也会有大大小小的影响。

还有就是人群的环境:教学对象的各种状况(年龄、性别、文化程度、经济能力、学习的积极性等等),家长对二语教育介入的程度和态度,教学伙伴(教师和行政人员)的思想和业务的状况,社会治安的不同情形,也会在一定程度上制约着工作的成败。

要做到"在地化",必须在整个教学过程中、每个环节上都能贯彻到底。教材要适应当地的口味,教学语言的掌握,练习、作业的安排要符合当地的习惯和政策的要求。不同国家和地区,学生的口味是千差万别的,有的活跃、爱说话,能独立思考,有的循规蹈矩,不爱说道。总之,都应该尽量尊重学生和员工,现代教育学提倡以学生为中心,让他们独立自主地、创造性地学习,并不是没有道理的。任何国家、民族都有自己独特的传统习惯,有经验也有弱点,要善于发现别人的好办法,综合运用各种不同的教学法。

孔子学院要在国外落地生根,根本的办法是发现、造就和发展当地的教师。本地老师不熟悉汉语,但是熟悉自己的母语,知道学生们的困难和爱好。开始的时候应该提倡和当地老师多切磋、多合作,互教互学。只要有良好的合作,取长补短,就能把汉语的国际教育事业推向前进。

汉语国际教育是一项架设金桥的巨大工程。桥的一端是汉语和中国文化,另一端是学习者的母语和民族文化。做到原型化和在地化,就是建造两端的桥头堡。做到多元化,就能把桥面拓宽、加层,成为车水马龙的大通道。达到这样的要求真是任重而道远啊。

同学们马上就要出国上岗了,祝你们成功!

(注:本文系 2010 年 3 月厦门大学孔子学院志愿者班上的讲授提纲。)

目录 MULU

汉语的特点与对外汉语教学

一、第二语言教育必须重视共性,更应该研究语言的个性特征

所有语言都有共性,语言教育必须遵循共性的规律。不重视共性,就要犯"方向性"错误。例如:(1)语言知识和语言能力不同,传授语言知识不能代替语言能力的训练。二语教学只注重传授语言知识,不注重语言能力的训练,把语言教育变成语言学教学,学习者应该具备的语言能力就很难提高。(2)语言和思维是相依存、相促进的,二语教育应该让学习者理解语言结构和言语表达的原理,"授人以渔",让学习者自觉地学,才能学得快;不按照认知活动规律教语言,一味的模仿和机械地训练只能是少慢差费的。(3)语言是文化的载体,语言的意义,包括词语句的本义、引申义、语用义都会因不同的民族文化而存在差异。二语教育不关注异文化之异,就容易造成语义理解失当或语用交际失宜。(4)语言的规范和言语的创造与变异是相互依存、相互制约的,规范是社会的必需,创造、变异则是实践的要求,二语教育要教语言规范,也要鼓励创造、容许变异。教师言必称规范,只关注学生某些错误的理解和用法,很容易使学生丧失学习的兴趣和信心。

任何语言都有个性,如果不讲个性,不遵循个性特征进行教学,就会犯"路线性"错误。

结构主义的兴趣在研究单一语言的结构系统,不关注语言比较;转换生成语法则主张研究语言深层结构以探讨语言本体的共性。这两种理论都很难直接应用到语言教学上。

后来兴起的社会语言学研究言语变异,语言类型学区分不同语言类型,认知语言学研究语言与思维,倒是更能指导语言教育。而应用语言学一开始就是研究语言教育的,其理论和方法对于二语教育更加重要。

二语教育是要帮助学习者掌握和母语不同的目的语,不了解两种语言的不同,就学好了第二语言的有没有? 有。儿童时代只要经常有人示范,或处于良好的语言环境中应用,同时习得两种不同的语言并不难,学得好,长大了又不忘,那就需要长时间的积累。成年人对于不同语言的差异一般都具有对比、理解和类推能力。中国人学英语,开始时总觉得名词的多数式要加－S很奇怪、很麻烦,后来联系汉语说的"同学们都来了""全班的同学都走了""今天来了很多同学",稍加思考就知道,表示事物的复数,英语用的是单一的"词尾",汉语用的是多样的手段:有限的"词缀"、附加语、形容词、数量词或副词等。用比较的方法来学习第二语言,对于已经熟练掌握母语的成年

1

人,显然是一条捷径。不加比较、不知所学语言的个性,只能用大量时间去死记硬背,过后又遗忘得快,当然是少慢差费了。

二、开展汉外对比,提取和贯彻汉语特征是改革对外汉语教学的根本

语言的个性特征是相对的,只有就不同语言做比较才能了解;语言的特征又是存在于各个方面的:语言内部的、外部的,本体结构的(语音、词汇、语法),应用的,文化的。因此,研究语言的特征要有多方面的视角。

100多年来,研究汉语的几代学者都关注过汉语和一些外国语的不同,通过与外语的对比探讨汉语的特征,但这方面的研究还远未深入。总的说来,本体的特征研究做得多,教学应用和文化方面做得少;语法方面做得多,语音、词汇做得少;从比较的对象说,英语、日语做得多,其他语言做得少。

关于汉外的比较研究,也有语言学的研究和语言教学的研究的不同。语言学的比较研究是两种语言的本体结构系统的比较,属于理论的研究;面向语言教学的比较研究,属于应用研究,是在两种语言的异同对比的基础上指导语言教学的。就具体的比较方法说,又有两种不同的方向:为外语教学所用的汉外对比研究和为汉语作为外语教学的对比研究。

已有的汉外比较研究用力较多的是汉语和英语的本体结构的理论比较,应用方面主要是指导我国的英语教学。这种对比研究的重点是以汉语为母语的学习者难以掌握的英语的特征。而多数的研究者往往着重于理论上的研究,求全、求深、求细,在教学上往往难以应用。面向教学的特征研究看来应该求精、求简、求实。"精"就是突出主要差异,集中分析难教难学的要点。"简"就是化繁为简,扼要明白,若强调全面、系统,说得深入细致,势必使学习者感到无从下手,望而生畏;所谓"实"就是讲求实用,方法具体,易学易记,若只致力于理论说解、推敲概念,势必又成了观赏的阳春白雪,只能束之高阁了。

外国人学汉语,入门不易,深造更难,几乎没有一个留学生不叫苦、不叫难。汉字就是第一只拦路虎。后来的语音(尤其是声调)、词汇(尤其是文言词、书面语词)、语法(从词法到句法)都有大量的难点。因为,汉语和世界上多数语言,不论是语音、词汇、语法,也不论是口语或书面语都属于不同的类型,用"特立独行"来概括它,并不过分。

中国人在中国学汉语,一有小时候习得的基础,二有陪伴终生的周边交际环境,靠着长时间的累积和不断地实践,一般人都能学得不错。外国人在外国学汉语,不但完全没有汉语的语感,也没有使用汉语的语境,要学会汉语就很困难了。在有限教学时间里,如果不能针对汉语的特征,提取最需要、最难学的要点,设计最佳的学习方法,教学效果就不会好。可见,根据汉语的特征编教材、设计教学方法,是改革汉语国际教育,克服困难、提高教学效率的根本大计。

例如,"帮""帮助""帮忙"意思相近,其中的区别中国人是靠着反复地听说悟出

来的,教外国人,就得选择最精当的例句,把意义和用法结合起来,在课堂教学中练习和掌握:"帮他做事;帮我还账;帮助他学习;给我许多帮忙;请他帮帮忙;我帮不了他的忙。"

吕叔湘先生说过,"教外国学生,如果懂得他的母语(或者他熟悉的媒介语),在教他汉语的时候,就能理解特点需要,提高教学的效率。"(《语言教学与研究》,1977:2)理解特点需要,才能提高教学效率,真是至理名言!

本文试就自己粗浅的理解,讨论汉语的主要特征及其在对外汉语教学中的应用。

三、汉语的语音特征

汉语语音系统有五个层次:音素系统、音节系统、字音系统、连音变读系统和语调系统。在这些方面,都有一些重要的特征。

1. 音素系统中有些是外国语言所没有的音,例如[y]就是英语、俄语、日语所没有的,三套塞擦音也很少有外国语同时具备。音素的教学是二语语音教学的第一步,教学时不能只顾目的语的语音系统这一头,一定要先找出目的语和母语相异的音素,作为教学的重点,加强有效的训练。

2. 音节系统在其他语言是元音和辅音的一次性的组合系统,在汉语是二次组合而成的系统,先组成声母、韵母,再与声调组成音节系统。韵母由韵头、韵腹、和韵尾组成,只有韵腹和韵尾是押韵的依据。声调是汉语特有的,其重要特征是高低升降和长短。声母是辅音的单位,韵母是元音和某些鼻辅音组成的。汉语音韵学认识汉语语音的这种声韵调结构,已有1500年的历史,至今还只能这么教。汉语的音节构成和外国语相异的更多,例如,三合元音在外国语就很罕见,舌根音和高元音不相拼,等等,教学中都应该认真关照。

3. 字音系统是汉语特有的系统,很重要,但以往在对外汉语教学中并不重视。在母语教育,因为学生都有汉语的语感,可以自发"折合",对外国人就是难以克服的难点。n-和l-,z-和zh-,an和ang、i和y,结合识字记词并掌握其正确读音,对于外国学生来说,显然是很繁重的记忆负担,如果能引导他们利用偏旁类推去辨别音类。例如:几机已记——句拘区驱,可用来别i-y;青清情晴请——干赶刊汗旱,可用来辨别前后鼻音;主注住柱蛀——者猪诸煮暑署,可用来掌握翘舌音声母。声调只有阴阳上去四种,中国人学母语可以利用方言的字调类推,外国人要记住每个字的调类就难了。赵元任先生曾经倡导,把常用字编成歌诀:"中华语调、非常好记、阴阳上去、高扬起降、英雄好汉、光明磊落、花红柳绿、山明水秀",实在是好办法,但时下这样去教的老师似乎并不多。学习字音的归类,可与学汉字、学词语相结合,真是一举数得。

字音中的多音字也是语音教学的难点。可以把最常用的多音字编在句中(例如:担子太重担不起。好学才能学好。他和首相相识。自然界造成的灾难很难避免),做专题对比练习,是可以考虑的好办法,这叫"置之死地而后生"。

4.多音词语的连音变读,包括轻声、儿化和变调,也是现代汉语的特征。其重要性固然不如音类,学得好却可从中体会汉语语音的优美,提高学习兴趣。这一部分的教学只能挑选出有别义作用的、又是很常用的例词,编成朗朗上口的韵文、顺口溜、绕口令,少量可编进课文,有的作为阅读材料供自学练习。

5.成句的语调在各种语言共性较多,引起含混也较少,成年人大多在母语习得时就掌握得不错,只要抓住某些不同点,结合朗读、听广播和欣赏曲艺表演等课内外活动,提醒学生加强自我训练便可。

由此可见,语音教学不是教拼音的几节课的事,而是要贯彻学语言的全过程,教学语音要与教词汇、教句型句式相结合。

四、汉语的文字特征

汉语采用表意汉字作为表音符号,这在现代世界的文字之中是绝无仅有的。表意的汉字不但是表音的符号,绝大多数还作为语素,又是汉语的结构因子。汉语和汉字的相结合及其互动是汉语发展史上的基本事实,是汉语的重要特征。对于二语教学来说,如何针对这个特征,开展正确的教学训练,需要讨论的是:

1.正确认识汉字的优缺点,重视汉字教学

教外国人学汉语,汉字可以成为拦路虎,也可以成为发酵剂。外国人有的视汉字为异物,认为它是落后的象征;也有人赞叹为精美的极品,见它能存活数千年而十分敬佩。应该提倡客观、科学地认识汉字。汉字表意为主、表音不准,字数繁多、形体复杂,确实难学难记;但是因为它集形音义于一体,作为基本语素参与组词、构语、造句,兼有汉语的语言功能,学好汉字,还可以成为一条学习汉语词语的高速公路。至于汉字的构形系统,其主体是声符和部首构成的形声字,已经稳定了2000年,语音几经变迁,不少字的表音的声旁已经不准,但可以选出部分表音准的常用字进行类推教学,部首则大多可以用来掌握字义的义类。利用形声结构教汉字的音义,也可以做到事半功倍。

外国人学汉语,如果只想学几十个常用的句子来问路、旅游,只学拼音、不学汉字也是可以的,但是,要真正学会汉语,只会听、不会读是不行的,要想掌握书面语、文言文,了解中国文化,不学汉字更是不可能的。

2.充分利用汉字的频度编好基础教材

汉字虽然字数繁多,但是频度差别很大。常用100字可覆盖文本47%,600字可覆盖70%,1000字覆盖91%。就构词能力说,最常用的70个字构词数都在100个词以上。常用词大多用常用字构成,多选用常用字和常用词编教材,也是非常重要的措施。据《现代汉语频率词典》,出现1000次以上的175个词在一般文本中覆盖率48.8%,出现100次以上的1678个词覆盖语料80%。由此可见,真正掌握1500—2000个常用词,对付日常的听说读写就问题不大了。

看来,对外汉语教材,尤其是初级教材,都应该严格按照字频、词频选词,并且加大复现率。根据汉语特有的"字、词、语"的频度联系,先学好常用字、常用词,是迅速扩展词汇的捷径。法国当代汉学家白乐桑所编的教材,用常用字的形音义教学带动词汇的扩展,在欧洲获得了很大的成功,就是很好的证明。

3.教好汉字的字义,培养释词、造词的能力是汉语教学的根本

由于通行汉语的社会长期存在着统一的国家和文化,并且用高度凝练的书面语来统合这种社会文化,历来的汉语词汇大多是自源生成的,引进外来的语汇相对较少。从上古后期兴起双音词开始,用单音词组合为双音词就是用字义合成的。正如《荀子·正名篇》所说:"单足以喻则单,单不足以喻则兼。"那时形成的双音词,表示修饰关系的偏正式可以用来为常用词分类:古人、国人、乡人、匠人、野人、贤人,也可用来为核心词分解:人生、人伦、人情、人心;并列式可以是同义的:安乐、奔走、长久、劳苦、富贵、尺寸,也可以是反义的:离散、轻重、上下、旦暮、是非、日夜、聚敛,这两种最早产生的双音词都是最"足以喻"的"兼",所以"字义合成"最先从偏正和并列开始发展起来。后来的进一步发展又有了表示支配关系的述宾式:行路、耕田、治学、亲民;表示补充关系述补式:击败、查讫、烘干、破损;表示陈述关系的主谓式:心安、目眩、头晕、山崩;表示相对关系的反义词:升起—降落、上传—下达、美化—丑化;表示系列关系的词群:大—中—小学、甲—乙—丙集等等。徐通锵称这种"把原来能表达概念的字组织起来,构成字组去表达与该概念有关的新概念的方法"为"组字法"①。汉语的词汇大多数是由组字法构成的,因此,教好常用字的字义就能使学习者用已经学过的字去组词,去分析理解未学过的多音词语的意义。这就是"授人以渔"。18世纪的一些欧洲学者曾经赞美汉语的这种词汇生成方式是富于逻辑性的,这就是"旁观者清"吧。我国历来的启蒙教育不就是从识字开始,用组词、析词、猜词的方法去扩大词汇的吗?但是,现在的对外汉语教材却很不重视这方面的教学训练,这实在是件咄咄怪事。

五、汉语的词汇特征

汉语的词汇浩如烟海,其结构系统不如语音、语法简明扼要,但是词汇的掌握又是二语学习的基础,探讨汉语词汇的系统特征,开展有效的训练,就成了对外汉语教学重要的课题。认识汉语词汇的特征至少可从以下几点入手。

1.单音词为核心,双音词为基础,构成了汉语词汇的同心圆——这就是汉语词汇系统的共时结构特征。对外汉语词汇教学首先要充分加强单音的核心词的教学。

最常用的500个词之中,单、双音词的比例是2比1,直到第1600个常用词,单双音词的比例才开始持平,往后则双音的比率越来越高。最常用的100词中,各类虚词及能愿、存在动词,方位,指代,限定词,数量词占了一半以上,掌握这些词对掌握语法极为有用。据《现代汉语频率词典》,最常用的70个字的构词数,从100到668条不

---

①徐通锵.基础语言学教程.北京:北京大学出版社,2001:205.

等,总构词数应当在 1 万条以上。可见教好单音常用词是一本万利的事。

"一生二,二生三,三生万物"这是汉语词汇衍生的基本规律。"一生二"就是两个单音词(或语素)合成一个双音词,"二生三,三生万物"说明三音节以上的词语都是单音和双音合成的结果。

上古汉语单音词占优势,从殷商到春秋战国莫不如此。有关数据已经很多。据伍宗文(2001)就《尚书》《诗经》《论语》《左传》《孟子》《吕氏春秋》等六部典籍所作统计,其中出现单音词 11601 个(字次),复音词仅有 4671 个(次),不及单音词的 1/4。汉代以后双音词大量产生,但是单音词一直占着核心地位。仍据《现代汉语频率词典》,在大型语料库中 11.6% 的单音词占有 64.3% 的词次;74.3% 的双音词占有 34.3% 的词次;14.2% 的三、四音节的词语只占有 1.3% 的词次。可见,最常用的单音词虽然数量只有双音词的一半,使用频度却比双音词多了一倍。

2. 汉语的词汇现象与语音、语法都有深度的关联,词汇教学要有全局的系统观。

在这方面,首先值得注意的是语音节律的形成和多音词的语音固化。

汉代以后,双音词大量扩展成了词汇系统的主体,形成了汉语的双音节音步。"语素必单,音步必双",六朝形成的五言诗体便是单音和双音相间配合的。从此,适应于单音节音步的《诗经》体四言诗便让位给汉乐府的五言诗。

双音节音步的形成不但奠定了汉语的节律基础,对于词语组成句子的规则也产生了影响。例如,"提高速度、提速"都可以说,"提高速"就不说,"提速度"只能和"降成本"之类并提;一般只说"互相支持、互相利用",不说"相支持、互利用";通常说"好东西、黑头发",但"最好的东西、乌黑的头发"都得加"的"。

多音词连读之后,两个单音词(或语素)的语义整合,有的是原意相加(国王 = 国之王),有的是偏义替代("国家"只指国),有的是意义转移("东西"指物件),为了表示完整而特定的词义,两个音节连读之后发生相应变化,这就是近代以来汉语所发生的语音的"固化"。固化的方式有轻重音组合、轻声、连读变调、小称音变、声母类化、连音同化、合音,等等。这种语音的固化是在多音词发展成熟之后发生的,从现代方言的情况看不同的方言进度很不一样。各种连读音变的生成不同、具体音变方式也是各异的。就连读音变发生的时代说,大概都是明清之后的事。可见,在节律方面,也必须把词汇现象和语音、语法现象结合起来,才能理解透彻、运用自如。

关于汉语的词汇特征,"构词法和句法的一致"已经成为许多学者的共识。张永言说:"汉语里应用最广的构词法是词根复合法,即依照句法关系由词根组成复合词的方法,这种构词法与由词结合为词组的造句法基本上是一致的。比如,汉语词组的主要结构类型为偏正、并列、述宾、述补、主谓,而复合词的格式也同样是这 5 种。"[1]可见,教学词汇时把各种构词法都说清楚了,到了学习词组和句法时就可以一路顺风了。

---

[1]张永言.中国大百科全书·语言文字·汉语词汇条.北京:中国大百科全书出版社,1988:133.

3. 按照汉语词汇的特点采取"字词句直通"教学法。

传统的母语教育历来有"形音义,字词句"的要诀,千百年来中华子孙学习汉语就是沿着这条路子走过来的。到了汉语作为第二语言教育,为什么不能沿用它呢? 多年来有些学者提倡"字词句直通"的教学理路,很值得注意。

字词句直通就是先掌握少量核心字,用来生成大量的词汇(组词、扩词、析词、猜词),体会多音词的词义并掌握构词法。这是"由字及词"。例如:

天 ,最常用的有六个义项,所能造出的常用词至少就有30个:

sky 天空 天上 天亮 天地 天河　　nature 天性 天生 天然 天才 天灾

God 天公 天主 天子 天使 天堂　　weather 天晴 好天 阴天 晴天 天气 下雨天

season 春天 夏天 秋天 冬天 热天　day 三天 半天 今天 明天 昨天 前天 白天

而后"组词成语",加深字词联系的理解;"连语成句",体会词的组合意义(包括词汇意义和语法意义),认识构词法和造句法的一致性。这是"由词及句"。例如,关于"天":

天底下　天老爷　天晓得　拜天地　打天下　半边天

海阔天空　天南海北　天灾人祸　谈天说地　人定胜天

天下第一关　天字第一号　天下无难事　天高皇帝远

天无绝人之路　天不怕地不怕　叫天天不应、叫地地不灵

这样的教学法包括了字词关系的分析(拆分多音词以理解字义、词义)和综合(组合字词以生成语句)。

自源构词的义类系列还可以拿汉语和非汉语做比较,说明汉语扩词的便捷。例如:

羊 sheep	公羊 ram	母羊 ewe	羊肉 mutton
牛 ox	公牛 bull	母牛 cow	牛肉 beef
猪 pig	公猪 boar	母猪 sow	猪肉 por k

汉语的这类语词由于都是用相关的语素按系统的构词法"自源"生成的,所以能够配成系列,学了少数语素便可以举一反三,类推出一大批相关的词语来。在许多其他语言就没有这样的便捷方法了。

这种教学法不但学了词汇,还能启发思维、培养语感,按照汉语的特征主动地在阅读和交际中生成词语、辨析生词。

4. 处理好口语和书面语的词汇歧异和沟通。

汉语的口语和书面语有较大的差异,尤其在词汇方面表现更加突出。口语词和书面语词之间不仅是语体的不同。从词汇史上看,文人雅士用字造词,推敲词义,常常不避生僻字。例如:灿烂、绚烂、腐烂、溃烂、糜烂、天真烂漫、海枯石烂;下里巴人则多因音造词,讲究顺口,多用常用字。例如:烂乎乎、烂糊糊、稀巴烂、下三烂、捡破烂儿、贪多嚼不烂。可见,口语词和书面语词,创造者不同,使用的语素有异,结构方式也有区

别,简直是两大洪流,各成系统、各显特色。口语词和书面语词当然也有交叉的,但是两极的差异十分明确:放心、放生、放火、放话、放空、放松这是口语;放眼、放任、放映、放置、放怀、放纵这是书面语,本国人靠语言习得中获得的语感和交际中的实践,并不难理解这种差异,对于外国人来说就很难辨认了。在对外汉语教学中,书面语和口语词汇的差异也还没有引起注意,很少给外国学生提醒,以致许多学生的练习作业中常常出现"口语书用"(他的体魄很棒)或"书语口用"(那女孩子唱歌很豪壮)。

口语和书面语的词汇是个连续统,而不是泾渭分明的两大类。两头有口语和书面语专用词,而后是口语多用和书面多用词,居中则是书口通用的常用词。教学中主要是抓两头,给学生指明纯口语的说法和口语一般不用的书面语。现代口语中很多习用语,如"不咋地。可不是?成!别。废了。真悬!就这么点儿?多着呢!甭说了。不然的话,你先走。您这是说到哪儿去了?"往往不出现在课本里,上街一听就不理解,应该专门编写这类课文。教材中出现的书面语专用词则需要在教学中加以提醒,例如:"尚且、似乎、是否、然而、商请、商榷、非凡、非但、热土、热切、热望、大致、大略"。三音节的惯用语和带音缀的四字格通常用于口语(背包袱、走后门、炒冷饭、打边鼓、铁饭碗;稀里糊涂、老实巴交、正儿八经),多是在口语中形成的比喻造词,四音节的成语(天经地义、唇亡齿寒、十年树木、守株待兔、不远千里、高枕无忧、画蛇添足)则多为古代汉语流传下来的文语,这也是需要在教学中加以提示的。

书面语词和口语词有明确的分工,也有巧妙的转移,书面语中带有纯口语用词或口语中夹用了一些书面语词,则往往有良好的修辞作用。"有朋自远方来""海内存知己""三思而后行",不就是经常被口语所引用吗?"三七开;两手抓;摸着石头过河;三个和尚没水吃"这类大白话有时被写进政论文,也还是挺生动的。

六、汉语的语法特征

同语音特征、词汇特征相比较,汉语的语法特征最突出。因为,语音上有音素、音节的数量限制,词汇有意义单位的约束,而汉语的语法在许多方面都是很特殊的。研究汉语语法特征并把它运用到二语教学中去,有几个要点需要深入研究。

1.汉语没有形态变化

汉语无形态,用词造句主要靠意义的关联来组合,语序和上下文的连接对于句法关系有很大的影响。西方人习惯于形态变化,总是希望能够"套公式",对于汉语的结构灵活多变的"意合法"反倒不适应。

现代汉语也有一些类似形态的成分,但是往往不是"专职"的,而是和别的成分交叉换用,也不是非用不可的。"着"很像是"进行、持续"的标记,其实,"下着雪",更常说的是"正在下雪""大家说着唱着",也说"又说又唱"或是"说啊唱啊","门口围着一群人"何尝不能说"围了一群人"?不少对外汉语教材精心设计"语法点",套用"复数式、进行体、过去时、词头、词尾"之类的西方语法术语,外国学生很容易引起误解并造成误用。如说"他的三个同学们都来了","他昨天来过了"（其实来了并没有走）。名词之后能带"子、儿、头"的也很有限,不能随意套用。"我的房间的窗户是朝南的",中国人就只是说"我房间窗户朝南"。难怪打开外国学生的中介语语料库,大量的病句都出于"追求形态",套用了不必要的虚成分。

高本汉早已说过,现代英语把复杂形态变得简单化了,在这一点上,汉语比英语更先进。汉藏语的研究证明了,藏缅语和前上古的汉语都有复杂的形态,先秦的"吾、我"还分主宾格呢。汉语是由复杂的形态中走出来的。语法只是一种习惯,对于有无形态,是无需比较其优劣的。

2.语素化、词汇化、语法化,离合、紧缩——汉语的结构单位富于弹性

所谓语素化,就是原先可以单用的文言词后来不能单用而沦为语素:如然、意、机,也有反过来,原来是联绵词里的非语素音节,后来上升为语素:如驼铃、驼绒,蝶泳、蝶衣。

所谓词汇化,就是由原来的词组浓缩成词:例如吃饭、睡觉、说话、国家、富贵、妻子、可以、之前等等。

语法化是宋元以来逐渐发展起来的,由实词虚化为虚词:着、了、子、儿、头、把、被、在、我辈—我每—我们。

离合词是可以拆开和插入其他成分的双音词,例如:看轻—看(得、不)清,理财—理(了、个)发,完毕—完(得、不)成。

紧缩词是越来越多见的:人大 四清 欧盟 计生委 常委会 奥组委 申奥 三从四德 杞忧(由"杞人忧天"紧缩而成)

汉语语法的这种弹性造成了语素、词语界限不清,词法、句法都依赖于上下文——语境和语用。加上汉字只记录音节,词不连写也不分写,外国人阅读中文就难以断词连语,这都是阅读、写作教学中必须加以辅导的。

3.词类兼用,与句子成分不挂钩,词序变化,句义不同

兼类词在中国人已经习以为常,对外国人来说就很不习惯。必须要做一番清理,把名—动、形—动、动—介等大面积的兼类,列出常用的兼类词表。兼类现象中有惯常的、修辞加工的、初生时尚的,表中可以加以区别。例如:支援边疆建设;悲伤你的悲伤;才艺秀。

在句式方面,非体词充当主宾语、体词充当状谓补语,词序变动在汉语并非异常,但都有一定的条件。应该按照条件,编一套易懂好记的例句。例如:

他太太天津人。（整句是名词）　为了避免泄密,允许撒谎。（整句是动词）

他打哪儿来的？　别拿我当外人。（动词兼介词）　说比唱容易。（整句是谓词）

天上有云,山上有雾。走上山顶,乱云飞渡,回到山下,天下如故。（方位词多用）

不怕辣、辣不怕、怕不辣,怕辣不？辣怕不？做人难、难做人、人难做。（异序别义）

4.汉语外语都有虚词,但用法不同

外语用虚词,汉语不用的:

坐火车去(Go by train)　讲语法的书(A book on grammar)

他晚上工作,白天睡觉(He works by night and sleeps by day)

也有汉语用虚词,外语不用的:

你的书(Your book)　找你的人(The man who is asking for you)

远方来的朋友(A friend from far away)

5.汉语的宾语和补语都很有特色,和谓语动词有各种不同的关系

例如:

吃:吃白饭 吃老本 吃食堂 吃批评 吃请 吃掉他的车 吃官司

洗:洗干净 洗了三遍 洗黑钱 洗清罪名 衣服洗破了 把孩子洗哭了

教学此类句式,在不同国别,可以让学习者把汉语的说法翻译成母语,再加以比较,让他们自己找出不同的规律,这种教法一定会给学生留下更深的印象。

6.同义句型

有些不同的语序表示不同的意思,不能含混,也有可换用的。例如:

他都认识谁? 他谁都认识。/谁他都认识。谁都认识他。

他什么都不知道。/什么他都不知道。(全不知道)

他什么不知道? (全都知道)他不知道什么? (只有一部分不知道)

基本意义相同的不同句型,往往有细微的意义差别或者有不同的语用效果。例如:

我钥匙丢了。我丢了钥匙(了)。我把钥匙丢了。钥匙我丢了。钥匙被我丢了。

我付(过了)了钱了。我钱付(过)了。我把钱付了。

他天天睡行军床。他天天在行军床上睡觉。他天天睡在行军床上。

7.省略和流水句

汉语的表达往往求连贯和简洁,有如中国画的"意到笔不到",尤其在口语中更是如此,因而有不少省略成分,甚至是以省略为常。以下例句在英语都得补上人称代词:

他问过许多人,(他们)都不知道。

这书我没用,你可以(把它)拿去。

他问我(我)能不能去。

虚词也有不少是省略的,例如:

(假如)你不去,我(也)不去。

长江(和)黄河他都见过了。

叙事的段落,在汉语里人称代词常常承前省略。这种"流水句"因为连贯、紧凑而显得自然、流畅,在汉语属于良好的表达。由于教学中没有加以说明,留学生没体会,学写作文时,按照他们原来的习惯都不省略,因此常常句句都有 I,You,He。

汉语的口语,语法上比书面语更加灵活多样,对外汉语教学是重视口语训练的,但

是对考察、教授口语中的特殊句型往往不太关心,为了适应情境和话题的需要,教材的课文用语常常是单调的、陈旧的。补救的办法是多编些反映当前社会生活的读物和声像材料供学生使用。这对国外学生意义更大。

七、在对外汉语教学中贯彻汉语的特征

1. 汉语本体的特征还必须进行长期的比较研究

汉语本体的特征研究,经过几代语言学家的努力,已经取得很多成就,但是还很不够。总的看来,现代汉语的书面语研究得多些,方言和古汉语研究得少;分体上的具体特点研究得多些,整体的考察和理论分析就少;借助西方理论分析汉语实际较多,继承传统的汉语汉字研究经验,就汉语的事实提取自身的特征并作出理论概括较少。汉语有数千年的文献记录,有丰富的方言资源,历史上关于汉语汉字的研究也有许多宝贵的成果和经验,尤其在音韵学、词汇、词典学、文字学、修辞学上都达到很高的水平。加上半个多世纪以来汉藏系语言比较研究的成果,把古今汉语、汉藏系诸语言及其方言联系起来,把语音、词汇、语法、文字、修辞各方面的研究结合起来,我们一定能就汉藏系语言,尤其是汉语本体的特征作出自己的理论分析,为世界语言学作出应有的贡献。所谓汉语的特征,自然是对于非汉语、非汉藏系语言而言的,因此,这项研究还要有大量的与外国语的比较研究,还需要和外国学者进行更多的合作。

2. 面向对外汉语教学应用的是另一种特征研究

汉语特征的理论研究对于对外汉语教学来说是重要的基础和依据,应用到二语教学之中还需要经过一番复杂的调查、设计和实验,才能落实到教学大纲、教材和教学方法中去,这是另一种艰难的工作。

在对外汉语教学中贯彻汉语的特征,不能照搬汉语特征研究的成果,讲求全面、系统、深刻、细致,也不能套用对特征的理论分析的专门术语,重要的是拿这些特征和非汉语的学生母语作比较,提取诸多特征中的主要特征,确定汉语作为第二语言教学的重点和难点,然后在教学大纲和教材中做出精心的安排,选用合适的、具体的语料(字、词、句),编入各类课文、练习、读物(包括文本和声像)、教学卡片、小词典中去,并在教学参考书中说明这些教学材料的教法和学法。

按照汉语的特征开展对外汉语教学必须有改革精神:不符合汉语特征的教学内容和教学方法要压缩、摒弃。体现汉语特征的要加强、扩大。

3. 提倡中外合作,经过对比,制作反映汉语特征的语料库

为了总结已有的汉语特征的研究成果,提供给中外教师作为编写多样的在地化教材和教学备课的依据,制作一个体现汉语特征的、切合对外汉语教学使用的语料库是刻不容缓的任务。全国各地,多年来做成的语料库已经不少,但是大多还未能充分反映汉语的特征,而且都停留在生语料的层面,不成系统,不切实用。合用的语料库应该包括字音库、字形库、词汇库、语法库,还有供编选范文和阅读课文用的各种文库。大

库套小库、层层过细,属性齐全、查阅方便。各种库都要区分频度,越是常用越要详尽,最好能够上到云平台供国内外师生随时查询和提取。

汉语国际教育的另一头是学习者的母语。学习外语,进行汉外的比较研究,中国教师是无法穷尽的,在国外教汉语,主要的应该依靠当地的师资。旁观者清,和外国语言学家合作,才能更加准确地理解汉语的特征,也才能在教学中贯彻特征。

为此,外派的汉语教师应该主动和当地的语言学家和语言教学工作者联系和合作,开展汉语和当地语言的比较研究,共同探讨按照汉语特征和当地的国情、地情、民情,编写合用的教材,研究改革汉语教学的途径和方法。要加强对国外教学汉语的师资的培训。外派的汉语师资和当地的汉语师资各有长处,从长远的角度看,让当地老师掌握汉语的特征是更加重要的。

国际汉语教育是架设汉语和当地语言、中华文化和当地文化的天桥工程。外派老师只能熟悉汉语特征这一端的桥头堡,在地汉语老师熟悉另一端的桥头堡,两种老师是两个桥头堡之间架桥的工程师,两方面通过通力合作,建造这一座天桥,是一项艰巨而光荣的任务。

参考文献:

[1]吕叔湘.吕叔湘语文论集.北京:商务印书馆,1983.

[2]赵元任.赵元任语言学论文集.北京:商务印书馆,2002.

[3]周有光.周有光语言学论文集.北京:商务印书馆,2004.

[4]朱德熙.语法答问.北京:商务印书馆,1985.

[5]孙常叙.汉语词汇.北京:商务印书馆,2006.

[6]徐通锵.汉语建构的基本原理.青岛:中国海洋大学出版社,2005.

[7]徐通锵.基础语言学教程.北京:北京大学出版社,2001.

[8]李如龙.汉语应用研究.北京:中国传媒大学出版社,2004.

[9]李如龙.汉语词汇学论集.厦门:厦门大学出版社,2011.

[10]李芳杰.字词直通 字词同步.语言教学与研究,1998(1).

[11]尹斌庸.汉语语素的定量研究.中国语文,1984(5).

[12]杨自俭主编.字本位理论与应用研究.济南:山东教育出版社,2008.

[13]赵金铭.汉语音节与对外汉语教学.北京:语文出版社,1997.

[14]北京语言学院语言教学研究所编.现代汉语频率词典.北京:北京语言学院出版社,1988.

[15]伍宗文.上古汉语复音词研究.成都:巴蜀书社,2001.

[16]张永言.中国大百科全书·语言文字·汉语词汇条.北京:中国大百科全书出版社,1988.

（本文曾刊于《语言教学与研究》2014年第3期。）

论汉语国际教育的国别化

一、从"对外汉语教学"到"汉语国际教育"

随着我国经济的快速发展和国际地位的逐渐提高,国外学习汉语的人群不断扩大。走过半个世纪的对外汉语教学道路之后,我们才发现,来华学习汉语的留学生只是少数的精英,更多的拿汉语作为第二语言的学习者是未能来华的外国人,对外汉语教育要适应形势的需要走出去。走出国门教学汉语,以往并不是没有,但是多半也是在国外的名牌大学进行正规化的训练。而眼下的境外汉语学习者已经是国不分大小,人不分老幼,学未必求正规,用未必求专深。我们发现这个对外汉语教育的"新大陆",时间还不太长。虽然数年之间,在国外办起的孔子学院和孔子学堂已有六百多家,"对外汉语教学"也已改称"汉语国际教育",并相应地提出"国别化"的要求,但是,我们对国外办学教汉语的新形势和新要求,应该说还是认识得很少;对于国外汉语的新课堂的教学也还调查研究得不够,因而对于发展汉语国际教育的事业,还缺乏有效的措施。面对这样的新形势,很有必要做一番认真的思考:对外汉语教学和汉语国际教育究竟有什么不同?"国别化"应该包括哪些要求,采取哪些措施? 本文试着就这些问题谈几点看法,以求正于行家。

提倡国别化是为了适应对外汉语教学发展成为汉语国际教育的新形势,那么,来华留学生的教学和国外的汉语作为第二语言教学究竟有哪些不同呢?

首先是汉语教学对象和他们的要求大不相同。来华留学生大多是受过高等教育的青年,虽然也参加过短期进修班和各种专业训练前的语言先修班的学习,但多数是学习时间较长的"脱产"的学习,不少人还是准备深造或为了谋求运用汉语的职业。从来源说,他们大多来自比较发达的国家,发展中国家则常常限于上层人士;从数量上说,只是少数的精英。经过近几年来的快速增长,到目前为止,在华留学生也只有20多万人。而开办才几年的孔子学院和孔子学堂到2010年就已经拥有了36万学生。加上在大中小学接受教育的青少年,应有数百万之众。国外的汉语学习者是广泛的,类别多样,时间分散,要求也各不相同。孔子学院之外,数量最大的是学校里的学生,他们把汉语作为外国语修习,只能零散地积累,每周几个课时,大多学得半生不熟,真能过关的只是少数,"广种薄收"是不可避免的。还有,全球各地数以千万计的华人都希望下一代不要忘却自己的母语,能够延续固有的民族文化,有的还是学前儿童,家长们就送他们进周末教学班,学习时间更加有限。许多业务部门为了和中国进行经济开发、贸易往来和科学文化交流等,也为自己的员工提供学习汉语的机会,其中就有短期集中的培训。还有一些年长者,出于对陌生的中国语言文字和中华文化的好奇,或想了解这个正在崛起的大国的究竟,也在或多或少地学习中文。可见,对外汉语教学的对象比较单纯,教学要求比较专业化,学习时间比较集中,教学方式比较正规化、系统化。而国外的汉语学习者是多方面的,教学要求是多层次的、普遍性的,教学时间则大多是分散、零碎的。如果说,专业化、正规化的教学班就像是行程计划周密的大轮船、长列车的话,多元化、群众化的教学班则更应该像是灵活行驶的小舢板和自行车,彼此之间是有很大的区别的。

其次,是语言环境和教学条件的不同。绝大多数把汉语作为第二语言的学习者都是从零起点开始学习汉语的,完全没有汉语的语感,这是所有学习汉语的外国人的共同点。但是,来华留学生在课堂内有系列的语境设计和密集的言语训练;在课堂以外,更有广泛而真实的言语(包括文字)交际环境,只要有学习的愿望,随时随地都有进行听说读写实习、训练的机会,都有可以求教的老师。而国外的学习者通常是没有语言环境的,那里汉语教师奇缺,善教的更是难得;即使有华人来往的唐人街,也未必可以听到地道的普通话。大多数国家,想听听汉语广播,看看中国电视,读点好懂而有趣的中文书刊,都只能是一种奢望。一些第三世界国家的学生,连薄薄的汉语课本和通俗小册子都买不起,更不用说利用电脑上网或通过声像读物去广泛地接触汉语实际了。还有些国家的语言政策对于学习汉语还有种种限制,中文读物的匮乏则是普遍的现象,有的连接触汉字的机会都极少。这两种不同的情形决定了,教留学生就像在精致的园林中培育花草,成活率高,收获指日可待;而国外的汉语教育则犹如在荒山野岭甚至是雪域沙漠中育林绿化,收效慢、收获少。

这两种差异,教学对象是关于"人"的、教育内部的,语言环境是关于"事"的、教育外部的。正因为内外两方面都差异很大,做起来就会碰到完全不同的问题,所采取的也应该是很不同的对策。对此,我们应该有充分认识和足够的思想准备。

二、如何理解汉语国际教育的国别化方向

针对汉语国际教育的新形势,提出"国别化"的要求是十分必要的。然而应该如何理解国别化,实在还很需要深入地探讨。

20 世纪 80 年代以来,对外汉语教学研究已经注意到要针对学习者的母语的特点,寻求汉语作为第二语言的教学途径。为此,许多学者提倡"对比语言学"的研究,尤其是关于汉语和英语、日语等主要外国语的对比研究,已经达到了相当高的学术水平。分析学习者的母语和目的语的差异,可以使所编的教材和采取的教法更有针对性。不过,在这方面还有两个问题值得思考。

第一,汉语和外国语的纯语言学的对比研究和指导教学实践的应用研究是有重大区别的。例如汉语和英语的构词法有同有异,都有派生词和复合词。汉语的复合词

多,英语的派生词多,各自的派生法和复合法又有复杂的差异,过细地分析这些差异是很有必要的,但是在教学中却不能把这些繁复的不同规律直接搬给学生,正如赵元任早已指出的,那是语言学的教学而不是语言教学。教语言时重要的是按照这些差异提取不同类型的词汇,编进实际应用的语句,通过组织练习和必要的教学提示,引导学生去理解,汉语的语缀如何应用于有限的语句之中,汉语的复合词中,语素意义和词义之间有哪些复杂的关系。

第二,汉语的学习者的母语是五花八门的,语言的对比研究如果只是就某种外国语,不分巨细做详尽的分析,数十种分布广泛的大语种,何时能够做完?大语种之中还有亲属语言和各自的方言,语言学的对比研究是无法穷尽的。为二语教学所用的语言对比研究,只能基于二语对比而选择主要的差异,着重于展示学习者的母语所没有的汉语的特点,然后精心设计教学方案。在教学方法上,应该提倡启发学习者拿自己的母语和汉语做比较,从而理解汉语的特征并加以应用。因为学生对自己的母语是敏感而熟练的,他们的自觉比较可能比老师所做的比较更到位,也必定更能记得牢、用得上。

可见,对比语言学虽然对贯彻国别化方向是有启发、指导意义的,却不是国别化研究的主要课题。看来,不同语言类型的对比分析对于高级班的教学更有意义,对于入门的初级阶段则往往作用不大。在过去的对外汉语教学中,倒是不少在第一线进行教学的老师有计划地搜集留学生的作业,研究从母语到目的语的"中介语"的实际情况,从中归纳出学生在学习目的语过程中受母语的影响所产生的差误,并对于如何防止中介语"化石化"提出许多有效的措施。这种从教学实践出发的研究,对于贯彻国别化的方向是有更重要价值的,今后还应该继续做,不但在国内做,还要到国外的教学班去做。

在语言本体方面贯彻国别化的方向,更重要的研究课题是要摸清不同国家的语言在类型上和汉语有哪些主要差异,汉语的特点中哪些是所在国的语言所没有的,哪些是同中有异的。所没有的是教学的重点,同中有异则是教学的难点。例如,汉语是声调语言,对于许多母语是无声调语言的人来说,声调的学习就是重点,声调之中,四声的调值并不难学,字调的归类则是大难点,轻声和变调也应该是教学的重点。语法教学中,虚词的学习是重点,分清多义的虚词和同义的虚词则是难点,虚词和实词的搭配组合也是难点。摸清重点和难点之后,更重要的是针对这些重点和难点编出适用的练习,组织学生进行有效的训练。就已有的研究情况说,关于汉语本体各种特征的研究,往往偏重于纯语言学的研究,或着力于具体问题的描写,常常还抓不住要害问题;在设计练习和训练方法时,要么偏离特点,要么过于繁琐,具体的教学方案很难直接应用于对外汉语教学之中,这是很值得我们反思的。

关于汉语国际教育的国别化,如何针对语言的"外部"情况去贯彻,也已经引起学者们的注意,并有了一些研究成果。在这方面有更加广泛的问题,还需要做深入的调查和探索。

在不少国家,往往还有不同的语言,例如在加拿大有法语区,在美国有西班牙语区,在法国有德语区。有的学者已经提出,针对不同的语言区域,国别化之下还应该有"语别化"的研究;许多国家还存在着不同的民族,例如马来西亚有马来人、印度人和华人之别,国别化之下还有"族别化"的问题;此外,在同样的国家,还有城市和农村的巨大差别,就学习汉语的人群说,又有不同行业、不同年龄层次的不同需求。这些教学对象的差异对于汉语国际教育来说都是需要研究,需要有不同的对策。从这个意义上说,"国别化"最好改称"本土化"或"在地化"。"本土化"是站在国外的立场的说法,"在地化"则是超然的说法。如果我们把一国之内的各种具体的语言差异、地区差异和人群差异都包含在内,扩大其应有的内涵,继续使用"国别化"这个术语,也是可以的。为了更具概括性和针对性,把"国别化"改称"在地化"也许会更加准确。下文将改称"在地化"。

在语言之外,汉语国际教育要做到在地化,重要是要适应当地的国情、民情和地情。所谓"国情",荦荦大端自然是政治制度与经济政策。友好国家和经济往来密切的国家自然会提供汉语国际教育的必要条件。然而与语言教育关系最深的是所在国的语言政策和教育政策。国外的汉语教育,有的是政府倡导的,有的是学校组织的,还有的是市场运作的。不同的渠道办学,境遇大不相同。能否寻求最佳途径和最惠待遇,是发展此项事业的关键。所谓"民情",则是宗教信仰和民族情绪居其首位,此外还有极其多样复杂的文化情结。汉语教育必须努力适应当地的民情,尊重当地文化,存异求同,做得好能提供教学方便,增进学习者对异文化的了解和同情,做不好也可能造成更大的隔阂。语言教学一旦和文化的理解发生分离和冲突,语言教学活动就势必难以开展。所谓"地情"就是所在地区的综合性的社会状况。除了当地与所在国的不同政治氛围、文化传统和社会习俗的之外,一定地域特有的地理环境、民族成分、移民来历、经济发展情况,与毗邻国家或地区的交往,也都是构成不同地情的因素。

由此可见,不论是语言本体的差异或是社会文化的差异,国外汉语教育的环境都是十分复杂的。不但有不同民族、不同语言和方言的多元化差异,还有大小不同的区域和人群的多层次差异。要使汉语教育的适应性、针对性和可接受性都落实到每一个教学班,没有周密的调查研究和精心的设计是一定做不到的。如果以为只要把同样的几套教材用不同语言加以翻译和注解,便是"国别化"的措施了,这显然只是一种十分简单、幼稚的想法。

三、贯彻在地化方向应有的措施

贯彻汉语国际教育的在地化方向,应该采取哪些方面的措施呢? 按照我的理解,在教学大纲、教材建设、教学方法和教师培训的各个方面都应该有重大的改革,有具体的体现。

　　国外的汉语教学总体上的特点是时间分散、过程长,打基础的多、深造的少。在课程设计方面,显然不宜强调专业化、正规化,而应该采取灵活多样的方针。教学组织者在开班之前务必进行深入的调查,了解生源的特点和他们的要求,合理地编班。既有细水长流的教学安排(如中小学的外语课),也有集中突击的短期训练(如针对某些行业的留学人员的先修班);有快速的口语交际培训(为满足来华旅游的需要),也有着重于识字、书面阅读的教学(有些老年人只是为了增加关于中国文化的知识);还可以有以掌握某种文化技能为主、学习语言文字为辅的教学班(如为了学中国书画、武术或烹调的教学班);学前儿童有的是为了对母语和民族文化有初步了解,则应以趣味为主,浅尝辄止也无妨。就多数情况而言,眼下大量的工作是帮助各类学习者过基础汉语关。如何适应当地各色人等的需要,编出通用的、精当的基础教材,教好初级汉语,是最需要研究的课题。

　　教学大纲是根据汉语的特征制定的。经过半个多世纪的实践,我们已经有了相当完整的汉字、词汇、语法的教学大纲,初学者要学哪些字、哪些词语和句型也有了分等级的标准。不过这些标准有的还需要进一步完善,例如常用字和常用词的频度分级,往往只是依据大批量文本的频度统计,还没有过细的进行字、词的各种相关属性分析;还没有落实到字词以下的义项、音项。常用的字、词往往是多音多义的,应该先教哪些读音和义项,目前还缺乏准确的依据。关于现代汉语的口语词也研究得不够,许多口语常用词在词汇大纲中没有体现,关于成语、惯用语和引用语的频度也研究得不够。此外,汉语的修辞现象也还没有进入二语教学的视野,没有编进教学大纲,而汉语的遣词造句常常受到修辞的制约,这是汉语的重要特征,也是外国学习者的难题。

　　在教材建设方面,虽然我们已经编出了数千种对外汉语教材,每年向孔子学院寄赠的教材多达数十万册,但是反馈的意见常常是"不合用",这种吃力不讨好的现象说明了,这些教材从汉语必须要教的方面考虑多,对所在地的需求方面考虑得少。二语教学固然需要从目的语出发设计体现特点的教材,集中国内外从事汉语教学的老专家,打磨几种初级和中级的通用性的汉语基本教材是非常必要的,在数十年"百花齐放"的基础上,博采众长编出几套不同思路、不同风格的优质教材,也是完全可能的。在基本教材之外,看来还应该提倡制作大量的阅读教材。如果说基本教材贵在少而精,阅读教材则不妨多而杂,不但有语文训练用的,也有扩大百科知识之需的,有文本的,也有声像的,不论是哪一类都应该以短小精悍、生动有趣为上。

　　为了从根本上解决教材在地化问题,很有必要提倡制作一个万能的大型汉语语料库。这个语料库应该充分体现汉语的特征,齐全详尽,涵盖汉字、语音、词汇、语法、修辞和文化各项内容;在重要性、深浅度上分层级(常用、次常用的、初中高级的);注译方面细分语种(英、日、法、德、西、俄、韩等);在形式方面则应该做到立体化(字表、词表、图文、声像)和网络化(在网上提取)。其类别可包括字库(字形、字音、字义),词库(按词长、词类、词义分列),语库(口语、书面语、骈语、成语、惯用语等),句库(句型、谚语、引用语），文库（情境会话、小故事、诗歌、散文、短论、文化常识等），题库（调值调类与变调练习，绕口令，部首偏旁练习，同义、反义词辨析，组词、析词练习，句型变换练习，汉语各种测试题），等等，此外，还应该有音库、图库、像库（发音示范、音档、图片、录像）。多年来，有关部门投放了大量人力财力制作的语料库已经不少，但是多半是些生语料，不能直接拿来生成教材。如果能在深入研究的基础上，按照对外汉语教学的实际需要，经过深度加工，建成一个万能的熟语料库，就像一个"大超市"，让师生从中选取合用的成品直接享用。又像是一台万能的工作母机，能制作出各种所需的零件和机器。这就从根本上解决了教材问题。

关于师资队伍的在地化，也该提到议事日程上来了。随着全球学习汉语的人群的急剧增加，全靠中国派出教师、志愿者出国任教，无论如何都是办不到的。这几年国家汉办花了大力气培训志愿者，2010年全年也只派出了3000人。有的孔子学院迫于无奈，就地请华人代课，往往以失望告终，因为并不是能说汉语就能教汉语。要懂得当地语言和文化的人去教汉语，最理想的无疑还是懂汉语的当地教师。试想，中国有几千万人在学英语，请了多少外教？可见，帮助各国汉语学校培训师资才是根本出路。有些孔子学院已经办起这样的师资培训班，有的高校也在国内外办了汉语国际教育的硕士班和师资训练班，如何办好这些班，这也是一个重要的课题，应该大力研究、认真设计。上文所述的万能的大型语料库建成了，配上使用语料库编教材的训练教程，在不太长的时间里，培训出大批的外国汉语师资是完全可能的。二语教育无非是在母语和目的语之间架起一道桥，由精通母语的人学好汉语去教汉语，或是让精通汉语而不谙当地语言和地情的人去教汉语，孰优孰劣，不言自明。如何让他们扬长避短、各得其所，也是一个很值得花力气去调查研究的课题。

最后，教学方法的在地化也很重要的，也有一系列问题需要研究。

一提起教学方法，人们就念念不忘"语法结构"教学法、"基本词汇"教学法、"句型"教学法、"直接交际"教学法、"功能—意念"教学法，"任务型"教学法，总想"跟风"。西方的应用语言学是比我们走过更长的路，积累了更多的经验，但种种教学法都有各自的优点，并不像科学技术那样更新换代，是可以取长补短、综合运用的。还要考虑所在地的文化教育传统和可能条件去权衡利弊，择优选用。同时还得根据学习者的不同情况去选取恰当的教学方法。例如在职场上忙碌的青年人，情愿晚间加班在网络上自学，学前儿童则只能在唱儿歌、做游戏时边玩边学。

在母语环境中学习第二语言，尤其是学习汉语这样的与众不同的语言，最大的威胁是什么？看来是语感的缺失和语境的难觅。古怪的汉字、玄虚的声调、缺乏形态的词汇、灵活无边的语法，又使得没有语感和语境的弱点雪上加霜。在研究对外汉语的教学方法时必须正视这一严峻的事实。如何让生活在国外的汉语学习者尽快地获得汉语的语感，如何在课堂内外创造和寻求汉语言文字的语境，这应该是研究对外汉语教学方法的重要出发点。多年来不少专家提倡的词语的语素分析法，语法结构的语义参证法,汉字的偏旁部首分解法,词汇的义类归纳法,等等,对于积累汉语的语感应该是有效的。上文所述的加强阅读指导和训练,则是没有语境条件下的二语学习获得语感的主要途径,应该大力提倡、贯彻始终。为了创造语境,在教室里布置汉字板块(标语、作业栏、小墙报等等),课堂上使用汉字卡片,播放汉语的音乐和电视、电影以及组织说唱、演讲和辩论等活动,都很值得总结推广。

四、在地化与原型化

在地化是为了汉语国际教育能够更好地针对当地的语言文化和社会实际,以提高汉语教学的效率,这是就施教的过程和要求来说的。然而,就第二语言教育本身说,汉语作为目的语,在教学中却是应该坚持充分地体现它原本的特征,这是就教学过程而言,也可以称为"原型化"。

在地化和原型化并不矛盾。第二语言教学一头是目的语及其文化,另一头是母语及其国情、地情、民情。教学的过程正是沟通桥梁的两端,在地化和原型化则是使桥梁的起点和终点都能落到实处的保证。

世界上的语言都有共性,也有个性。"语言的共性都隐含于具体语言结构的特点之中,难以直接观察,需要人们从语言特点的研究中去挖掘、寻求语言的共性结构原理。""要探索语言的共性,只能从特点的研究中去探索相互间的共同结构原理。"[1]"语言共性研究关注的是找出所有人类语言共有的那些特性,而为了使语言类型化,也就是把语言划归不同的类型,必须是语言之间存在差异。""语言共性研究的目的是确定人类语言变异的限度。"[2]可见共性寓存于个性之中,必须通过语言的比较归纳出不同的类型,然后了解哪些是所有语言共有的特性。既然语言的共性是抽象的、寓存于所有语言中的深层的特征,是所有的人都有的感知,它对于二语教学并没有太大意义。(所有的语言都有元音,都有主语和谓语的区分,这对语言教学有用吗?)二语教学必须观照的只是语言所属的类型和个别语言的特点。教外国人学中文,重要的是让他们知道:汉字不是拼音文字,是形音义结合在一起的语素;汉语是有声调的语言,声调有调值和调类之别,多音词语还有轻声、儿化和连读变调;汉语的词汇大多是语素合成的,语素义和词义之间有许多联系,语素之间的结构关系和句法的结构是大体一致的;词类和句子成分未必相对应,语法上没有形态,主要用虚词和语序来表示句法关系。这就是汉语的一些最重要的类型特征和个性特征。

充分体现汉语的类型和个性特征,做到原型化,也是汉语国际教育所必须坚持的方向。贯彻这个方向也必须做全方位的努力。在制定课程计划和教学大纲时,要根据不同教学班的需求明确教学重点、教学时间,规定具体的达标要求,例如对于不想深造

---

①徐通锵.语言学是什么.北京:北京大学出版社,2007:374,379.

②伯纳德·科姆里.语言共性和语言类型(沈家煊译).北京:华夏出版社,1989:37-38.

的短期班,不妨只教拼音、不教汉字,只教口语、不教读写,只教情境会话、不教文学作品,这就要在汉语的诸多特征中作出选择;大学里教专业汉语则要在开始时打好正音的基础,过声调关,掌握汉字的偏旁部首,批量识字,才能具备深造的可能性;在不同程度的课程中所教的字词句都应该有严格的定量要求,不能过多,也不能过少。在编写教材时,语音教学不能只安排在开头几周教教字调了事,而必须在词汇教学中教连读音变,在语句教学中教语调。词汇教学在联词、识词时既要罗列语素义的合成大体与词义相同或相关的词例,也要列举二者不相关的例词。由于常用词(包括各类虚词)往往是多音多义的,教学常用词就必须组成短语和句子,由句及词、由词及字,才能掌握不同音义的字词。在教学方法上,千百年来老祖宗从汉语的特点出发创造了许多行之有效的启蒙教学方法,不少是可以用在二语教学中的。例如,教生字时可以做寻找声符和形符的练习,识字之后可以做联词、扩词的训练,阅读时可以做分析字义的"猜词"训练。掌握了一定数量的词汇之后可以学做对子,掌握同义词和反义词(天上、地下,上山、下海,红花、绿叶),可以归纳义类,理解汉语造词的逻辑性(黄牛、水牛,公牛、母牛,牛头、牛皮、牛毛,猪头、猪皮、猪毛),中高级的课本则可以做对联、背绕口令等等。在培训当地汉语教师时,重点是让他们了解汉语的类型特征和个性特征,这就更是不用多说的了。

参考文献:

[1] L. G. 亚历山大. 语言教学法十讲. 北京:科学技术文献出版社,1983.

[2] 伯纳德・科姆里. 语言共性和语言类型(沈家煊译). 北京:华夏出版社,1989.

[3] 国家汉办暨孔子学院总部 2010 年度报告。

[4] 李如龙. 对外汉语教学的文学导入. 华文教学与研究,2010(2).

[5] 李如龙. 汉语的特点与汉语教学. 汉语应用研究. 北京:中国传媒大学出版社,2004.

[6] 李如龙. 论对外汉语基础教材建设. 国际汉语学报,2010(11).

[7] 徐通锵. 语言学是什么. 北京:北京大学出版社,2007.

[8] 赵金铭. 对外汉语教学概论. 北京:商务印书馆,2004.

[9] 赵元任. 赵元任语言学论文集. 北京:商务印书馆,2002.

(本文曾刊于《语言教学与研究》2012 年第 5 期。)

汉字的特征与对外汉语教学

一、汉字教学和拼音教学在对外汉语教学中的关系

汉字在对外汉语教学中应该摆在什么样的地位？古代的中文教学是先教汉字，通过汉字教汉语，早期的日本、朝鲜及东南亚各国也是如此。经过教会罗马字和汉字拉丁化的实践，这种教法被摒弃了，有了注音字母和汉语拼音之后，总是先教拼音，而后识字和学话并进。这是汉语教学的重要变革。然而汉字教学和拼音教学在对外汉语教学中应该是怎样的关系，人们的想法和做法并不相同。有的拿拼音做拐棍，认字之后就扔了，由汉字学汉语；有的是淡化甚至绕开汉字，就拼音学汉语。本文主张，充分认识汉字的特征，明确其长处和短处，深刻理解汉字和汉语的关系，恰当处理汉字教学、拼音教学在汉语教学中的关系，并且认为这是对外汉语教学中的重要原则。

面对汉语国际教育的广泛而多样的需求，汉语二语教学也应该有多种设计。如果只是为了学一些汉语日常会话，应付来华短期旅游，不教汉字、只教拼音，学会几百句常用汉语的听和说，也是完全可以操作的，可以编出这类简明教程，以供短期教学之需。如果要把汉语作为第二语言来学习，不但要入门，还要深造，汉字就是不能绕开、而且是应该认真训练的；拼音也不应该只作为拐棍，学会汉字就弃置，而应该充分发挥它应有的作用。

汉字在现今世界上是"特立独行"的文字。字形复杂、字数繁多、表音不准、表意多样，学起来确实不容易，所以往往成为外国人学习汉语的"拦路虎"。然而汉字的总量虽多，常用的却是少数，由少及多、由简而难，也能学得快；作为语素，学会了单字怎样造出多音词，也就大体知道词语怎样造出句子，便可以搭上"字词句"的"直通车"。汉字标音不准、字词无界，在拼音教学完成之后，为各类课文、读物加注拼音，加注拼音是实行分词连写，使汉字和拼音在教学中全程相伴，"形音义紧相连"，听说读写一路畅通。这就是"形音义结合、字词句贯通"的教学法。我认为，这才能充分体现汉字与汉语关系，应该是对外汉语教学的基本模式。

二、汉字的两个基本特征

2005 年，百岁老人周有光先生发表了《汉字性质和文字类型》（后收入《朝闻道集》），他在长期研究了世界文字的类型学之后，提出文字"三相"说："符形相""语段相"和"表达相"。从三个"相"分析汉字的性质，他的结论是：从语言段落说是"语词

和音节文字",从表达方法看是"表意和表音文字",从符号形式看则是"字符文字"。①
这是迄今为止对汉字的特征和性质最全面、最准确的概括。所谓"符形"(字符)就是
汉字的形体系统,包括由笔画、部件组成的独体字、合体字,经过历史的演变,形成了现
代的"楷体"(又有繁简之别)。所谓"语段",就是作为表达汉语的音义的语素,"字
音"即音节,"字义"即语素义。和语言挂钩的"字形"有古今字、异体字和方言俗字,
"字音"则有同音字、多音字,"字义"指的是基本义、引申义、语法义、语用义。所谓"表
达相"就是表意为主,兼以模糊的表音,周先生通常称表达汉语的汉字为"意音文字"。

正是这个"三相",实现了汉字的两个系统的重合。汉字的"形体系统"是汉字自
身的系统,即由笔画和部件组成的方块形体,大多数的"形声字"还有"声符"和"义
符"构成的系统。汉字的另一个系统是进入汉语作为语素的系统,正是汉字的"字音"
和"字义"组成了汉语的最小结构单位——语素。例如"湖、糊",就形体说,都是三个
部件构成的合体字,"氵、米"是义符,"胡"是声符;就语素说,"字形"都是规范字,"字
音"是两个同音字,读为 hu 阳平调,"字义"指的是"湖泊"和"糊状物或粘黏"。通常
说的汉字的"形音义"其实包含着"形体"和"语素"这两个既相关又相异的系统,而把
这两个系统叠合起来的则是汉字表达(标记)汉语的"中和"方式——表意为主、兼以
表音。可见,用"三相"分析汉字的构成和性质,说明汉字和汉语的关系,是缺一不
可的。

经过"三相说"的分析,就可以清楚地看到汉字的两个基本特征:它是表意为主的
文字,又是形体系统和语素系统的重合。关于前一个特征,大家都有了一致的看法,后
一个特征就未必都很清楚。笼统地说汉字的"形音义",没有把"形符、义符"和"字音、
字义"区别开来,就很常见。一说起汉字和汉语有内在的关系,就有人搬出"文字是第
二性的,是语言的符号、符号的符号"这个金科玉律来抵制,殊不知这是管不住汉字
的,汉字属于"另类"——另一种类型:汉字不但是语言的符号,绝大多数汉字作为语
素,已经"进入语言",成为汉语的一个"细胞",具有语言的性质。

其实,汉字的两重性是明摆着的。在中国,学者们说"字音",既指单字的音,也指
作为单音词或多音语素的音。口语里说的"他一个字也没说",这个"字"指的是"词
儿"。上世纪初,北京大学刚开设"音韵学"时还叫做"文字学音篇",那"文字学"指的
正是"语言学"。

西方学者倒也早已"旁观者清"了,1826 年,德国语言学家洪堡特就说过:"汉字用
单独的符号表示每个简单的词和复合词的每个组成部分,所以这种文字完全适合于汉
语的语法系统。也就是说,汉语的孤立性质表现在三个方面:概念、词、字符。"②这里
的"语法",明显是广义的,"孤立性质"指的则是"字、词和概念",三位一体。

---

①周有光.朝闻道集.北京:世界图书出版公司,2010:149.

②洪堡特.洪堡特语言哲学文集(姚小平选编、译注).北京:商务印书馆,2011.

周祖谟在《中国大百科全书·语言文字》中为"汉语文字学"所下的定义是:"研究汉字的形体和形体与语音、语义之间的关系的一门学科"。这里说的"形体与语音、语义之间的关系"便是作为语素的系统。对此,他又说:"汉字是记录汉语的符号,每一个字代表一个音节,一个字可能就是一个有完整意义的单音词,也可能是一个复音词中的一个构词的词素"。① 可见,中外大家们的这些说法,都早已指出了汉字作为文字符号和作为汉语语素的双重性质。

三、汉字的形体特征和字形教学

汉字的形体包括字体和字形。字体在历史上发生过许多变化,尤其是形成早期的殷商到战国的 2000 多年间,从甲骨文、钟鼎文到大篆、小篆,几经演变,笔画有直有弯,结构有繁有简,而且异体不少。秦汉"隶变"之后,字形才大体稳定下来。为了书写方便和美观,后来的字体又有楷书、行书、草书等创造。现在通用的汉字已经经过规范处理,不论是手写、印刷和教学,都应该以现代规范汉字为准。为了说明造字的缘由和形体的变迁,有时可以举出一些古体字,例如象形字日、月、山、水,指事字上、下、本、末,会意字休、从、尖、北。但是由于字形的变迁,现代用字大多和造字的原形已经难以考释和论证,所以,教学中逐字考源是不必要、也不可能的。

汉字的字形虽然复杂,但是几种造字的方式在字形上有不同的体现,字形简单的和复杂的有明显的层次。和世界上各种文字的发展规律一样,最早出现的汉字也是先表形,后表意,而后才走上表音。最古老的汉字是包括"象形、指事"的"独体字"和"会意"的"合体字"。这些字大多是指称名物的、常用的、构词能力强的核心字,而且笔画少,好认好记好写。例如"一了不我人来土大子去也主出下为生可以年小",这 20 个独体字产生之后,大都又成为构成新字的部件,成为表意的部首或表音的声符,造出很多新字,在各类字频统计资料中总是占着前 50 名。据苏培成统计,7000 常用字中,独体字虽然只有 235 个,只占 3.4%,但是除了 16 个字之外,都用作声旁。② 另据胡文华就常用的《汉语水平考试汉字与词汇等级大纲》中的 800 个甲级字所作的统计,独体字 94 个,占了 24.4%。(胡文华,2008)可见,越是常用,独体字就越多,独体字就是核心字,因为都能单用做单音词,也是核心词,应该是汉字教学的首要重点。

独体字之外,合体字是由两个以上的部件构成的,先是会意字,后来大量生成的则是形声字。合体字中的义符(又称为形旁或部首)造字的时候就是表示字义的,其表义功能后来大多依然有效。形声字的声符,由于语音的演变,后来有的不"谐声"了,但是同声旁的字在语音上大多还有一定的对应关系,有的声旁还有表意的作用。因此,不论是成字或不成字的偏旁、部首和声旁,也应该是汉字教学的重点。

①周祖谟.中国大百科全书·语言文字·汉语文字学.北京:中国大百科全书出版社,1988:160.
②苏培成.现代汉字学纲要.北京:北京大学出版社,1994.

据《现代汉语常用字表》[①]，最常用的十个形旁是："日月言（讠）人（亻）心，禾草（艹）刀口走（辶）"（为顺口不按频度排序）。总共可以构成常用字 485 个，每一个形旁可以推出 32 个常用字。最常用的 20 个部首，可以构成常用字 1350 个，占 2500 个常用字的 54%。除了上述 10 个以外，它们是："金木水火土，家（宀）女丝（纟）竹（竹）手"。

关于形声字的形旁，2005 年李蕊曾据留学生汉语教学大纲考察过 1789 个形声字，其结论是：构字 50 个以上的 9 个形旁共构字 804 个，占形声字的近半；构字 5 个以上的形旁是 57 个，共构字 1547 个，占总字数的 86.5%[②]。可见选常用形旁先教常用字是个好办法。

1999 年崔永华发表的《关于汉字教学的一种思路》[③]，提出了以基本字和基本部件作为汉字教学的基本单位。他根据《汉语水平考试词汇大纲》所列 8822 个常用词中的 2866 个常用字，提取了"基本字、基本部件"，包括独体字和各类偏旁部首 537 个，共构字 7161 次。其中最常用的 16 个独体字和 15 个部首共构字 2817 次。这 31 个部首和独体字，除了包括上述 20 个常用部首之外，还有"又广大八十力田一耳"等。以上这些数据说明，汉字字形教学，不论是笔画、部件、偏旁（包括形旁和声旁、部首）都应该从常用入手，以少驭多，这是汉字教学的根本方向，不论是编写教材或教学安排，都应该严格遵守，坚决贯彻。已经有些学者检查过以往出版的对外汉语教材，发现不少教材在编排课文、选取生字、生词时，并没有遵循先易后难的原则，按照先独体后合体、先常用后罕用的顺序来安排。这是应该引起注意并加以改进的。

汉字的主要特征是表意。不论是独体字或部件的教学，都应该紧扣所表示的意义。例如"禾、皿、贝、火、弓"，本字的意义和作为形旁的字都是意义相关的；刂、扌、阝、礻、衤、灬、氵、亻也都是表意的部件。教学练习时都应该把这些部件的意义说透。

字形的教学更难的是形近字。中国人是零零星星、前前后后在长期积累中学会的，相近字形已经和不同的音义想结合，所以并不觉得其形近难辨，外国学生尚未掌握其音义，在辨认字形的第一关，就常常被难倒了。例如：去—丢、找—我、住—往、未—末、兔—免、刀—力、几—几、五—丑、人—入。这些字数量并不多，可以专门组织几节课，集中起来做练习，用不同的音义去区别相近的字形，这就是所谓"置之死地而后生"。

汉字的形体确实有点"古怪"，尤其是看惯了拼音文字的西方人，刚接触时难免因为陌生而不知所措，产生反感、恐惧，甚至厌恶的情绪。教学汉字的初始，怎样才能解除学习者的陌生感、避免他们的恐惧感呢？办法之一是，用少数象形、指事、会意字的说解去激发他们的好奇心。更重要的办法是，让他们知道：越是常用的字越好学，因为

---

①国家语委汉字处.现代汉语常用字表.北京:语文出版社,1988.

②孙德金主编.对外汉字教学研究.北京:商务印书馆,2006:186.

③同上.

多为笔画少的独体字;学好这些常用字还特别有用,因为可以构成大量的字。如何用这些办法使学习者变恐惧为兴趣,这是很值得研究的大问题。90 年前,高本汉在他写给欧洲人看到普及性小册子里写道:"中国文字是中国人精神创造力的产品,并不是从它族借来的;书体很美丽可爱,所以中国人常应用它为艺术装饰品,而且学习起来也不见得怎么繁难,只需熟悉了几百个单体字,就得到了各种合体字里所包含的分子。"①西方最早的汉学大师的这段由衷的经验之谈,很值得我们深思。

四、汉字字音的特征和字音教学

汉字是形音义的综合体,在形体系统方面,有形符、音符(声符)和义符(意符)。独体字和非形声的合体字只有形符,形声字的声旁是音符,形旁是意符,合起来是它的形符。在这个层面上,意符只是表示字义的类别,所以又称为"类符",音符是造字时用来模拟声音的零件,常常只是声音的近似。所以汉字的字义实际上是直接和字形挂钩的,这就是人们常说的"望文生义"。

汉字的声旁表音不力,主要是因为字形的演变和语音的演变不同步。如上所述,汉字的造字已有三千多年的历史,其字形自汉代以来 2000 年间没有大的变化,而造字时代用来标记的语音则经历过上古、中古、近代和现代多个时期的变化。造字时本来就只是表示近似的音,经历过变化之后,声旁(音符)的表音不准就可想而知了。看看"母、每、海、悔、侮、敏、繁""台、怠、治、笞、始、怡、冶"这些形声字,就可以见其一斑。由于独体字和非形声的合体字都是很常用的,据冯丽萍统计,《汉语水平词汇与汉字等级大纲》的 2905 字中,形声字在最常用的甲级字里还占不到一半,丁级字也占不到80%。声旁和全字声韵相同、不同调的也只有 37.2%。不过,声旁有 80% 是独立成字的,甲乙两级的常用声旁 955 个累积构字达 4336 个②。可见,利用声旁教外国学生认字,还是可行的,但必须经过精心挑选。

汉字表音不准,所以需要用汉语拼音教学加以补救。如果说声旁可以"定类"(和声旁同音或读音类似或相关),汉语拼音便是可以"定位"。"声旁"是作为"形符"的"类",用汉语拼音拼出的"音节"便是作为语素的"位"。进入语言后,作为语素的汉字的字音就不是含糊、近似的音,而是和词义、语素义相联系的特定的音了。在这个层面上,一个汉字是一个"方块"的字形和一个音节、一个意义单位的综合体,这说明汉字是语言层面上的形音义综合体。

汉字字音的特点首先表现在音节的结构上。汉语是声调语言,每一个音节是声韵调的综合体,声母由辅音充当,韵母又有韵头、韵腹、韵尾的划分,由辅音和元音组成。音节必有的是声调和韵腹。音节中响音占优势,元音可以当韵头、韵腹和韵尾,还可以

①高本汉.中国语与中国文(张世禄译).北京:商务印书馆,1931:20.
②孙德金主编.对外汉字教学研究.北京:商务印书馆,2006:117 – 126.

复合;辅音不连用,响辅音可以充当声母和韵尾。这就是可以覆盖古今南北的通语和方言的音节结构的特征。和拼音文字相比,拼音文字是字母一次性线性组成的音节,汉语是元音和辅音多层结合后和声调组成的立体的声韵调综合体,即声母(辅音)和韵头(元音)|韵腹(元音、浊辅音)|韵尾(元音或浊辅音)组合之后加上声调组成的音节。用汉语拼音方案拼写汉语,这是中国人用 60 年的努力得来的成果,是一音一符的最佳组合,比起历史上的种种罗马字拼音和民国年间的注音符号都更加合理,也是各国人都容易接受的,已经被联合国认定为拼写汉语的国际标准推行了数十年。在对外汉语教学中,我们应该坚定不移地用它作为汉语语音训练的工具。用汉字为字音定类,用汉语拼音为字音定位,汉语语音教学就能无往而不利,这是可以肯定的。

字是形音义的综合体,音节是声韵调的综合体,到了言语表达,则是字词句的综合体,"综合"是汉语的根本结构特征。

一个字就是一个音节,这只是汉字和音节的一种重合。由于汉字具有语言的性质,一个字又是一个概念、一个词(或语素)。作为概念和语素,一个字可能读成多种音节,这是"多音字";几个字也可能读成一个音节,这是"同音字"。多音字和同音字是汉字的"字音"所特有的。西方的拼音字母组成音节只有一种读音,只有几个音节组成一个词之后,才与意义相关联,只有多音词才可能有同音词。可见,多音字和同音字是汉语语音的重要特征,是字音教学的难点和重点。

2500 个常用字中,shi 4 有 20 个同音字,不分声调的声韵相同的字则有 40 个,ji 不分声调有 42 个同声韵字。据统计,7000 个常用字中平均每个音节有 8 个同音字。同音字多,主要是因为古今音的演变,音类缩减而造成趋同。例如读 shi 4 的 20 字中,在中古音,属于 5 个入声字、6 个上声字,韵母分属于"祭、止、至、止、志",声母分属于"邪、从、船、书、禅"。在认字学话时,读音相同、字形不同的字对于区别字义和词义倒是有用的。例如"嫁、架、价"同音,凭形旁就可以区分义类("嫁"与女子有关,"架"为木做成)联称双音词后,"出嫁、出价","高架、高价",意义也不难辨别。可见,同音字有缺点,也有优点。

多音字通常是基本义衍生为不同引申义后,用异读来别义的。现代汉字大约有多音字 10% 左右,应该提取常用的作为教学重点,不要平均用力。把语音教学和词汇教学结合起来,刻意把同形的多音词语列出来做比较,也许正是好办法。例如:生长(不绝)、长生(不老)、一行(五人)、一行(十株)、中医—中意,背人—背书。有些可类推的也可以集中起来教,例用声调别词性:"好事(一桩)、好事(之徒),作假—放假",用文白读来别不同语体:"剥削—剥皮,薄弱—皮儿薄"。

汉字的字音还有一个重要特征,就是每个字都属于一定的"音类"。所有的字音组成的是中古音的语音系统,每一个字都在这个系统中占有一个"音韵地位"(声韵调组成音节的类别),由于它在中古时期作为全国的书面通语的标准音,各地士子读书识字、写诗作文都以它为准,因而对各地口语都有深远影响,久而久之,后代通语和方言的语音都和这个音类存在着一定的对应。也正是这个相互对应的"音类",使汉字兼容了古今南北不同的语音,不同时代的人、不同方言区的人,尽管语音已有明显差别,都能共同理解存在音类对应的汉字。就这样,汉字作为古今南北汉语的"中介",用汉字书写的文言,也使广袤地域里多样的方言没有分裂为不同的语言。汉字字音的这个"音类",对于不同方言区的人是心照不宣的自发意识,听到不同方言的口音,很快就能通过"折合"去理解。北京人初听河南人说话,把"羊毛"说成"样貌","时常"说成"试唱","头颅"说成"透露",经过上下文的比较、辨认,不要几分钟就知道,河南的阳平字读成北京的去声了,就是这个道理。外国人没有汉语的语感,也就没有汉字"音类"的感性认识,但是可以用汉字的声旁类推来教他们,因为声旁相同的字常常也是同音类的(或同声类、或同韵类)。例如日本语只有后鼻音,没有前鼻音 n,就可以告诉日本学生,凡是带"干单安旦半番、前戋见、宛丸、元卷员,本艮申、因今、寸屯、旬君云"这些声旁的字,都应该读为前鼻音 an、ian、uan、yan、en、in、un、yn。又如日语和俄语都没有元音 y,要掌握读 y 的音类也可以提供一些声旁予以辨认:去居巨鱼余予虚。对于不能区分平翘舌声母的学生也有可利用的偏旁:"焦小肖千仓曾青宗次此司曹"是平舌音声母,"召周专申春术昌章正争长成中支止者"是翘舌音声母,熟记这些字,便可以推出许多谐声字。

五、汉字的语言功能与对外汉语教学

汉字进入汉语,绝大多数都成为单音词或语素,这就和汉语的词汇、语法教学有着密切的关系。下文讨论四个问题。

首先是按照频度选取字、词教学。汉字的总量多达数万,词汇则应有数十万之多。但实际上常用字和常用词并不多,2500 个常用字大学生大体还能掌握,1000 个次常用字就很难说了。词汇方面,能掌握 5000 个常用的,也大可应付日常交际了。外国人学汉语没有语感的基础,也没有语言环境可实习,学习时间又很有限,要求他们学很多汉字,掌握大量词汇是不现实的,只能择要而教。国家语委汉字处编制了 3500 个常用字表之后,曾经就 1987 年报刊的 200 万字文本做过检测,结果是,2500 个常用字覆盖率达 97.7%,1000 个次常用字覆盖率则只有 1.51%,两项合计为 99.48%。

根据 1986 年出版、北京语言学院所编的《现代汉语频率词典》([1],北京语音学院出版社,1986),用 180 万字语料所做的统计,最常用的汉字和词语在全部文本中的覆盖率如下:

常用字序号	常用字频率	常用词频率
300	69.2%	56.19%
500	79.76%	63.26%
800	80.1%	69.9%
1000	91.36%	73.13%

1500	95.94%	78.65%
2000	98.06	82.22%
3000	99.63%	86.79%
4000	99.96%	89.68%

从这些数据看,对外汉语教学初级班教 300 多个字、800 多个词,中级班教 500 多个字、2000 多个词,高级班教 1500 个字、4000 个词也大体够用了。

国外的二语教学通常是严格按照词频来编写初中级教材的,为什么对外汉语课本贯彻不了呢? 一方面是"文以载道"的阴魂不散,先前是讲究课文内容的思想性,如今又换成要有"文化内涵";另一方面是套用外国盛行的"情境、功能、任务型"那些时髦的教学法。鉴于汉语、汉字的类型独异,频度差异又大,在贯彻频度原则上怕是要动点大手术才行。

其次是按照字、词、语的组合关系组织教学。汉语庞大的词语系统是由一个多层的同心圆构成的。这就是核心词—基本词——一般词语—行业词的系统。最核心的部分是常用的构词能力强的单音词,而后是其他单音词和常用的双音词组成的基本词。一般词语包括大量的双音词,以及其他多音节的惯用语、成语和引用语。行业语则是行外少用的专业用语。传统的母语教学所用的组词、析词、连语、造句的方法,也就是人们常说的"字词句训练",这是运用汉语的由字构词、由词构语、由语成句的规律,经过千百年的实践锻造出来的、行之有效的汉语教学法。奇怪的是,"字词句训练"在母语教育,如今被贬为"工具论",对外汉语教学也视之为陈旧无用的古董,只是有经验的老师,在课堂上用自己小时候识字扩词的老办法去教人。

事实上,大多数的多音词语的意义和其中的"字义"的组合都有密切的关系。以字释词是教学词汇的正道。"人"可以构成多音词语 441 条,人心、人面、人头、人体、人皮是人的肢体;人格、人品、人性、人心、人情是人的心性;人们、人民、人群、人众、众人是人的群体;人犯、犯人是犯罪的人;工人、农人、猎人、商人、匠人、军人是人的职业分类;男人、女人、妇人、成人、老人、古人、今人是人的性别、年龄的分类;好人、坏人、贤人、完人、怪人、高人是对人的评价。动物的分类可有雌雄、公母、大小、新旧,其肢体可有头、尾、腿、脚、毛、肉、皮、骨等等,按照这个系统套上猪狗、牛羊、鸡鸭、虎狼等等能造出多少意义明确而配套的双音词来! 苑春法、黄昌宁曾对 6763 个汉字构成多音词语的情况做出这样的描述:"也是基本上是一个封闭集,具有长时间的稳定性。""也是在构词时意义绝大多数保持不变,少数变化情况也是有改了可行的。"(苑春法 黄昌宁,1998:3)难怪几百年前德国哲学家莱布尼茨就说过,汉语是最具逻辑性的语言。

第三是关于字义、词义的语法化变异的教学。字义和词义是不断发展的,由于汉语缺乏形态,在组句的过程中同样的词类常有不同的语法功能,有时也因为语用修辞的变例用法,便产生了字、词的"兼类"现象。例如"拿锁把门锁上",这是名动兼类。"长"可以是名词(长五米,一技之长)也可以是形容词(路很长,长于写作),如果加上多音字"长",兼类就更多了(班长,长房,长膘)。在汉语中,词类和句子成分不挂钩,名词可以用作动词,动词可以用作名词,而且都没有附加的语缀。在形态语言里泡大的西方人很不习惯这种用法组合。汉语里表示语法意义的主要是各类虚词,大多数虚词都是从实词虚化而来的。有时一个字可以用作多种词类。例如"连":一个连,连成一条线,连下几天雨,连我都不知道。"空":对空射击,房里空了,空出一间,空欢喜。"光":奇特的光,光着身子,磨得很光,光说不干。"圆":画了一个很圆的圆,终于圆了梦。不论是教学生字生词,或是解释课文,对兼类词和实词虚化,都应该做适当的启发。

最后,还要提出拼音教学的问题。目前的对外汉语教学,一般都只是把拼音教学安排在开头的语音训练阶段,之后也就用在每篇课文的生字的注音拼读。和母语教学一样,认字之后就把"拐棍"丢了。在对外汉语教学中,这是很不合适的做法。在拼音文字中泡大的西方学习者,对于拼音不但不反感、不惧怕,而且很习惯、很有感情的。把拼音教学贯穿始终,是投其所好、扬长避短的教法。

拼音教学贯穿始终对于汉语教学至少可以在两个方面做出贡献。一是可以克服汉字文本不分词连写的缺陷,调动学生的阅读兴趣。现代汉语不但是双音词占优势,还生成了很多三音节的惯用语、四音节的短语,书面语和口头语里都有。汉字几千年来都是每个方块独立,从书面上看不出哪些字连成词或句。日语的汉字和假名也是不分词的,但是动词后面有语缀,还能辨别一部分词界,汉语极少有形态特征,对于没有汉字和口语的语感的外国人,不论是认读汉字或读出声音,都只能是一场灾难。这是中国老师难以体会到的。如果在课文的汉字上方,全文加注汉语拼音,并且按词分写的,不但可以使他们准确地拼读全文,还可以知道单音词和多音词的各种界限了。除了教材的课文应该全文注音、分词连写,还应该编有大量的全文拼音的注音读物。外国人向有阅读习惯,受欢迎的读物应该是和已有水平相适应、内容多样、可供选择的,形式简短、语言浅显、图文并茂、声色兼有、生动有趣。没有大量的阅读,只靠课堂教学和家庭作业是很难按时按质按量地完成二语习得的。

加强拼音教学的另一个贡献是可以加强口语的训练,提高语音表达的修养。自从汉字记录汉语的书面语通行之后,借助着行政管理和文化教育的力量,历代文人学士所创造的"文言"愈来愈优美、愈精练;另一方面,口语的洪流无所约束滚滚向前,形成了另一种截然不同的"白话"。"五四"运动以来白话虽然已经"扶正",有些地道的口语成分还是难以进入书面语。不少街上常常听到的"怎么招、不咋地、靠谱儿、三天两头、稀里哗啦、那哪儿成、这不是、可不是、真是的、多得去了、你少来",这类鲜活的口语,怕是很难编进对外汉语教材的,应该提倡多编些口多语化的"时文",让外国学生阅读,才能接上现代汉语的"地气"。不论是正课的课文或是课外读物,有了全文注音,才能有效地读准每个字的音,才能把话说得流利、自然,并符合语调的要求。中国老师自己习惯于"目治",好像高声朗读只是小学生的事儿,所以常常不注意引导和指导外国学生朗读。

六、结语

汉字和汉语结伴已有几千年之久,一路走来,相互支持、相互让步,已经达到了和谐。3000 年前的甲骨文所记录的历史,2000 年前的先秦典籍,都说明了汉语和汉字就是发源于中原大地,是中华民族自己的创造,从上古汉语到现代汉语的演变史也表明它是一脉相承的自源系统。正是在这样的历史背景下,汉语和汉字才形成了独具一格的类型特征。汉字是由笔画、部件组成的方块形体,形音义相结合,建立了一个字、一个音节、一个意义的统一体,并进入汉语,成为最小结构单位。和汉字相磨合的汉语,则形成了以单音词为核心、以双音词为基础的庞大的多音"语"的词汇系统,建立了以语义为中心、以修辞为手段的字词句层层叠加的言语表达系统。应该说,汉语和汉字的这种类型在世界上是独一无二的。这就决定了汉语作为第二语言的教学,必须另辟蹊径,必须把语言教学和文字教学紧密结合起来,从二者的相互关系出发,设计特定的教学方案。诚然,作为第二语言教育,也应该符合教育学、心理学和社会学等相关学科的共性要求,体现应用语言学的共同规律,但是,这些共性和规律,都必须切合汉语汉字的特征,才能使教学工作得以顺利进行,并且在最短的时间内取得最大的效果。

参考文献:

[1]北京语言学院语言教学研究所. 现代汉语频率词典. 北京:北京语言学院出版社,1986.

[2]高本汉. 中国语与中国文(张世禄译). 北京:商务印书馆,1931.

[3]国家语委汉字处. 现代汉语常用字表. 北京:语文出版社,1988.

[4]洪堡特. 洪堡特语言哲学文集(姚小平选编、译注). 北京:商务印书馆,2011.

[5]胡文华. 汉字与对外汉字教学. 上海:学林出版社,2008.

[6]苏培成. 现代汉字学纲要. 北京:北京大学出版社,1994.

[7]孙德金主编. 对外汉字教学研究. 北京:商务印书馆,2006.

[8]苑春法,黄昌宁. 基于语素数据库的汉语语素及构词研究. 语言文字应用,1998(3).

[9]周有光. 朝闻道集. 北京:世界图书出版公司,2010.

[10]周祖谟. 中国大百科全书·语言文字·汉语文字学. 北京:中国大百科全书出版社,1988.

社会语言学给对外汉语教学的启发

社会语言学是对结构语言学的重要补充,兴起半个多世纪以来已经有很大进展。社会语言学和应用语言学有不少共同的观点,对语言教育有诸多启发。第二语言教育应该转轨为教言语、训练言语运用的能力,做到语用合理和适应语境。要加强阅读训练,引进文学导入,辅以文化阐释,以利于培养语感和学习兴趣。

一、社会语言学的兴起和贡献

20 世纪中叶,在结构语言学和转换生成语言学风靡一时之后,人们发现,社会生活中使用的语言实际上是充满着各种复杂的变异的。着眼于语言的共性,就全社会所约定俗成的规整系统去研究语言的共时体系,探寻语言内部的结构规律,是必要的,现代语言学较之古典的语文学,确实是经历了一场革命:从研究古代书面语转向研究现代口头语,把语言学从经学的附庸地位上解放出来,成为一门独立的现代科学。然而,作为社会生活中最重要的交际工具,作为文化的载体,语言和社会文化有着千丝万缕的联系,在千百万人的使用过程中,语言的变异是非常复杂的,不研究变异,就不可能全面、深刻地理解语言的社会本质,也不可能有效地指导语言的社会应用。社会语言学就是适应着这样的认识的需要,作为现代语言学的一个分支,作为结构语言学不可或缺的补充而建立起来的。许国璋说:"语言的内向研究,诚然在语言的静态描写方面取得了前所未有的严谨和准确,但是对语言的社会功能却置之不顾,不讲语义、不讲社会功用,只重形式的描写的语言学,几十年内在美国成为一种传统。仿佛语言学的研究,根据定义和传统就应该离开社会似的……社会语言学的出现,是语言研究的正常发展,是语言学的正常发展。"①

半个多世纪以来,抓住言语的变异这个核心,研究语言和社会的共变的社会语言学蓬勃发展,取得了广泛而有效的研究成果。例如,从不同社会群体的言语差异研究社会方言,从语言接触引起的变异研究双语、双方言,从言语交际中的变异研究行业语言和语码转换,在多语社会中为协调社会生活而研究语言计划和语言政策,在书面语的应用方面研究各种语体和话语类型的特征,等等。就研究方法说,社会语言学注重调查言语变异的事实,归纳不同类型,探寻演变规律,并致力于解释种种变异和社会文化背景的关系,从而建立自己的理论。如今社会语言学已经相当成熟。实践证明:不论是在理论方面还是应用方面,社会语言学都已经作出了重大的贡献。吕叔湘曾指

---

①许国璋.《论语言和语言学》.北京:商务印书馆,2001:90-91.

出，19世纪历史比较语言学兴起，"寻求语言发展规律可以说是一次大解放"，20世纪初索绪尔提倡就语言本身而研究语言"是语言学的第二次解放"。五六十年代后，"把语言作为一种社会现象来研究，这可以说是语言学的又一次解放。"①现在看来，这样来评价社会语言学并不为过。

二、应用语言学和社会语言学是一对孪生兄弟

自发的语言传承（语言习得）应该是和语言的形成同步存在的。自觉的语言教育则是人类文明阶段才有的。有了文字之后，为了书面通语的传播和规范，设立了母语教育，后来，有了民族的交往，又有了第二语言的习得和教育。早期的二语教育和母语教育可能还没有多少区别，欧洲的拉丁文教育是作为一种知识来传授的，目的在于书面语的翻译；来中国学习汉语的外国人（如隋唐时代日本的遣唐使）也是和中国学童一样接受塾师的工匠式训练。有了现代语言学的描写，近代的二语教育普遍采取"语法—翻译法"，根据描写语言学的成果给学生介绍语法结构的知识，对照母语语法的异同进行二语对译，而且也往往局限于书面语的训练。这种二语教育只能教出刻板的读写能力，口语能力往往很差。

二战之后，民族独立国家的母语教育和先进国家的二语教育都成了国家大事，应用语言学就在这些广泛实践中应运而生。稍后，社会语言学也破土而出。这两个新兴学科就像是一对孪生兄弟，在理论上和方法上都有许多共同点。例如，认为语言的研究不能像结构语言学那样，固守在静止的、理想的共时系统去研究，不能局限于对它的内部结构规律的理论分析，而应该考察它在应用过程中所存在的种种变异，探寻变异的规律；不能只就语言研究语言，而应该研究语言与社会的关系；不能只研究语言的形式，而应该透视形式背后的文化，从而对语言的形成和演变作出解释；不能把语言学变成纯理论的学科，而应该研究语言在社会生活中的各种应用；在研究方法上都提倡对活的语言做深入的调查和细致的考察，对语言在社会应用的各个领域进行试验研究；在充分运用语言学的本体研究的基础上，都很重视多个相关学科（社会学、心理学、教育学等）的综合研究。相对而言，社会语言学更侧重言语的变异和语言社会应用的理论研究，应用语言学则侧重于语言的习得和教学的实际研究。许多社会语言学家都同时是应用语言学的专家。例如1959年在华盛顿成立"应用语言学中心"的C. Ferguson（弗格森）就是著名的社会语言学家，M. Halliday（韩礼德）也是兼有社会语言学和应用语言学论著的大学者。

既然社会语言学和应用语言学有许多共同的理念和方法，二者之间就应该相互借鉴、相互为用。后现代主义提出相关学科交叉、综合应用于现实的研究课题，这是很有道理的。本文从三个方面讨论社会语言学对于对外汉语教学的启发。

---

①吕叔湘全集。第七卷《吕叔湘语文论集》。沈阳：辽宁教育出版社，2007：115.

三、处理语言和言语、结构和功能的关系是语言教育的根本

索绪尔睿智地把语言和言语区别开来,但是他又把语言学限定在"就语言研究语言"的范围之内,把言语的变异和语音演变的社会动因排除在语言学研究之外。实际上,言语是语言存在的现实,没有言语,语言系统就无处依附,没有言语的变异,也就没有语言的发展,语音的发展离不开社会生活的背景。结构是语言的系统,功能则是结构在言语中的应用,两者也是相互依存的。社会语言学和应用语言学的兴起纠正了结构语言学的缺失,把研究的重点转移到言语和功能及其应用上来,这就使语言学有了健全的双脚,能够全方位地研究语言,能够走进社会的语言生活了。

E. A. Nida(尤金·奈达)在确定社会语言学的任务时引用了海姆斯的话:"解释和分析社会共同体的各种谈话方式以及使用这些方式的条件和意义",接着他又说,"把功能作为研究的中心,并不会造成形式与语境的脱离。形式与功能是相互联系而成整体的。不过,社会语言学优先考虑的是言语而不是语言,是功能而不是结构,是语境而不是信息本身,是语言的得体性,而不是语言的任意性。"①

因为语言和言语相联系、结构和功能相联系,社会语言学和应用语言学都不能不顾语言本体的研究,但是把研究的重点转移到言语和功能上,以便更加直接地为语言的应用和教学服务,这是很正确的。

语言教育已经有数千年的历史,不论是中外古今,语言课本都是从选取名篇范文开始的。名篇范文就是典范的、有用的、有趣的言语作品,是综合了语言规则和言语应用、把结构和功能结合起来的言语实际,就中国传统的汉语教学训练来说,总是在简短的识字正音之后着重于扩词造句、选词炼句。这本来就是行之有效、不可颠覆的历史经验。母语教育中因为学生都有一定的语感和初步的言语能力,所以很少人对此发生怀疑。像1958年我国的初中《汉语》和《文学》的分科教学那样,把语言的结构系统知识装进母语教材,怕是很少见的,后来很快就纠正过来了,恢复了"语文"课。可是,在第二语言教育中,由于母语和目的语的结构系统不同,在描写语言学提供了大量的研究成果之后,把语言结构系统作为完整的知识来传授,长时间里都很风行,好像就是天经地义似的。于是,语言教学本来是"言语"的教学、"功能"的训练,就变成了"语言结构"的教学,即"语法—翻译"法的训练。

看来,在对外汉语教学中强调"言语"和"功能"以"正本清源",还是很有必要的。多年来的对外汉语教学,从教材编写到教学方法的运用,虽然范文教学还没有抛弃,会话训练和言语情境的设计也很用心,这都是符合"言语、功能"训练的要求的。但是,强调以语法为纲,把语法点分别组织在单元和课后练习之中,成了教学设计的定式。老师在教学过程中,对于语法知识又往往是求深求细,不厌其烦,唯恐没有把自己所知

---

①祝畹瑾.社会语言学译文集.北京:北京大学出版社社,1985:18.

道的都搬给学生。这说明以语法为中心的教学状况还没有根本的改变。

30多年前,桂诗春就提出了,为了二语教育,应该重新建立"教学语法"的系统。他说,"描写语法"本身有一个语法科学体系,这个系统并不考虑语法教学的特点,也难于施教……教学语法应该源于描写语法,但却要根据语言学习的条件和目的,从中选择最必需的语言项目,加以合理的安排,用以教授给学生。教学语法起着一种把描写语法过滤的作用,但是教学语法所要考虑的因素不仅是语言的因素,它要考虑学习者的心理因素和语言学习的社会因素。"[①]然而,应该说,至今为止,对外汉语的教学语法还没有真正建立起来。这显然是因为,从事教学的人对汉语语法缺乏深入的研究,也无暇去研究,而研究汉语语法的专家又缺乏二语教学的经验,他们还忙着为建立自己所理解的描写语法的理论体系而争论不休呢。组织两方面的人好好研究一下,对外汉语教学的语法要点有哪些,教学方法应该怎么样,必须提上行动日程了。

从描写语法"过滤"出教学语法,一是要分清主次以突出特点,二是要分清难异,作循序渐进的安排。多年来,专家们也做过些探讨,但总是微观的具体考察多,宏观的理论思考少;个体研究多,团队合作少;从理念和语料上推论的多,在教学实践中试验总结的少,因而实际效果不大,不少重要问题长期议而无果,一旦留学生问起来还是说不清,只能用"习惯如此"来搪塞。例如语序有定与无定是外国人学汉语的一大难点。不同的语序,有时是语气的不同(你怎么了?/怎么了你?),有时是语体的不同(月亮从东山上升起/月亮升起在东山之上),有时是个别词的意义不同(客人来了/来客人了),有时是整句的意义不同(他们什么都知道/他们都知道什么?),还有的同样的格式变换会造成不同的效果(试比较:三个人吃一碗饭/一碗饭吃三个人;三个人住一个屋/一个屋住三个人)。可见,对外汉语教学必须实现观念上的根本转变:教学内容和教学方法上的出发点都应该从语言—结构的轨道转变到言语—功能的轨道上来。一旦实现了这个转变,就会出现一片明朗的天地,看到一条宽广的道路。

赵元任在谈到"外国语的学习和教学"时早就郑重提醒过:"在课堂上千万不要耗费时间来净用学生的本国语来讨论这个语言。那是另外一种功课,乃是语言学的功课。"[②]用描写语言学的成果作为语言教学的教材,就是把教学言语的课程变成语言学的课程,我们不能再重复这个方向性的错误了。

四、切实研究对外汉语教学中的言语能力的训练

语言知识对于二语教学是不可没有的,但是,语言教学必须从语言知识转轨到言语应用上来,就知识的传授和能力的训练说,后者是中心立足点,是教学的主要目标。这是社会语言学对二语教学的另一个最基本的启发。

---

①桂诗春.应用语言学.长沙:湖南教育出版社,1998:69-70.
②赵元任.语言问题.北京:商务印书馆,1980:159.

语言能力究竟是什么？为了使概念更加明确，著名的社会语言学家 D. H. 海姆斯，把语言能力、言语能力改称为交际能力(communicative competence)，发表了《论交际能力》这篇著名的论文。在批评了乔姆斯基把语言能力等同于语言知识(语法知识)之后，该文提出了，交际能力应该包括四个方面的内容：(1)形式上是可能的；(2)运用的手段是可行的；(3)在特定的情境中是得体的；(4)交际行动实现了结果。他说："我把语言能力看作是人的各种使用语言能力的总称……语言能力依赖于知识和运用。"并指出："提出广泛的关于语言能力的理论的目的在于说明怎样把一贯可能的、可行的和得体的行为结合起来，引出和解释实际上发生的文化行为。"①应该说，随着国外应用语言学理论的引进和我国对外汉语教学事业的发展，教外国人学习汉语应该着重训练他们的交际能力，这个观念如今是不会有人反对了，但是不见得都能从思想上真正建立这样的观念。以传授语言知识为主的教学思想是千百年传承下来的，不是短时期里可以根本扭转过来的，从初级班到高级班，满堂灌的现象至今还并不少见。如果从海姆斯所提出的有关内容来看，我们就可以看到一些存在的问题。以下提出几点来讨论。

所谓"形式上是可能的"指的是符合语言结构形式的要求，也就是通常所说的"语言通顺"。为什么不说"符合规范，掌握规律"，而说成"形式上的可能"？这就是社会语言学所强调的，语言存在的形式是由许许多多的变异组成的，语言要通顺，不能理解为单调、纯粹而贫乏的一种规则和系统，而必须包含一般的规则和诸多可能的变异。从这一点来衡量我们的对外汉语教学，应该说是关于语言结构系统的讲解，过于详尽、冗杂，而关于各种言语的变异则常常介绍得不够。例如汉语有大概占百分之十几的多音字，多义字、多义词、同义词就更多了，多音多义的字词是历史上言语变异的积淀，如果是现在还经常使用的，就都是重要的，也是学习的难点。"分开、分数"的"分"和"水分、分量"的"分"不同音，"打人、打仗、打包、打假"的"打"含义各不相同。有些同义词是经常在不同的言语环境中换用的，第一人称的"我"有时说成"咱、俺"，第二人称的"你"常常说成"您"，这些都是在初级阶段就应该教的，这种多音多义字、词和同义词的相联系的教学还有利于理解字义和词义之间的关联，对于成年人的二语学习来说，这是启发思考的有效方法。如果完全按照情境课文去教，只是随文注音释义，把一个字、一个词的音义分成几次去教，只能是事倍功半的操作。

所谓"手段是可行的"是指"语用"的合理性。所谓"特定情境的得体性"则是指的"语境"的适应。如果把上文所说的"形式上的可能"理解为言语系统上的内部的"变异"的话，语用上的变异(包括"语用"和"语境")则是外部的变异。尤金·奈达在《关于社会语言学》一文中指出："语言使用上的变异是社会语言学研究的核心。"他还就此对社会语言学的任务做过一个有名的通俗性表述：社会语言学最基本的方面"就

---

①祝畹瑾.社会语言学译文集.北京：北京大学出版社社,1985:18.

是研究什么人在什么情况下为了什么目的对什么人说什么话并且得到什么结果"①可见,要做到语用合理和语境适应,大体上包括三个方面的要求:(1)言语组织方面做到内容与形式统一;(2)人际关系方面做到恰当融洽;(3)情境适应上做到合理得体。如果拿这样的要求来考察现在的对外汉语教学,就可以发现一些存在的问题。在初级教学阶段,引进意念—情境教学法之后,交际情境的设计是做了,而且做得不错,但是有些过头。除了情境对话之外,其他短文、诗歌、小故事都没有立足之地。理由是,只有情境对话才能做到学了就用,达到培养交际能力的目的。事实上,如果为了学会日常生活的会话,大可不必用几个月、半年的时间来进行训练,多组织几次上街、逛公园等课外活动,让学生置身于市井之中,和老百姓多打交道,是不愁学不到相关的交际应对的。关于适应语境的需要,采取恰当的交际策略的语用知识,在不同国家、不同语言区域并没有太大的区别,成年的留学生在家乡使用母语交际时,已经大体具备了这种交际能力,有的外国学生的这种能力甚至比老师还强。因此,哪怕是情境会话的教学,也还是应该以交际语言本体的训练为主,适当交代一些不同文化环境中的不同社会习惯就行了。切不可用大量的时间讲解适应交际情境的必要和方法。长时间的、千篇一律的情境会话课文,以及繁琐的交际文化的说解,只能造成课堂的单调、枯燥和沉闷,调动不了学习的持久热情。看来在初级班的情境会话训练的同时,还是应该穿插一些口语化的、简短生动的、朗朗上口的诗文的教学。

相对而言,在初级阶段的教学中,不论是教材的编写或教学方法的运用,关于语用的提示都显得不足。例如,在语音方面,应该有语调的升降、强弱、停顿和语速的快慢的提示;在词汇、语法方面应该有对不同的人说不同的话的选词造句的提示;在语体方面还应该提示:口语和书面语、正式语体和随便语体的有哪些不同表达方式,如何处理亲密与疏远的关系,表示好恶和褒贬的感情。这类语用提示可以作为"知识窗"置于课文之后,或列为课后的思考题、练习题,也可以在教学参考书里告诉老师。Canaie and Swain(1980)在发挥海姆斯的"交际能力"理论时,还提到社会语用能力、语段能力和策略能力的相关概念。"社会语言能力指懂得交际的社会环境,知道说话的双方扮演什么样的角色,说话双方有多少共同的背景知识,以及双方交际的目的。语段能力是如何将单个的语用单位连贯起来成为有机的一体。策略能力指在交际过程中懂得如何开始,如何结束,如何将交流维持下去,在出现问题的时候如何补救,等等。"②这些方面也都可以作为语用提示的内容。

中级阶段以后的教材和教学活动,语用能力的训练应该从修辞和文化两方面进一步加强。修辞就是高级的语用。汉语的语法是语义语法,没有形态变化,词性多有活用和兼类,语序灵活多变,同义句型多,用词方面因语体需要单双音词可以随时调换,

---

① 祝畹瑾. 社会语言学译文集. 北京:北京大学出版社社,1985:18 - 25.
② 徐大明. 当代社会语言学. 北京:中国社会科学出版社,1997:255.

因表达需要,词的引申、比喻使用也十分灵便。这都说明,汉语的表达,除语法通顺之外,在修辞的加工方面,还有广阔的天地,有人说,汉语是修辞制约着语法,这话不无道理。难怪在中国古代只有修辞学而没有语法学。为什么古代的语文教学重视做对子?对子讲究字数整齐,字义相同或相反,字音(平仄)相应,学会做对子,可以得到构词和选词的训练,还可以为联词成语时选用并列格,造句时讲究对偶、排比做好准备。眼下对来华留学生的教学,多数是急功近利地求快、求实用,只求应急对付,不求深造,因而很不重视修辞教学,这是一种带有误解的近视眼。适当的修辞训练(如旧词新用、新词旧用,书面语和口头语的换用,长句改为短句或短句改为长句,等等)不但可以提高表达的质量,还可以学到许多文化常识,对于增加文学趣味、提升语言学习的积极性,也会有很大的促进作用。

自从社会语言学强调了交际能力的训练之后,在二语教学的教学方法上也出现许多新的理论和做法。例如"任务型"的教学,预设一定的目的进行有计划的、按照一定顺序的言语表达训练;"鹰架式"教学,以学生为中心组织多样化的课堂互动,这都是从加强口语表达出发的训练。"建构主义"所提倡的发挥学生的主体作用,组织"合作性学习",让学生在一定的语境下主动地完成语义建构,也是强调交际能力训练的教学改革。

针对目前对外汉语教学普遍存在的"阅读"训练的缺失,我认为很有必要大力提倡加强阅读教学。外国留学生学习汉语最大的弱点是什么?谁都知道,是语感和语境。因为完全没有语言习得的基础,所以没有语感;因为关在课堂上学习,接触社会少(在国外则更是没有汉语的语言环境),一下课,大家都用自己的母语交谈,所以实际上都没有进入汉语的语境。有计划地组织、指导和督促、检查阅读活动,那就是最好的语感积累和语境设置。阅读多了,词汇就能不断地扩充,句型也能更加多样化,因为阅读的课文都是经过挑选的精品,学习词汇、语法和语用的效率,肯定要比从口语中学习高得多。广泛地阅读不同题材、不同文体、不同作家的作品,就等于置身在广阔多样而又高雅优美的语境之中。外国人本来是有浓厚的阅读习惯的,来华学习汉语反倒不看书了,这是很奇怪的现象。和母语教育一样,对外汉语的阅读教材也应该分为精读和泛读两类,并且注意按照初、中、高三级的不同要求去编。应该注意由短到长、由浅入深、由易及难,要尽量选编短小精悍、生动有趣、口语化的文章,最好是朗朗上口、便于背诵的。汉语以方块汉字作为书面符号,也只有依靠大量的阅读才能巩固所学的汉字,扩大未识的汉字,这是声像读物代替不了的。

深入地研究交际能力的训练,应该从初级到高级,从听、说到读、写,从教材到教法,从教师到学生,从国内的教学班到国外的教学班,全面地开展理论上的探讨和应用上的实验研究,这是一项庞大而又复杂的系统研究。

以上所谈几点只是一些举例式的问题。希望能抛砖引玉,引起从事对外汉语教学的专家的注意,开展更加有效的总结、实验,获得更好的研究成果。

参考文献：

［1］桂诗春. 应用语言学. 长沙:湖南教育出版社,1988.

［2］吕叔湘. 吕叔湘语文论集. 沈阳:辽宁教育出版社,2007.

［3］徐大明等. 当代社会语言学. 北京:中国社会科学出版社,1997.

［4］许国璋. 论语言和语言学. 北京:商务印书馆,2001.

［5］赵元任. 语言问题. 北京:商务印书馆,1980.

［6］祝畹瑾编. 社会语言学译文集. 北京:北京大学出版社,1985.

（本文曾刊于《国际汉语学报》2013 年第 1 期。）

论对外汉语基础教材建设

一、基础教材重要,编起来难

本文讨论的基础教材,指的是零起点的初级教材。基础教材对于汉语作为第二语言的教学来说,很重要,但编写也很难。说它重要,因为使用的人数最多,影响的面广。如果编得好,减少入门的难度,切实增加趣味性,便能发挥重大的作用:调动学习的积极性,打好基础,利用汉语自身的规律,变难为易,使后来的学习得到可持续发展。

相对而言,对于基础教材的重要性人们是不怀疑的,然而对于编出好的教材的困难却往往认识不足,而且缺乏认真的研究。

其实,学习第二语言总是有难有易的。难的是它和母语不同,易的是它总有便于掌握的内在规律。正确的做法应该是尽量降低难度,充分利用规律。外国人学汉语难,在于汉字(日本人学汉字,看似容易,学好也难)、声调和灵活难辨的语法;易的是可以利用表义汉字,从字义推知词义,用少数认识的汉字生成许多词;学会少数虚词,就能掌握语法框架。由于研究不够,在降低难度方面往往少有措施,有的甚至绕开难处走,例如只教拼音不教汉字;或者降低标准,把教材编得肤浅简单,索然无味。利用自身的规律方面也没有下功夫开发,拿不出主意和措施。于是跟着进口的理论和样本转,左一个"九百句",右一个"情境和功能",语法点越分越细。陈陈相因,始终拿不出大家都满意的精品教材来。

本文试就对外汉语教材如何有效地降低难度和利用规律两个方面,提出若干问题和各位方家讨论。

二、以言语为依归

自从索绪尔睿智地提出把语言和言语区别开来之后,对此没有人怀疑过。但是在第二语言教学中,从编写教材到教学训练,如何区别语言和言语,确定语言教学的主要目标和方向,却没有进行深入的研究。

索绪尔说,"语言和言语是互相依存的,语言是言语的工具,又是言语的产物。""要言语为人所理解,并产生它的一切效果,必须有语言。"①(可见学习第二语言,就得掌握语言的共时规范系统。然而,二语教育的主要目标应该是透过言语来学会语言,又运用语言的结构规律来掌握言语能力。起点是言语作品,目标是言语能力,始终以

---

①索绪尔.普通语言学教程(高名凯译).北京:商务印书馆,1996.

言语为依归。若用这样的要求来衡量我们所编的教材,则有不少问题值得思考。

第一,课文不是来自生活,不是选自现有的鲜活生动的言语作品,而是按照功能、情境的需要所编的枯燥无味的对话:逛商场、进邮局、去机场、过海关……认定社会生活和交际场景是多种多样、层出不穷的,难道这些分门别类的一问一答就能了解言语,就能满足实际交际的各种需求吗?

第二,生词的注解往往只是单个义项的对译,许多常用的多义词的词义以及和其他词语的组合关系,并没有很好地体现,这样学词汇就把本来是多面的、立体的词义只作片面的、平面的理解,同一个词的多种意义和用法往往要在不同课文中出现多次才能掌握。

第三,语法点的安排似乎很有计划,全面又细致,但多半是按照语法研究的结论所做的安排,有的过细(例如一些常用虚词的用法),有的又太简单(例如不同语用的句式变换)。语法术语太多,令人费解而生厌。

赵元任在谈到外语的教学时说,"学词汇的时候儿,你得在句子里头学词的用法……要是光记一个词等于你本国语一个意义,那样子一定学得不对。你要记短语、记句,这样子意义才靠得住。"又说"在课堂上,千万不要耗费时间来净用学生的本国语言来讨论这个语言。那是另外一种功课,不是学外国语言的功课,乃是语言学的功课。"谈到课本怎么编,他说:"起头儿把词汇加得很慢,用很少的词来把基本的语法反复的练习,这样子才可以学到'会'的程度。"[①]赵元任说的词汇、语法的教学就是指的言语的教学训练,他是反对"语言学"的教学的。

第四,按照索绪尔的说法,语言是社会的,约定俗成的,言语是个人的意志和智能的行为,是暂时的,随机的。具备第二语言的言语能力,除了了解言语中的语言结构规律之外,还要有把语言运用于交际的能力。这种能力固然在母语习得的过程中已经有不少积累,而且对不同的语言来说,言语表达的共性较多,但由于不同语言背后有不同的文化,因而也势必要有"入乡随俗"的应变部分。就这一点来说,已有的对外汉语教材大多是十分欠缺的。编教材时脑子里多有"以言语为依归"的观念,就会在课文或者练习中随时提示,在汉语社会里习惯表述方式是什么,当然对成年人来说,这种提示只能是"要言不繁",不可随意发挥成长篇大论。

三、以特征为方向

世界上的语言都有一些共同的规律,也必定有各自的不同特征。从类型学的角度说,不同类型的语言之间,共性较少,个性特征较多。汉语是属于单音词及单音语素占着核心地位的语言,在句法结构中主要是以单音的虚词和语序作为表示语法意义和组合规律的载体。这和用语缀和形态变化作为主要手段的屈折语和黏着语有较大的差

---

① 赵元任.语言问题.北京:商务印书馆,1997:158－159.

异。由于个性特征较为突出，汉语作为第二语言教学的目的语怎么教，显然应该更多地考虑其个性特征。

从语言习得的角度说，学习第二语言时，母语和目的语之间的共性是二语学习者容易理解，可以自发类推的。在组织二语教学、编写教材时，语言间的共性是可供利用的因素，只要加以启发，做简单比较，就能收到好效果。至于汉语和学生的母语有明显差异的特点，则是编写教材和实施教学训练时必须重点着力的地方。

现有的基础教材在体现汉语的特征方面有哪些欠缺？今后应该在哪些方面着重加强呢？以下试提出若干要点。

第一，汉语使用汉字，汉字是一种弱于表音、重于表意的独特的文字体系。不仅如此，绝大多数汉字作为汉语的语素，还是认知汉语词汇的基本单位。可见，怎样教好汉字，是汉语作为第二语言教学的首要课题。为了学习汉语的发音，掌握其特点，入门阶段教学汉语拼音是必要的，合理的，对于绝大多数的外国学生来说，认读拼音字母和汉语的音节并不难，掌握四种声调则需要进行一番重点训练，在这基础上，同时教学汉字，让拼音和汉字结伴同行、同步发展，应该是最佳选择。因为汉语的最小意义单位是单音词和语素，而汉字就正是音、形、义结合起来的这样的单位。

西方人学汉语，普遍存在着对汉字的恐惧，解除这种恐惧的最好办法是选择一些最常用的、构词能力强的、形体简单又能兼用作部首的独体字先教，例如山、水、上、中、下、人、口、手等，字形学起来并不难，字义也容易理解，同时又能很快体会到，学了少数常用字，就能很方便地学到许多常用词，如：山上、山下、上山、下山、水上、水下、上水、下水、山中、水中、山口、水口、人口、人手、上手、下手、手上、手下等等，从而了解字与词的关系，体会学好汉字在扩展汉语词汇中的神力。除此之外，还应该充分运用象形、指事、会意的造字方式和部首、声旁等造字部件来辨识汉字的义类和读音：日月、一二、刀刃、本末、水流、江湖、土地、堤坝、根本、森林等等。这样的入门教学，不但可以化繁难为便易，而且一开始就触及汉语用字构词、造句的根本特征。

第二，汉语的词汇占比例最大的是单音词和双音词。《现代汉语词典》收词 56147条，其中单字词 10540 条，占 19%，二字词 35056 条，占 62%（刘源，1990），两项合计占总词汇量的 81%，可见学习词汇的重点是单音词和双音词。

从单音词到双音词，不论是重叠、并列、偏正、述宾、述补、主谓等复合词或是加上前缀、后缀的派生词，字义和词义大体都有程度不同的关联。如上文所举双音词例（山上、上山、山中、山口等），字义的相加与双音词义几乎没有什么两样。可见学习双音词应该普遍使用语素分析法，透过字义（语素义）的合成去理解词义。原来，由单音节的字合成双音词就是汉语词汇衍生的基本途径，这是汉语词汇的重要特征，也是母语教育中长期积累的有效经验。不论是否经过传统的母语教育，一般人认识生词、新词，都是透过字义的合成去理解词义的。然而，时下的对外汉语教材中，生词注解几乎是清一色的整词对译法，并不采取字义的解释和语素合成的注解法，在教学参考当中也少有必要的提示,当然,有经验的老师是可以在教学过程中采取"析字法"来解词的,但那是八仙过海各显神通,必定良莠不齐,至于新手或外国教师,恐怕就难以贯彻了。

第三,关于基础教材中语法教学内容的设计,目前流行的做法是分割"语法点",配置到单元和课文之中进行单项训练。这样的做法似乎很有系统性,有计划性,如果为了深造,有更多的教学时数,效果应该不错;存在的问题是往往过于细微,学习负担重,并且不能充分体现汉语的特征。把词汇学习和语法训练分隔开来,把许多与语法形式和语法作用相关联的现象分隔开来,不利于提高训练的效率。汉语语法的特点是灵活,规定性的语法标志少,同义手段多,实词和虚词交叉兼用的多。作为基础教材,最佳选择是简明、便捷,能用较短的时间建立最重要的语感。按照这样的要求,是否可以考虑另一种组织教材和进行训练的方式:不用分析法而用综合法,根据汉语的特点,以常用单音词为中心,像"了、着、的、把、给"之类最常用的虚实兼用词,把它的多音多义用法组织在短小的词语和句子中,例如:火把、车把、一把米、把门、把他请来;着火、着力、着重、看着、走着瞧、想着他等等。用这种方式来展示各种音义之间的联系,加强多学常用词、学透常用词的意识,领会汉语的灵活性,学了一个字,知道了多项用法,在往后的阅读和听说训练中就能减少陌生感和畏难情绪,经过多次重复也就可以达到熟练的目的了。

四、以常用为重点

对外汉语基础教材既然是打基础的,就不能过多地考虑系统性,而必须抓住常用的语言成分和手段;不能贪图全面、详尽,而必须尽量简明、易懂。总之,应该做到少而精,在往后的教学中能起酵母作用。具体地说,必须限定编入教材的常用字表、核心词表和基本句型,而这些限定的字、词、句则必须尽量提高复现率,换言之,做到常用先学、多学。

据《现代汉语频率词典》[①]使用频度最高的前 1000 个常用词中,单音词只有 565 个,出现的词次是 749839 次,在 180 多万字的语料中,累计的覆盖率却高达 73% 。就双音词说,3103 个最常用的双音词中出现词次 364770 次,累计覆盖率高达 91.6% 。据此,把常用的单音词和双音词不相兼容的经过损益,选取单音词(成词的常用字)600 个,双音词 2500 个,它们在语料中的覆盖率应该还在 70%—80% 之间。从理论上说,这是个理想的基础教材的用词表。

传统的启蒙教育教材十分重视常用先学的原则,不论是《三字经》,还是《百家姓》《千字文》都是用尽量少的基本字联词造句,用严谨的节奏和韵脚组成朗朗上口的篇章。正是用字不多和节奏鲜明这两大优点,使这些读物传承千年。这些以单音

---

①北京语言学院语言教学研究所.现代汉语频率词典.北京:北京语言学院出版社,1986.

词为主的文言书面语,如今是过时了,但常用先学、联词造句的两条经验至今还有参考价值。

从历史上的教训说,妨碍"常用先学"的原则的贯彻有几种因素。一是中华文化历来所重视的"文以载道",到了现代换成"政治挂帅",为了"道"的需要,"文"的多寡自是无足轻重的了;二是追求优雅的文学价值,一定要选用古今名篇、美文;三是现代应用语言学所提倡的"情境功能"等教学理念,有时也会和"常用先学"的原则发生矛盾。

诚然,只用少数常用字和常用词、常用句型编成课文,又要求课文生动上口、易读易记,这二者之间是存在矛盾的。具体处理时可以在采词用字上做些让步,但是不能以此来否定限定常用字词和适当限制常用句型的必要性。而在所限定的范围之内,检验、增加其复现率也是一定要坚持的。

现有的对外汉语基础教材不能说都没有贯彻常用先学的原则,但是,在基础教材中出现不常用的字词,或常用字词未收编在内,以及虽编进了常用词,但复现率不高,这种现象已经有不少学者检验过、质疑过了。可见,限定常用字词和常用句型,并提高其复现率,这个"以常用为重点"的原则,还是应该强调的,为贯彻这一原则,也还需要清理历来形成的种种不合要求的习惯做法。

五、以综合为原则

为了认识世界的奥秘,现代科学家的研究方法十分注重分析,现代语言学家不论是语音、语义或是语法的研究,也是不断地用分析方法来推进的。例如语音学又有音位学、音系学、实验语音学、历史语音学。教语音又分为发音、听力、朗读、会话等等。而西方的应用语言学也一味注重分析,在二语教学中,总是分成许多具体的技能训练:阅读又分为报章、文学欣赏、科学著作等项。应该说,认知语言需要分析,学习语言,有分析能力也会有很大帮助;然而,二语教育教的是言语,言语是一种综合的行为:包括按照一定的交际目的,在一定的言语环境中组织话语,选择语体和表达方式,从而完成交际或表达的活动。组织话语主要是选词、造句,选择语体主要是分布口头语和书面语,以及各自的许多下位分语体,表达方式也有书面和口头之别,口头要求语音准确、流利、连贯,书面则要求文从字顺、段落、章句组织妥善。只有分析能力,没有综合能力,是学不好语言,尤其是学不好言语的表达的。因为第二语言教育正是要求综合各种语言要素,组织成优质的话语以完成交际任务。

汉语因为缺乏形态标志,词与词之间的语法关系主要靠语序和虚词来体现,因而被称为"分析语"(analytic language),印欧语的词根和词缀的形态变化结合起来表示不同的句法关系,被称为"综合语"(synthetic language)。其实,综合和分析是相对的,也是相互依存、相互转化的。印欧语的词可分解为词根和词缀,并用它来定词性,这不是分析吗? 从词往下切分看,印欧语也是分析的。而汉语只能从词语句的整合中才能理解词的意义和功能(一把刀、把门、车把、把人坑了),词义和词性不是被综合在句子里了吗?从句看词,汉语也是综合的。由于词形没有屈折变化,词义和词性的辨别和运用,更需要从词句的综合理解中求得。作为第二语言来学,印欧语更需要的是分析能力,汉语则更需要综合能力。

对外汉语的基础教材,也只能强调综合。要用较短时间使学生了解汉语的基本特点,掌握常用词及常用句型的用法,肯定不宜用全面系统地分析法去组织教学内容的。

那么,所谓综合,包括哪些内容呢?

从语言本体的教学内容说,应该是语音、词汇、语法的综合。例如语音教学与词汇、语法相结合。汉语语音只教拼音、呼读音节是不够的,多音词连读有轻声、儿化、变调,句子表达有语调,并且有语体、语用的差异。可见,学习词汇和语法时也要学语音。

从语言能力的训练说,听说读写也应该综合地打好基础。汉语的口头语和书面语差别较大,基础教材只作口语训练,不涉及读写,不学一些最常用的汉字,一到书面语的语言环境就不能发挥作用,外国学生连上街看广告都有困难。况且,许多现代人的口语也用了不少书面语词汇,如果口语训练单课独进,不但口语学习得肤浅、片面,到了读写训练时还会遇到更大的困难。

从课文组织和练习设计说,传统的课文(包括一些美文、韵文)不能都排除在基础教材之外,新编的情境教学课,语法点和句型训练课,泛读和精读等课内外作业固然各有应用的需要,朗读、说话、问答、辩论等练习课,抄写、默写、背诵、记日记、写信等作业,都可以适当保留。各种教学法都有一定的理论依据,还是综合应用为宜。只要合理搭配,让各种教学模式各展其长,不但可以集成优点,克服缺陷,而且可以收到多样化、生动化的效果。多种课文、多种练习方式的综合运用可以改变单一模式的单调和枯燥,这是自不待言的。

从语言能力的培养说,一般交际表达在不同语言都有一定的共性,二语学习者在习得母语过程中所积累的经验大多是可以沿用的,二语教学的教材中需要提示的,主要是社会生活中人际关系的差异,以及不同民族之间的文化差异。在基础教材中,这方面内容主要应该体现在字里行间,例如词语的注释或课文的提示,采取简短的启发方式,而不宜节外生枝,大肆发挥。事实上,了解这种民族文化和社会生活、习俗的差异主要靠的是书面语阅读和社会生活的体验,不能靠课堂上的讲授。

六、以系列为目标

汉语国际推广事业发展迅猛,全球数以千万的各色人等学习汉语,各有不同的出发点,不同的母语基础,又有教育程度及年龄、经历的各种差异,学习期限、教学方式及周边语言环境也十分多样。面对这些复杂情况,编写对外汉语基础教材是一个庞大艰巨的系统工程,需要下大力气去组织和实施。这个系统工程至少要包括以下几个系列:

第一，根据不同的教学对象，应该有分国别的教材系列和不同的年龄段的系列。

国别化教材已经引起学界的注意，但目前着手研究和制作的还不多。首先要分别编制的是供东方汉字文化圈学习者使用的基础教材和供无汉字背景的西方学习者使用的教材。日、韩学习者至少没有汉字的恐惧感，可以更多利用汉字来学习汉语，但对于已识汉字的同中之异应该经过细心研究，在汉字教学中分清简易类推和着重区分的两个部分，在字音和字义的详略掌握上分别处理。对于有汉字陌生感的学习者，则应更多考虑从易处入手，学得少而精，引起兴趣，循序渐进。在分开东西方学习者之后，还应针对来自不同国家的学习者的母语的实际，编出有针对性的不同教材。为了体现这种针对性，应当进行母语和目的语的对比研究。但要注意，不能全盘套用对比研究的成果，而必须择要而用，宜粗不宜细，更重要的是，启发学生自觉进行对比。用嚼烂了喂婴儿的方法做对比教学是不可取的。更重要的还要了解外国社会生活和教学传统等特点，使基础教材适应不同的水土和不同人的胃口。这类分国别的教材最好和该国的语言学家或者当地的学习汉语的先行者合作，如能找到这样的合作者是最理想的。

按不同年龄段分，基础教材至少应该分为少年儿童用的和成年人用的两种。虽然入门训练路径是一致的，但少年儿童的生理、心理特点及生活经验的积累总是和成年人有别，课文的编选，注解的深浅、详略，大纲进度的快慢安排，练习的具体方式都应该有明显的区别。历史上的语言教育常常是不分对象，一锅煮，"让小孩吃大人菜、穿大人衣裳、喝陈年老酒"的做法，如中国古典式的经典读物，尽管至今还有人津津乐道说"先背下来，日后有用"，毕竟是不可取的。

第二，根据不同的学习要求，可以编出多样的分层次、分背景的系列。

所谓分层次，主要是深浅度的不同。对于不想深造、只想在短期班里浅尝，或应付旅游之需的学习者，可编《简易会话课本》，课文简短，实用为佳；对于只想了解奇妙的汉字及中国文化的成年人，可编《简明汉字读本》供其玩赏；对于学前儿童可有《看图学汉语》《看图识字》或者汉语拼音故事的动漫。而真想掌握汉语学习工具的正规学生也要分两类：有的不求深造，但求快进，掌握初阶口语和阅读本行文献的能力，然后进入专业学习；有的要从事汉语、汉学研究。对于前者可集中教语言，注重其口语训练；后者则应加深文化内涵，具有张力以利可持续发展。

所谓分背景，主要是区分有无汉语的交际环境和华语的母语传统。以往教材都是针对来华学习者，有汉语交际环境的。各国开办孔子学院以及外国中小学开设第二外语选修汉语课之后，对于这些越来越多的学习者，如何在每周不多的课时、不能投放大量学习时间，又完全没有汉语环境的条件下，让他们学到必要的基础知识和能力，这是一个很值得探讨的课题。应该和所在国的学者联手编好这类基础教材。散布在东南亚各国的华人有的有华语环境和华文学校配合（如新、马、泰、菲等国），有的几乎没有华语环境（如印尼），有的还有闽、粤、客汉语方言的背景，而中华文化的传统则是或多或少存在的,对于这些学习者也应该有另编的基础教材。

第三,根据不同的学习条件和教学方法,也应该有不同的基础教材系列。

从时间条件说,集中强化班的课本、入门过渡性课本和作为二外分散慢学的课本,都应该有别;正规教学班教材和自学教材也应该有别。从教学手段的条件说,能否使用电化手段或者利用网络进行远程教学,编制教材就更有不同要求了。随着网络交际的发展,可以预计,无须固定的校舍和教室、不用专职教师分班面授的网上自学班,经过网上辅导\测试和验收的教学方式,一定会越来越热火。这类教材自当另行制作。

就教学方法的需要而论,基础汉语教材也应该有配套的系列。基本课本之外可以另编供教师使用的教学手册,其中可以附上各种必要的教学提示和测试材料;另编供学生使用的练习册,可以附有自我测试的试题,还可以编写与基本课文程度相应的阅读课本,基础好、程度高,学有余力的学习者通过它可以扩大词汇、接触新句型以加强语感。此外,与基础教材相配合还应该有专用的初级汉语单语和双语的小词典,这类辞书应该收词少,注释短,篇幅小,印成适用于初学者的袖珍本。

不论是基本课文或阅读课文,都应该配有声像制品。声像读物不但可以提供反复练习的机会,也可以补充师资朗读能力的不足。各种配套的教材和教具(字、词、句型的卡片之类)对于缺乏语言环境的自学者有更加重要的意义,采用网上远程教学的方式时,也特别能发挥作用。

为了编制高质量的配套基础教材,很有必要组织专业力量研制基础汉语的语料库。这种理想的语料库除了有科学、系统的分频率的常用字表、常用词表、常用句型表,不断增补的新词新语表,多音字、多义字组词词表,还要有用常用虚词组成的例句语料库。此外,还应该有口语语料库,中介语语料库,韵文语料库。有了语料库,执教人员就可以根据教学需要,自己动手,随时编写课文和练习,用来补充已有课本的不足,或用它替换不合用的部分。这对于提高教师的业务水平和教学能力都是大有好处的。近十几年来,许多学校都在制作用于教学的语料库,但是往往投入不足,规模不大,质量不高,或者不系统,不配套,而且相互封锁,未能让它在编制教材上发挥应有的作用。这就需要有关领导部门制定规划,组织有能力的单位去协同攻关了。

七、余论

一套好的语言教材就是一座学校,学生可以学到语言,老师可以学会怎么教语言。入门基础教材是二语教学的第一块基石,第一步走稳了,就会有往后的健步,因此,必需下大力气去制作。

编写汉语基础教材是一项崭新的事业,理应走自主创新的路。历史上有传统的经验,域外也有先进的理论和实践,然而都只能拿来作参考。因为我们要教的是独特的汉语,它的背后是独特的中华文化蕴藏;而面对的是新时代的人,是许多不同国家、不同民族,说着不同语言和方言的人。

需要编的对外汉语基础教材品种很多,难度不小,虽然现在可能已经有上千种的教材,也有一支强有力的队伍,但是行内同仁还是觉得精品教材难觅。所以,关键还在于商议编写的原则和方法。从理论认识到具体方法,讨论起来可能还有分歧意见,这也无妨,可以按照不同的理念,编出不同的教材,再用实践来检验。看来,坐在会议桌前发空论,不如大家动手努力编出自己最满意的教材来。就目前的情况说,眼下还是要放,不要收,事实上也只有实践才是检验优劣的标准。教语言、学话有如登山,达到顶峰的路是很多的,只是快慢、难易的不同,对于不同的人的适应度不同。要紧的是大家先达成一个共识:对外汉语基础教材很重要,很难,一定要下决心、下大力气,编出精品来。

参考文献:

[1]北京语言学院语言教学研究所. 现代汉语频率词典. 北京:北京语言学院出版社,1986.

[2]崔永华. 对外汉语教学设计导论. 北京:北京语言大学出版社,2008.

[3]李泉. 对外汉语教材研究. 北京:商务印书馆,2006.

[4]李如龙,吴著. 略论对外汉语词汇教学的两个原则. 语言教学与研究,2005(2).

[5]刘源. 现代汉语常用词词频词典(音序部分). 北京:宇航出版社,1990.

[6]索绪尔. 普通语言学教程(高名凯译). 北京:商务印书馆,1996.

[7]王建勤. 汉语作为第二语言的学习者习得过程研究. 北京:商务印书馆,2006.

[8]王建勤. 汉语作为第二语言的学习者与汉语认知研究. 北京:商务印书馆,2006.

[9]赵元任. 语言问题. 北京:商务印书馆,1997.

(本文曾刊于《海外华文教育》2010 年第 2 期。)

从语音特征出发设计语音教学

一、语音的特征与语音教学

不同的语言有共性,也有个性,不同的语音系统也一样有共性和个性。在教学中,共性特征可以用来作为参照物,启发学习者和自己的母语做比照和类推,例如元音中的 a、i、o、u、e,辅音中的 p、t、k、s、m、n 是大多数语言都有的音,不必多做说明,一般的学生都能自己比照学习;而语音的个性特征则是学生未经接触和了解的新知,应该作为教学训练的重点和难点。例如南方方言普遍没有翘舌音声母,没有轻声和儿化,外国语则多数没有汉语式的用高低升降来区别意义的声调,许多外国语没有撮口元音,没有舌尖(前与后)元音 ๅ、ʅ。显然,让学习者掌握和自己的母语不同的目的语的语音个性特征,是更加重要的。为此,必须经过精心的研究,设计恰当的方法。

汉语的母语教育和对外汉语教学教的都是现代汉民族共同语。由于中国民族众多、方言复杂,各民族的语言和各地方言与现代汉语普通话的语音存在着很大差别,虽然普通话作为全国范围内的通用语已经相当普及,民族地区和方言地区的学生要学好共同语的标准音,依然有不少困难。至于来自不同国家的外国留学生或者是到国外去教的当地学生,让他们了解汉语语音的特征,就显得更加重要了,因为汉语的语音和世界上大多数语言的语音系统都有许多不同。

研究语音的特征就是要进行不同语言的语音的比较。不同的语言或方言,在语音上,大大小小的差异很多,只有在"主要异同"中抽取最重要的特点,才算是特征。语言是为了交际,为了表情达意,凡是影响交际,让人听不懂,或者造成含混和误会的,就是特征性的差错。对于一般的学习者来说,学习一种语言的语音,不必要求十分的标准,也不必要求具备艺术表达的能力。因此,必须在种种异同中提取最重要的特征。母语教学就拿普通话和方言、民族语言做比较,对外汉语教学则拿汉语和学生的母语做比较。为语音教学所做的比较必须在全面的、深入细致的语言学比较的基础上,参照教学实践中所了解的学生最常出现的差误,精确地提取母语和目的语之间的主要特征。

然而对这个"主要异同"的理解却也不能过于简单,以为只是某些音素和音节上的特征。有的老师把语音训练局限于入门阶段的"拼音教学",不论是母语教育或对外汉语教育,都有这种情况,这就是一种误解了。

任何语言的语音都可以切分为几个不同的层级:音素、音节和词、语、句组成的各种不同长度的音流。实际语言是长长短短的、强弱快慢相间的音流,而音素和音节则是对于长长短短的音流进行了分析的结果。

　　一般说来,经过分析的音素(音位)和音节是语音的结构单位,是和语言的意义和表达不相关的语音现象,而和词语句子相联系的音流则与语义和表达相关。语音教学是教人学好语音以便更好地组织言语、沟通交际的,因而必须从音素、音节到大小音流都组织教学、开展训练。音素和音节的研究只是语音系统中的"零件",把零件连缀成音流并获得表达效果是更难的操作。只停留于音素、音节的教学,好像教完汉语拼音就完成了语音教学,这是对语音教学的片面的、肤浅的理解。

　　不论是母语教学或汉语作为第二语言的对外汉语教学,语音训练都不能止于音素、音节的初步的、低层级的训练,而必须进一步落实于音流的训练,贯穿到语言教学的全过程。

二、汉语的音位特征及其教学

　　汉语音位系统最显著的特征是声调的音位。世界上的语言大多数没有声调,有些非洲语言也有声调,有人说日语也有声调,但是都和汉语的声调属于不同的类型。声调是外国人学习汉语语音的最大难点。汉语方言虽然都有声调,但调类和调值和普通话都有大大小小的区别,学得好也不容易。

　　教学普通话声调应该从调值入手。普通话只有四种声调,教学平升曲降四种调值并不难,一般情况下,经过一两节课的训练就能基本掌握。而调类的训练就难得多了。中国人的母语方言都有自己的调类和调值,并且和普通话的调类和调值大多有一定的对应关系,只要引导学生用母语的调类去类推,学起来也并不太难。例如普通话的阴平和阳平两个调类,所管的字在多数方言都是大体相同的。"天晴、分明、心情、公平、长江、重新、南山、红星",分别是阴平加阳平或阳平加阴平,尽管各地方言调值不同,也有不同的变调,但是,读了一遍就能知道各自的阴平、阳平是什么样的调值。外国人学汉语完全没有字调归类的语感,要区别一个声调管哪些字,一个字读什么声调,都是十分困难的。通常的办法是结合一个个的单音词的学习来记住字调,但这就只能是一个漫长的过程了。赵元任曾经提倡,把四声的字调编成有趣、好记的四字格顺口溜:中华语调,阴阳上去,高扬起降,非常好记。还可以选些成语以供背诵:英雄好汉,心明眼亮,经年累月,坚持苦练,风云雨露,山明水秀……这实在是个好办法。如果把常用的几百个字都编在一起,朗朗上口,意思连贯,不要多久准能熟记。能把三五百个常用字的调类记熟了,其他的再靠长期的学习逐渐积累就不难了,对于外国人来说,至少可以改变"无声调汉语"的状况。遗憾的是,时下对内对外的汉语教材就很少运用这一有效的教学方法去教声调。

　　其他的音素(音位)特征,一般的老师只要有一定的经验,都能知道教学的重点和难点。例如方言的送气音和普通话不完全相同,许多外国语则没有送气不送气的音位对立,要让学生记住送气不送气的字音区别,不论是中国学生或外国学生,最好的办法是分词比字,例如:独立—图例,掉下—跳下,带好—太好,动心—痛心,忠实—充实,举了—取了。对于其他有音位对立的音素也可以采取同样的训练方法。例如:大山—大三,大字—大志,大槽—大潮(区别平翘舌),废了—会了,防虫—蝗虫,犯人—换人(区别 f 与 h),担心—当心,参天—苍天,吩咐—丰富,盆子—棚子(区别 an 与 ang、en 与 eng 的前后鼻音)等等。五六十年代的普通话教学,曾经广泛应用这一类"方音辨正"的方法来训练标准音,取得了良好的教学效果,不知何故,后来就收起不用了。至于对外汉语教学,似乎还从未采用过,实在是可以试一试的。

三、汉语的音节特征及其教学

外国语的音节是辅音和元音一次性直接拼合的,汉语的音节是先由元音和辅音组成声母、韵母,再与声调组成音节,是二次拼合的。现代汉语及其方言的声母都是单一的辅音,没有复合辅音;韵母是由韵头、韵腹和韵尾组成的,只有高元音 i、u 能充当韵头和韵尾,在普通话,y 只能当韵头,不能当韵尾)。除了个别的鼻音,韵腹都是元音充当的,韵尾除了高元音,还有鼻音 n、ng 可以代替。有些方言鼻音 m 和塞音 p、t、k 也能充当韵尾(读为塞音韵尾的是古代的入声字),方言区的人学普通话时读准这些字的标准音就成了难点。用元音和辅音拼成韵母,是谐音押韵、组织词语和创造语流节律的需要,历来的"反切""双声叠韵"造词法以及诗词格律的形成,就是这种两次拼合的成果。声韵调三位一体,这就是汉语特有的音节结构方式,也是汉语语音最重要的特征之一。

声母、韵母和声调都有各自严密的类别。声母有唇舌齿牙喉,各分清浊和送气不送气,韵母按韵尾的不同分有"阴阳人"三类;按韵头的不同分有开齐合撮各类,按声调的不同分则又有平仄、阴阳调等类别。声韵调的拼合有一定的规则,并非所有的声韵调都可以互相拼合,例如许多外国语和汉语方言都有的 g、k、h 和 i、ie、ian、iang 等相拼,在普通话就不能相拼。所有的这些,都是 1000 多年来汉语音韵研究的正确分类,也是体现汉语语音结构特征的重要结论。若要培养汉语研究者或是汉语教育专家,都得让他们掌握这些基本知识。当然,对于一般的汉语学习者是不宜搬用这些汉语音韵学的术语的,但是可以根据这些基本概念去设计容易理解和便于训练的学习方案。

对于汉语的声韵调的结构,中国人已经有了语感,关键在于学会分解韵头、韵腹和韵尾,辨别开齐合撮的"四呼"和元音韵尾、鼻音韵尾(分清前后鼻音),南方人加上除去"入声韵尾"。随着普通话的不断普及,在拼音教学中,这些方面大体都有完整的教学方案,一般的教学效果都还不错。

和外国语的音节结构相比,外国语有两个、三个辅音的复合(st、pl、skr 等),汉语没有复合辅音;而现代汉语有两三个元音的连用(ai、ou、uai、iao 等),外国语就少有二合元音,轻重组合也不同,更少三合元音的音节。外国人学汉语,有时就会把"要"说成"医药","爱"说成"爱意"。可见复合元音也是教外国人的难点之一。

为了使学生掌握好音节,按照原来的系统列出声母表和韵母表是十分必要的。教成年人的高级班,还应该教声韵调配合表。按照声韵调的搭配系统,熟练呼读音节,不但可以使发音过关,还能体会到汉语音节结构的特征:bo、po、mo、fo、de、te、ne、le…zi、ci、si、ji、qi、xi、zhi、chi、shi、ri…a、ia、ua、ai、uai、ao、iao、an、ian、uan、yua……不仅如此,每一个音节都有一批读音相同或相近的汉字,熟读音节表,不但对学习语音系统很重要,对于日后认读汉字也有重要的意义。

四、汉语字音的特征及其教学

字音系统是汉语独有的系统,虽然也有一定的系统性,但是比语音系统更加复杂,特别是对于外国学生,是个很难掌握的系统。

汉字是汉语的音节的标记,但字不但有字音,还有字形和字义。汉字不仅是汉语的"外衣"(离开拼音之后作为读音的依据),还是汉语的"细胞"(作为联词造句的成分)。就字音的系统说,字音和音节并非一一对应,一个音节可以有很多字——同音字,一个字也可以有几种读音——多音字。从字义说,不论是同音字或是多音字,意义大多是不同的。从字形说,汉字有声旁和形旁,声旁相同的字往往字音相同或相近,可以利用声旁作为辨别字音的参考;形旁则往往和字义的类别相关,可以利用形旁作为辨别字义的参考。认识汉字必须把字音、字形和字义三者结合起来,初学的时候好像是增加了负担,事实上是利用了语音、文字和词汇之间的内在联系,结合起来开展教学,使学习者同步掌握,这是一举多得、走捷径的好办法。

汉字是现今世界上独一无二的表意文字,由于语音几经变迁、字形却长期稳定,因而汉字的表音度很差,这就造成认读字音的困难。如果经过研究,整理出常用的、表音程度较高的声旁,列出同声旁的常用字,还是可以为辨认字音提供一些有效的依据的。例如青、清、情、晴、请,旦、但、担、胆,成、城、诚、盛(同声、同韵);告、靠、造、糙,交、绞、较、效、校、咬,尧、浇、绕、饶、烧、晓(同韵、邻韵)。分不清an、ang的字,可以分别列出同声旁的字来比较:an:安、按、案、鞍,干、肝、竿、赶、汗、旱、罕;ang:冈、刚、纲、钢,王、望、汪、往、旺、枉、狂、框、逛、皇、煌。有些声旁造出来的字还有意义上的关联。例如从"戋"得声的字"贱、溅、笺、盏、钱、残、浅"等都有"小、少"的含义。从"合"得声的字"盒、龛、恰、洽、蛤、佮"等都有闭合、合适、融合的含义。这些体现汉语特征的传统小学的研究成果,不就是很有用的教学参考资料吗?不知何故,如今的母语教育和对外汉语教育都把这些久远传承下来的宝贝丢弃不用了。

多音字在现代汉语中大体上占了1/10,中国人熟悉汉字,接触书面语也多,凭语感多半能分辨。外国人识字不多,单字和多音词之间又没有界限,因而连字成词和拆字断词都很不容易,分辨多音字就更是难题了。而分别不了多音字,也就很难理解多音词的词义,例如:大夫(dɑ—dài)、好学(上声—去声)、猜着(阳平—轻声)。分辨多音字只能和词汇教学结合起来,把多音字组成的词编成专题练习,可能是一种有效的方法:两人相貌相同,重新引起重视,着意把火点着,选中中间那个,把车把拆了,这不是我的目的,听音乐使人快乐,还要还给你吗……如果这类句子还能串成一段意义连贯的话,让人背熟,就一定可以记得很牢了。这就叫"置之死地而后生"。

上面举的都是"别义异读",除此之外,多音字还有不少"文白异读,轻声异读",教学方法也只能是集中难点,编成对比练习,反复训练:单薄—薄弱,下落—落下,熟练—煮熟,孔子的儿子,儿童唱的歌儿,西村买的东西,事情了结了,蛇头的舌头。

五、语流音变的特征及其教学

现代汉语多音连读之后有不少语流音变。包括轻声、儿化、连读变调等等。南方方言中有的就没有这些音变,接受母语教育也会造成困难。汉语的连读音变并不全是音节相连的语音同化(如英语那样),不少都和意义相关:轻声可以区别词义,儿化"表小指爱",连读变调则常是区别词和词组的凭借。用连读音变来区别意义的词语虽然不是太多,却是构成了现代汉语语流节律的重要特征,能够掌握它,就能大大提高学习标准音的档次。其实,把不太多的体现连读音变的词语集中起来,经过细心的研究,按照义类列成词语表,或者选编常用而又易懂的惯用语、谚语、歇后语乃至儿歌、绕口令、小故事,作为课外阅读的材料。组织这样的阅读,既能学到连读音变的规律,还能从中理解语调和句子结构、语调和语义、语体和语气之间的关系,也可以增加学习语言、体验文化内涵的趣味,实在也是一举多得的事,何乐不为呢?

有些口语中的惯用语,在一般的读物中是很少见的,南方人和外国人想学都很难找到材料,"怎么着;不咋的;敢情是;瞧你说的;可不是;说什么来着;至于吗"。这类语料不收进教材,词典上又查不到,叫他们从哪里去学? 有些谚语很凝练、又很常用,还充分体现中华文化精神,是极好的练习材料。例如:"不到黄河心不甘;不到长城非好汉;天不言自高;地不言自厚;莫学杨柳半年绿;要学松柏四季青"。好的绕口令不但可以练习语音的准确和流利快速,还可以透过它了解一些生活的场景和习俗。例如:面铺门朝南,挂着蓝布棉门帘,摘了蓝布棉门帘,面铺还是门朝南。"这就是南方人少见的北方冬天的情景。经过细心地选择和编写,一定能找到适用于内外汉语教学的好材料。

六、语调的特征及其教学

语调指的是成句的抑扬顿挫的调型,表现为语流的停顿、快慢和强弱、升降。不同的语调受制于句式和句型。短句和长句,单句和复句,并列和排比,疑问和感叹,议论和抒情,乃至语用表达的种种需要,都会制约句调的调整和变化。相对而言,语调是比较玄虚空灵的,目前的研究也还不够深入。有人说,在语调方面,不同的语言之间差别较少,恐怕也未必然,同样是汉语,南方方言(例如闽语和粤语)疑问句可以不像北方话那样读为上扬的语调,而汉语普通话则和英语一样疑问句读为上扬调;同样是普通话,大陆的口语和台湾的口音在语调上也有不小的差异。总体上说,语调的教学较难规格化,主要是依靠多听录音、看声像材料去获得的。不论是对内、对外的汉语教学都应该加强阅读、朗读和对话、辩论等活动。总之,作为语言教育的一个环节,语调的训练也是不能放弃不管的。有了坚实的字词句的训练基础,不论是本国的或外国的学生,按照语用的需要,在交际过程中去模仿、适应,慢慢就会熟能生巧。

参考文献

[1]李如龙.汉语方言学(第2版).北京:高等教育出版社,2007.

[2]李如龙.论汉语词汇的多元系统//汉语词汇学论集.厦门:厦门大学出版社,2011.

(本文与陈瑶合作,曾刊于《学术研究》2015年第3期。)

对外汉语教学应以词汇教学为中心

我国的对外汉语教学始于汉代,真正形成一门独立的学科是晚近的事。当前的对外汉语教学主要是仿照西方第二语言教学的模式。先后采用了以句型训练为主的直接法,以培养学生交际能力为目标的"结构—情境—功能"相结合的教学法,以"结构—功能—文化"相结合的教学模式。这三种方法虽说前后都有所改进,并注重了学生交际能力的培养,但还是脱不了以语法教学为主的窠臼。所谓"结构",其实就是语言学界常说的句法,把"结构"排在首位,总是强调了对外汉语教学以句法为中心的观点。以语法教学为中心的第二语言教学理论是根据西方语言的特点提出来的,并不完全符合汉语教学的实际。

词汇是语言的重要组成部分,但是词汇教学在对外汉语教学中一直没有得到应有的重视,只是作为附带任务跟着语法训练走,让学生自己积累,没有着力开展研究、精心设计训练方案,这就大大影响了对外汉语教学的效率。为此,我们认为对外汉语教学应以词汇教学为中心。

如何理解以词汇教学为中心?"词汇教学中心论"有没有理论上的依据?如何处理对外汉语教学中语言诸要素之间的关系?本文结合对外汉语教学目的、汉语词汇特点、汉语言学理论和语言教学理论对以上问题做一番阐述。

一、如何理解"以词汇教学为中心"

对外汉语教学的目的是要使外国留学生通过学习汉语,能用汉语进行交际,培养学生的听、说、读、写能力,而不是教给学生全面、系统的语言知识。作为构成语言的三大要素:语音、词汇、语法,它们都是对外汉语教学应该教授的内容。除此之外,还会涉及一些相关的内容,如语用、修辞、文化。但最基本的还是语音、词汇和语法。语音是入门初学阶段必须训练的,语音系统是封闭式的,内容相对比较简单。但是,汉语的许多连音变化是与词语相结合的,语音的深造(如轻重音、语调)是要从词语和句子中才能学到的。语法是一套结构规则,不少语言之间都存在着相似性。词汇是语言的建筑材料,规模庞大,数量繁多,不同语言之间差异极大。学习第二语言,如果词汇贫乏,连开口说简单的话也难,词汇量不够,即使语音十分准确、语法也很熟练,对于言语交际也无济于事。"以词汇教学为中心"就是要把词汇教学置于对外汉语教学的主要地位,贯穿教学的各个阶段。

1.融语音、语法教学于词汇教学之中

语音、词汇、语法是一个系统的整体。"以词汇教学为中心",并不是要取消或排斥语音、语法的教学,而是要如实地把语音、语法的结构融入词汇,进行教学,扭转长期以来人们过分强调句法教学,忽视词汇教学的倾向。在词汇教学中,教师除了讲清楚词语的形、音、义外,还要讲清楚词语的用法。词语教学向下可以深入到到语素音义的辨别,向上可以延展到词组和句子的结构分析,可见,要使学生掌握基本的语素的意义和构词规律,了解组词成句的规则,都离不开词汇教学这一中心。无论是教材编写,还是实际教学都应该充分地重视词汇的训练。

我国的汉语教学和对外汉语教学在初级阶段都是首先学习拼音,少则十天半月,这叫过语音关。在母语教学中,汉语拼音是识字的工具,学了拼音,联系语言习得中已经掌握的词汇理解其意义,并从而认识字形,这其实是形、音、义三位一体的学习。在对外汉语教学中,许多外国学生向来有熟练的拼音习惯,学会汉语拼音方案是很快的,掌握字义和字形却很难,根本无法采取"三位一体"的教学法,拼音教学和识字教学(形音义的掌握)不能平均分配时间,也不宜把三者纠合在一起。

对外国留学生来说,语音不必要求太高,能拼读查字即可,要求个个都掌握标准音,既无必要,也不可能。不要说外国留学生,即便是以汉语为母语的一般中国学生,讲出来的普通话也往往是南腔北调,对外国留学生的洋腔洋调大可不必死揪住不放,只要能传达意思就应该认可。学会流利的汉语,其语音便自然而然地得到不断提高。当然,这是对大多数外国人说的,如果是对于智商高的精英学习者,或是日后要继续深造的,初学语音时从严要求、打好基础则是必要和可行的。

"以词汇教学为中心"就是要最大限度地帮助学生扩大词汇量。学外语"能说不能听"的原因就是词汇量不够和语音变异不适应造成的。"能读不能说"则是"积极词汇"太少的缘故,掌握了最重要的词汇,哪怕只用独词句也能勉强表达。正如英国语言学家威尔金斯在《语言教学中的语言学》(1972)里说:"如果没有语音和语法,还可以传达一点点信息;但是如果没有词汇,那就不能传达任何信息。"

"以词汇教学为中心"绝不是像有些人认为的那样只教词汇的形、音、义,甚至是背字典、词典。过去有些学英语的人就背过英语词典,连现在的大学生也常常在背"四级、六级"规定的词表。不能说他们的力气都白费了,但词汇背了一大堆,英语一句不会说、半句不能写却很常见。我们必须吸取法国教学法专家戈恩(Gouin)背单词表、背字典学习德语失败的教训,正确认识和领会"以词汇教学为中心"的真正含义。词不是孤立的,总是存在于聚合关系和组合关系的网络之中,只有在网络中才能掌握词汇的意义和用法,因此对外汉语教材编写和实际教学都应该以词汇为中心,以句子为单位。

词汇教学中,老师要讲解词语的形、音、义,也要讲解词语的用法。词语向下可以分解为语素,向上延伸则组合成词组和句子。掌握语法知识也离不开词汇这一中心。关于汉语语法的结构本位,学者们先后提出过词本位、词组本位、语素本位(字本位)、句本位等理论。话是一句一句说的,句子是由词组成的,掌握了足够的词汇才能有熟练的造句能力,足见词在汉语中的重要性。语言认知从掌握词汇开始,言语交际从独词句开始,学课文从掌握生词开始,这都说明了词汇在语言教学中的重要性。儿童的语言习得则总是从单音词开始,逐渐学会多音词,用词组成词组,而后成句,在完整成句之前还有长时间的多词连说。词是逐一认知的,语法结构则是无意中学会的。

以汉语为母语的学生学习课文,老师总是要求学生预习,首先是让学生查字典、学生词,然后才是理解课文。Evelyn Hatch and Cheryl Brown(2001)的《词汇、语义学和语言教育》曾介绍了布朗(Brown)和佩恩(Payne)语言学习的五步教学法:①接触生词;②学会词形;③学会词义;④巩固对词形和词义的记忆;⑤词的运用。这表明学习课文也必须从词汇开始。

虽说对外汉语教学中的教学对象都是成年人,已经掌握了自己的母语,对语言有了认知能力,但是没有哪两种语言的词汇是相同的。在任何一种母语与第二语言之间,语音、语法总是既有差别也有共同性,唯独词汇上几乎没有什么共同点。众所周知,连拟声词也是各种语言互不相同的,像 papa、mama 之类的同音同义词只是极个别的。因此,任何第二语言的学习都必须从掌握词汇开始,并且贯穿始终。

2.把词汇教学与汉字教学相结合以扩大词汇认知

汉语的词是音义结合物——语素组成的。由音入义与由形(字)入义必须双管齐下,并行并用。任何语言的词汇都有两个表征:语音表征和字形表征。拼音文字存在形音对应的规律,而汉语词语的语音形式和字形则不相匹配。就语言习得而言,认知型词汇比主动型词汇更具有心理语言学意义和教育学意义。所谓认知型词汇就是指能认识但还不能自由运用的词汇,即学习者只能把语音和意义联系起来的词语;主动型词汇是指能够在口语或书面语中运用自如的词语,或者说是指学习者不仅能联系词语的声音和意义,而且还能掌握它的书面形式。词汇习得是一个发展的连续系统,汉语学习中,充分掌握一个词语要比了解一个词语的意义范围广得多。真正掌握一个词不仅包括词语的形、音、义,还包括该词的语法特征,与其他词的搭配、联想以及词语的频率等,习得一个词语就是要求掌握其完备的知识。传统的阅读理论认为,词义的通达主要有两条路径:一条是直接的视觉通路,视觉输入的特征被映射到字形表征上,字形表征的激活导致储存的语义的激活;另一条路径则以语音为中介,字形信息首先被激活语音表征,然后由此激活语义表征。汉语与汉字的关系十分奇妙,文字表音的程度非常有限,相应的语音符号的规则性非常有限。在汉语书面语中,由于缺乏语音的通达,从语音辨认到词语辨认到最后连词成句,其间的距离要比拼音文字的词语习得大得多。认知心理学研究也表明,由于汉语是一种典型的语素文字,它没有形音对应或形音转换的规则,因此在词汇通达或语音提取中,词语的语音激活能力总比采用拼音缓慢而薄弱;相反,汉字较强的表意功能,则使词语的语义提取比拼音文字的语义提取更快更强。

鹿士义《词汇习得与第二语言能力研究》利用语言习得理论中的认知型词汇和主

动型词汇的理论,对南京师范大学国际文化教育学院初、中、高三个年级母语为拼音文字的84名留学生做了测试。测试结果表明,主动型词汇基础好不仅对阅读和写作来说是重要的,而且对听力和口语也都是很重要的。词汇知识的发展无论从质的方面还是从量的方面都是一个渐进的过程。一年级学生主动型词汇的得分很低,占总测试分数的31%,二年级占59%,而三年级最高占82%。他的结论是:认知型词汇和主动型词汇之间的距离大,学习者的语言技能就弱;随着学习时间的增加,两者之间的距离慢慢地变小。(鹿士义,2001:3)这个结论说明了,良好的词汇习得有益于整个语言的习得。也说明了语言教学应该以词汇为基础。

二、汉语词汇集语音、语义、语法、语用和文化于一体

语音是语言的物质外壳。语言的声音要素只有结合为词的时候才能表示意义,音素结合表达什么样的意义,不是个人创造的,而是社会约定俗成的。赵元任在《语言问题》中强调指出:"语音跟意义的关系完全是任意的,完全是约定俗成的东西,同一个声音在不同的语言它就可以代表不同的东西,反过来说,同是一件事,在不同的语言它有不同的声音。一个语言里头最任意的部分就是它的词汇。"(赵元任,1980),正是由于这个"最任意",第二语言的学习最难的也是词汇。

1.词汇是语音、语义和语法的载体

任何一个民族的语言都有一套自己的语音结构系统。汉语是由声、韵、调组成的。首先由21个声母和35个韵母有规则地组成400个左右的声韵组合,然后再用他们与4个基本声调和一个轻声按一定的规则组成1200多个音节,这些音节大多是独立的语素,可以独立成词。但是这么少的单音节词远远不能满足语言的需要。后来又把不同的单音词借用句法的组合规则组成了大批量的双音词和多音词,久而久之,在多音词里还产生了变调、轻声、儿化等连音变化。于是,汉语的词汇便成了体现语音、语义和语法的统一体。正因为如此,对外汉语词汇教学必须兼顾到语音的训练和语法的教学。"药味"儿化与不儿化,"东西"轻声与不轻声,都分属两个不同的义项,显示出语音与语义的密切关系。"盖"儿化不儿化,"地道"轻声不轻声,不仅意义不同,连词性也不同,这说明了语音、语义、语法在词语中的交叉渗透。可见,不少音变现象是在词汇运用中体现出来的。赵元任在《语言问题》中说:"对于中国语言里头的文法性的音变的例,不必认它为文法的现象,最好认它为词汇的现象。"(赵元任,1980)

语法是从言语中总结归纳出来的用词造句的规律。广义的语法不仅仅指语言的结构,还包括语音、语义和语用的规则。狭义的语法也不仅指句子结构,还应包括语素、词语、词组、句子、段落、篇章等的排列组合规律,即语素构成词,词构成词组,词组构成句子,句子构成段落和篇章的规律。

对外汉语教学往往把语法局限于句法层面,认为语法是一个有限的封闭系统,而词汇则是一个无限的开放系统。它们之间的关系往往被看做:语法是骨架,词汇是血

肉。基于这样的认识,多年来的汉语作为第二语言的教学往往注重语法教学,认为语法是习得语言的基础和根本,扩大词汇量只是锦上添花。这种观点其实并不符合以汉语为母语的人的直觉,之所以为语言学家、语言教师和语言学习者普遍接受,到现在仍然影响很大,主要是受西方结构主义语言学的影响所致。

汉语的语法不像西方语言那样用形态标志来表示语法意义,其语法手段主要是语序和虚词。词与词的组合不仅要受语法的限制,而且要受词汇本身意义的制约。词与词之间的搭配关系有时是不能用语法关系来说明的。例如动词与宾语之间的关系,就不是单一的"受事"的关系。不但可以说"吃饭、吃人",还可以说"吃大户、吃官司、吃食堂"。有些句子的词语组合是不能用一般的语法规则去分析的,只能经过许多言语中的词、语、句的组合训练来理解和掌握,不能像形态语法那样做大面积的类推。汉语的"语义语法"有时会把语义的搭配凌驾于语法规则之上。为了适应不同语境的需要,汉语的语法组合往往有更大的变通余地,语义和修辞改变语法是很常见的。这也说明了词汇教学比语法教学更重要。

汉语语法有五级单位:语素、词、词组、句子、段落,语词的结构和句段的组合形式基本上是一致的。从语素与语素组合成词,词与词组合成短语或句子,词组与词组组合成句子都有主谓、并列、偏正、动宾、动补等组合关系。掌握这些语法特点,只要抓住了语素构成词的方式,就可以类推出其他词、短语、句子的结构关系。可见,学好词汇也就掌握了语法规则的基础。

2.词汇是文化和语用的载体

语言是文化的载体。各种语言都充分地体现了不同的民族文化,而最能体现民族文化特征的也是词汇。中华文化源远流长,特点鲜明,对外汉语的词汇教学尤其要注意"文化"到位。由于文化不同,汉语的有些词汇在学生母语中很难找到相对应的词语。如"爱人",在汉语中指丈夫或妻子;如果按字面意义在英语中找出对应的词语"lover",就成了"情人"。由于文化背景不同,有些貌似对应的词语,实际上在语义、色彩方面都有很大的差异。如"知识分子",汉语一般指受过大学教育并从事脑力劳动的人,在有些教育、文化较落后的地区甚至包括受过中学教育的人。而与之相对应的英语单词"intellectual"所指的范围要小得多,只包括大学教授等有较高学术地位的人。除此之外,词语的文化含义还经常体现在引申义之中,例如"红、白"在汉语就不光是用来指色彩,还可以用来指革命和反动(红军、白军),也指喜事和丧事(红白大事)。

汉语双音词的构词形式有时也能反映出汉民族表达概念的思维活动方式,例如"树冠、树梢、树枝、树叶、树干、树根"等,"树"字表达的是整体概念,意义比较抽象;"冠、梢、枝、叶"等表达的是事物局部特征的概念。先整体,后局部,这是汉民族在构造语词、表达概念时的一种思维活动方式。又如"松树、柳树、槐树、榆树"等是对具体事物的种类的表达,而"松、柳、槐、榆"是物种的名称,"树"是事物的实质,先名称后实质地进行表达,也是汉民族一种思维活动模式。

由此可见,对外汉语词汇教学比之作为母语的汉语词汇教学要复杂得多。复杂性主要表现为:教学元素多,几乎遍及语言各个要素。除一般词汇教学所涉及的读音、释义、色彩、用法之外,还涉及语法、语义、语用、语音(音变)及文化诸要素,而这些要素在词汇教学中又相互关联、交叉渗透,集语音、语义、语法、语用和文化背景知识于一体。每一个词语不但处于词汇系统的网络之中,也处于语音、语义、语法的大网络之中。抓住词汇这个教学中心,对外汉语教学便可以左右逢源,通盘皆活。

三、汉语的虚词是词汇、语法的教学重点

郭绍虞在《汉语语法修辞新探》中说:"语法的基础是词汇,最足以代表汉语特征者是词汇,所以,应从词汇问题讲起。"(郭绍虞,1979)长期以来,人们把汉语词汇分为两大类:实词和虚词。实词包括名词、动词、形容词、数词、量词、代词6类;虚词包括副词、介词、连词、助词、叹词、象声词6类。这样的分类,好像融合了中外,其实对语法研究没有起多大作用,至多在谈论词和词类时提一提,此后讲各种词类的时候,就不会再提虚实之分在语法上的作用了。倒是古人的实字、虚字说还更为实用。古人所谓实字只限于名词、动词、形容词,甚至只限于名词。这种虚实说的目的重在实际应用,所以虚实的划界非常灵活,往往是从相对的意义上来分虚实。现在把虚实看作两个对立面,认为实词有词汇意义,虚词只有语法意义。好像实词和虚词是词汇的两极,中间有一道不可逾越的鸿沟。其实不然,实词中也有虚词的用法,古代有"君君臣臣"之说,现代有更多的"人头、心头,苦头、看头"的说法。量词"个"还可以说"个别、个中,说个话、看个够、有个三长两短"。词类的兼用,名、形、动之间的转化,实词的虚化,许多成分的半虚半实,自古至今都有,并不是按照西方词类的分法就可以解决得了的。可见,汉语的语法还应该就语序的规则和虚实的各种用法通盘考察,按照汉语自身的特征,建立崭新的语法理论体系。

"以词汇教学为中心"的教学内容就应该包括虚词在内。汉语是缺乏严格意义上的形态变化的语言,其语法关系主要是靠语序和虚词来表现。"以词汇教学为中心"的教学理论应该说是符合汉语的语法特点的。

在词汇的教学中,虚词的教学显得比语音和句法更难掌握。罗青松(1997)对英国杜伦大学中文专业两届毕业生的42份汉语写作试卷(约4万字)进行了统计,在收集到的错误中,66%是词语运用方面的错误。陆俭明、马真(1985)曾经统计分析了吕叔湘、朱德熙编写的《语法修辞讲话》一书里所引的病句,总共1112个病句中,属于语法方面的658句,其中虚词方面的错误337个,占病句总数的30.3%,占语法方面病句的51.2%。他们还对13名外国留学生的1464个有语法错误的句子进行了统计,其中虚词使用不当的病句有952个,占65%。李晓琪(1998)《论对外汉语虚词教学》统计了李大忠《外国人学汉语语法偏误分析》中的文章,共有专论30篇,其中22篇是论虚

词偏误的,2篇论结果补语的也涉及虚词问题,讨论虚词偏误的约占专论的80%。这些数据足以说明,外国人学汉语所发生的语法方面的偏误一半以上是由于误用虚词造成的。虚词的运用是外国学生学习和使用汉语的一大难点。掌握了虚词的运用,也就解决了汉语语法问题的大半。

李晓琪《论对外汉语虚词教学》还按副词、介词、连词、助词4种类型统计了《汉语水平词汇等级大纲》中所收的虚词。具体数据如下表:

	副词(个)	介词(个)	连词(个)	助词(个)	总计(个)
甲级	54	20	18	16	108
乙级	97	24	37	6	164
丙级	92	9	34	5	140
丁级	90	3	13	1	107
总计	333	56	102	28	519

在519个虚词中,有些虚词是交叉的,如"就"就兼3种词性:副词、连词、介词,"和"兼两种词性:连词和介词。除了交叉的情况,实际要掌握的虚词可能还不足500个(李晓琪,1998)。

对外汉语虚词教学应该筛选出最常用的虚词作为教学的重点。特别是那些虚实兼用的词是外国学生更难掌握的,更是重点和难点。高顺全的《动词虚化与对外汉语教学》一文认为动介兼类词有19个:按、把、比、朝、代、当、对、给、跟、离、让、随、替、为、向、在、经过、通过、为了。如果加上用、拿、往、到,则兼类总数有23个,这就接近赵淑华(1996)统计介词总数为76个的1/3。有关这些动介兼类词的教学最好采用以词组为单位进行意义和用法上的对比的方法,如"在",是动词,意义为"存在""在家";虚化为介词后,"在"字短语就成了主要动词的附属品,"在家看电视";"在"进一步虚化就成了一种时体标记,"在看电视",此时,"在"后的处所对听说者都不重要,因为"处所"不再是要传达的主要信息。学习虚词就是要让学生了解虚词的基本意义并掌握好它的基本用法。(高顺全,2002)

从第二语言习得理论出发,把中介语理论渗透到对外汉语虚词教学中,开展汉外对比教学也是一种重要的教学方法。所谓汉外对比是指教师要了解汉外语言的相同点、相似点以及不同点,做到能预言、解释、改正并消除学生因母语的干扰而出现的偏误,把母语的负迁移减少到最小。虚词教学既可以进行汉外对比也可以进行汉语内部的对比。汉外对比,西方语言没有虚词说,但有语法词或功能词之说,它们的语法词大致相当于我们的虚词,可以进行相应的比较。汉语内部的虚词的对比,就是把意义、用法相近的虚词放在一起进行比较,从中找出异同,使学习者更清楚地认识二者的差异,以便更准确地运用虚词。

语言习得是一个循序渐进的过程,虚词教学要符合这一过程的要求,就应该讲究层次。对外汉语虚词教学在初级阶段主要是零散的虚词积累,到了中高级阶段可以采取集中式虚词教学,把初级阶段零散内容进行归纳总结,使不同阶段形成有机衔接、循环反复;只有多次循环和往复,才能牢固地掌握虚词的意义和用法。

四、汉语的构词特征与词汇教学

1.利用语素类推法教学合成词

汉语词汇是以单音节语素为基础构建起来的,每一个语素都有独立的意义,同别的语素结合后便可以产生多样的意义,绝大多数的词是由语素合成的。每一个构词能力强的语素往往能集合起一个与原来意义相关的词语部落,这就是网络式语素衍生方法。大家都熟悉一种联词游戏,如学校—校友—友好—好听—听力—力气—气体—体育……这种连词游戏可无限地接下去,生动地展示语素的各种意义及其同其他语素的聚合关系和组合关系,展示汉语词汇的衍生规律,这恐怕是任何语言都不具备的特点。汉语语素的数量相对较少,重现率高,且语义基本上不发生太大的变化,只要掌握了基本语素,对于陌生的合成词,便可以自行类推理解,这就在很大程度上减轻了阅读的困难。大多数单音节语素都是自由语素,它们是语素中最活跃,构词能力最强的部分,是外国学生扩大词汇的基础。汉语语素构词灵活,可据需要造词是汉语词汇的一大特点。如"开X"类的开始义动词以"开"的共同核心语义"开始某项活动"造出了数十个双音合成词:开笔、开编、开播、开场、开春、开工、开国、开航、开荤、开火、开机、开讲、开局、开犁、开镰、开锣、开蒙、开拍、开赛、开市、开学、开演、开业、开印、开映、开战、开仗、开征。可见,常用的单音节词在对外汉语教学初级阶段应是首要的教学内容。

李开(2002)的《对外汉语教学中的词汇教学与设计》对《汉语水平词汇等级大纲》中的1033个甲级词汇进行了语素分析。他把1033个甲级词汇中凡是可以作为语素构成复音节甲级词(词组)的单音节词称为甲种语素,其余则称为乙种语素。结果有458个单音节词是甲种语素,由两个甲种语素构成的复合词132个,由一个甲种语素构成的复音词223个。如果我们用同样的方法分析《汉语水平词汇等级大纲》中的乙级、丙级、丁级词汇,便可以为对外汉语教学的词汇教学提供一个合理的教学顺序。汉语复合词是由语素依照一定的构词规律结合而成的,只有理解了词中每个语素的意思,才能准确理解和把握整个词义。词汇教学一定要充分重视构词语素教学,这是明摆着的道理。

语素教学有人称为"字本位"教学法。这就是按照语素类推法和语素分析法来教学复音词。所谓类推造词法,就是按照合成词的结构方式,保留其中一个语素,以同类表义的语素替换另一语素,类推出其他未经教学的词。如学了"影星",可推出"歌星""球星"。教过"省长",便可以类推出"市长、县长、乡长、村长"等词。由于学生都是成年人,推理能力强,语素类推法在对外汉语教学中具有积极的作用。诚然,语素类推有时也会有误区,例如,教"桌子",可以类推出"椅子、杯子、房子、窗子",学生也可能会类推出"包子"(书包)、"门子"(门)。对于这类特殊情况,教学中可以适当提示,也可以在发生误推之后加以解释。

除了语素类推法之外,还有许多类推方法都可以用于对外汉语词汇教学中,诸如形声字联想类推法、同义词和反义词联想类推法、同型结构词义类推法。

语素分析法主要是用语素义解释合成词的词义的教学方法。现代汉语中大量的词都是合成词。据周荐在1999年对《现代汉语词典》的统计,双字组合占《现代汉语词典》收录条目总数的67.625%,双语素合成词占双字组合的98.625%。汉语的合成词的意义都与构词语素有一定的联系,用语素义解释合成词的词义可以更有效地帮助学生理解词义。例如教双音词"好看",可以先解释构词语素"好"和"看",然后再解释"好看"的词义。学到"好听"和"好吃"时,只需解释"听"和"吃",学生就知道"好听"和"好吃"的意义了。

语素类推法和语素分析法实际上是一脉相承的,运用于词汇教学时,最好结合构词法说明语素与语素之间的不同关系,以使学生在理解词义时循环往复,加深记忆。

2.词语搭配是词汇教学的另一个重点

第二语言习得的基础是词汇习得,这是经过语言学、社会语言学和心理语言学几十年间对第二语言习得领域的研究得出的结论。语音、语法习得只是一个阶段性的习得过程,而词汇习得是一个终生认知的过程。习得足够多的词汇是掌握好一门语言的核心,汉语作为第二语言教学的全过程也就是构建和搭配汉语语言模式的过程,这与第一语言的习得过程有所不同。第一语言的习得主要是在接触实物的同时建立有关事物的概念,并形成概念之间的关系,如联合关系、偏正关系、动宾关系等。因此,说同一种语言的人,说起某个词时,都知道在该种语言中能与哪些词搭配或不能与哪些词搭配。而对于第二语言习得者来说,语言内部的搭配就不像讲母语那样干脆利索。语言不同,语言系统概念也不完全一样,它们的组合关系也不同。对外汉语教学中,为了使学生把已知的知识与正在学习的内容联系起来,类推出一些符合逻辑的结构,就要把词语的搭配贯穿于汉语习得的始终。汉语的词语中,同样的语法组合所表现的语义是多样的,如"吃饭、吃食堂、吃父母、吃官司、吃闲饭"和"救人、救火、救兵、救星"虽然都是动词素加名词素,其间的关系就各不相同。词汇教学既要教词义,也要讲解词的组合关系,因为词组是成句交际的基础。词的组合关系既与词汇意义有关,也与语法意义有关。汉语的词汇意义和语法意义有时并无明确的界限,这也说明了只注重语法而不注重词汇和词义是教不好汉语的。

3.运用认知语言学理论教好常用词和基本义

语言是人类智能活动之一,是认知的组成部分;认知是语言发展的基础,语言则是认知的窗口;语言能促进认知的发展,同时也能巩固和记载认知成果。认知强调知识的习得和使用的内在心理过程,其最简单的定义就是知识的习得和使用。

第二语言的习得是建立在学习者自身认知能力发展的基础之上。对外汉语教学的教学理论基础应该是语言的认知。认知语言学的许多理论都可以用于对外汉语词汇教学之中。如根据认知语言学的原型理论,对外汉语教学就应该先教常用的单音节词。在汉语词汇原型范畴中,常用的单音节词是汉语词汇范畴的原型。从常用单音节词入手,逐渐向复音词推进正符合认知语言学原型理论的要求。对外汉语词义教学和汉字教学同样可以用认知语言学原型理论做指导:词义教学必须从基本义入手,在掌握基本义的基础上,再向引申义推进;汉字教学也应当从基本字入手,掌握基本字后,再习得其他汉字。因为作为范畴的原型,常用单音词、基本义、基本字与其他非典型的范畴成员之间有着比较多的共同特征,这些特征对于习得复音词、引申义和复合汉字很有帮助。吴世雄(1998)的《认知心理学的记忆原理对汉字教学的启迪》就利用认知语言学的原型理论详尽地论述了如何从基本字入手对汉字进行教学。

此外,认知语言学关注的语言的"隐喻"对于第二语言的教学也是很有启发意义的,中国古话中的"近取诸身,远取诸物"就是最生动的总结。分清各种语言中普遍可见的隐喻和汉语特有的隐喻对于对外汉语教学一定有很大的帮助。

参考文献

[1] Evelyn Hatch and Cheryl Brown. Vocabulary, Semantics and Language Education, Cambridge University Press(由剑桥大学出版社授权). 北京:外语教学与研究出版社,2001.

[2] 崔希亮. 认知语言学:研究范围和研究方法. 语言教学与研究,2002(5).

[3] 高名凯. 语言论. 北京:商务印书馆,1995.

[4] 高顺全. 动词虚化与对外汉语教学. 语言教学与研究,2002(2).

[5] 郭绍虞. 汉语语法修辞新探. 北京:商务印书馆,1979.

[6] 李开. 对外汉语教学中的词汇教学与设计. 语言教学与研究,2002(5).

[7] 李晓琪. 论对外汉语虚词教学. 世界汉语教学,1998(3).

[8] 李宇明. 空间在世界认知中的地位湖北大学学报,1999(3).

[9] 鹿士义. 词汇习得与第二语言能力研究. 世界汉语教学,2001(3).

[10] 吕必松. 对外汉语教学概论(讲义)(续十). 世界汉语教学,1994(4).

[11] 吴世雄. 认知心理学的记忆原理对汉字教学的启迪. 语言教学与研究,1998(4).

[12] 杨惠元. 强化词语教学,淡化句法教学. 语言教学与研究,2003(1).

[13] 赵金铭. 对外汉语教材创新略论. 世界汉语教学,1997(2).

[14] 赵元任. 语言问题. 北京:商务印书馆,1980.

(本文与杨吉春合作,曾刊于《暨南大学华文学院学报》2004年第4期。)

略论对外汉语词汇教学的两个原则

学习语言,词汇是基础,它应当贯穿学习的始终。汉语的词汇体现了语音的结构和变化,组成语句又体现了种种语法关系,学习词汇也连带学了语音和语法。词汇教学的效果直接影响着留学生汉语的整体水平。然而,词汇教学又是对外汉语教学中的困难环节。因为汉语词汇数量庞大,系统繁复,外国学生又全然没有语感。至今为止,国内对外汉语教学界尚未建构起一个理想的词汇教学体系,尚未找到高效的词汇教学途径。

汉语的词是集形音义于一体的字构成的。中国人学母语都由字及词,经过字义的组合和类推去理解词义。但是,十几年来的对外汉语教学总是以语法教学为中心,把词作为最基本的教学单位,教材中只列词义,不列字义,忽略了汉字(语素)与词的密切关系,结果"学生看不清汉语词汇的规律,不知道汉语词汇跟汉字的密切关系,学习和记忆起词汇困难很大。"(贾颖,2001)近年来,"字词直通、字词同步"的思想逐渐为学界认可,"词本位"的教学理念受到挑战。"语素教学法""字本位教学法"等都试图抓住汉语的特质,抓住构词的最小单位——汉字(语素)来进行汉语教学。"字本位"的思想打破了"字"和"词"之间的森严壁垒,进一步的工作就是要建立一个具体可操作的,从汉字(语素)出发,合理把握字词关系的词汇教学体系。

要建立这样一个词汇教学体系,我们认为首先必须如实地把握语言的层次,严格区分字、词的频度,贯彻常用先教的原则;理清字义和词义的种种关系,贯彻由字及词的学习导向。本文认为贯彻这两个原则是对外汉语词汇教学的"高效之路",下文试作一番分析。

一、关于区分频度原则

任何事情都不能眉毛胡子一把抓,语言教学更是如此。国外语言教学界早就注意到利用计量统计的结果,注重语言教学中的词量控制。20世纪30年代英国的语言学家帕默尔就指出,任何语言里最常用的1000词总要覆盖用词频度的85%。后来的许多研究证实,这个数据大体不差。在我国,从陈鹤琴的《语体文应用字汇》算起,汉字频率统计已有60余年的历史。词汇频度的统计研究,也有了《汉语词汇的统计与分析》《现代汉语频率词典》(以下简称《频率词典》)等成果。汉字、词汇教学可以在计量统计的基础上,抓住常用先学、常用多学的频度原则。

1.关于汉字频度

汉字总量多达数万,词语更是数不胜数,并且词汇的队伍还在不断扩大。汉语词是由汉字构成的,词汇教学离不开汉字教学,我们先从汉字的频度问题说起。《现代汉语常用字表》综合汉字的使用频率、构词能力等各项指标,确定了 2500 个常用字和 1000 个次常用字,并且进行了检测。"检测结果是:2500 个常用字覆盖率达 97.97%,1000 个次常用字覆盖率达 1.51%,合计(3500 字)覆盖率达 99.48%。"①教材编写和教学实践中首先应该体现出常用字与非常用字的层次。当然,语言教学是一个循序渐进的过程,3500 个常用字不可能在教学过程中一股脑儿出现,更不可以只是"昙花一现",这就要求我们在常用字中再划分出若干层次,安排它们合理复现,实现螺旋式的递进。

在常用字中再划分层次,必须综合考虑字频、构词能力等多种因素。《频率词典》中指出"前 100 个汉字……累计频率为 47.52040%,出现在 245 次以上的前 1000 个高频汉字……累计覆盖率达 91.25619%"(北京语言学院语言教学研究所,1986:Ⅸ),而从汉字的构词能力来看,"构词能力在 10 条以上的 1689 个字,它们出现的字次总数达到全部语料的 91% 强"(北京语言学院语言教学研究所,1986:Ⅹ)。从这些数字来看,常用汉字的再分级是可能的,也是必要的。

我们对《频率词典》中《汉字构词能力分析表》列出的前 70 个字进行统计,它们的构词数都在 100 个以上,在《频率词典》所依据的 180 万语料中,出现次数都在 1000 次以上,属于高频汉字。它们的平均笔画数为 5.7 画,远远低于 7000 通用汉字 10.75 画的平均笔画数(苏培成,1994:56)。其中,构词数在 200 个以上的前 11 个汉字"子、不、大、心、人、一、头、气、无、水、地"(多为独体字)的结构就更简单了,平均笔画数仅为 3.5 画。可见,生成能力最强的汉字,不但在语料中使用频率高,在形式上也是最简单易学的,这部分汉字应该先学,也容易掌握。

另一方面,区分汉字频度,不仅要看汉字自身的使用度和构词能力,还要看它们作为构词语素时,语素义的使用频度。一个汉字构词能力愈强,也就意味着它作为语素时,义项可能愈多,意义上更加复杂,这就需要我们从语素义上再把关,具体考察每个义项的使用频率,找出最常用最基本的语素义,从微观角度上再分层次。下文我们将结合多义词的义项层次划分举例说明。

2. 关于词语频度

从词的角度来说,《频率词典》8548 个高频词中"出现 1000 次以上的词共 175 个……累计频率为 48.8337%,出现 100 次以上的词共 1678 个,……对语料的覆盖率为 80.1015%",前 5000 个词"对语料的覆盖面达到 91.6675%"(北京语言学院语言教学研究所,1986:Ⅵ)。因此,与汉字的分别频度进行教学一样,对外汉语词汇教学也必须区分词的频率,做到常用先学。区分常用度的目的是为了集中力量,使学生在较短的时间内掌握一定的构词规律和词义组合规律,达到最好的学习效果。同时,常用词

---

①国家语言文字工作委员会汉字处编.现代汉语常用字表.北京:语文出版社,1988:7.

在语料中出现的频率高,看起来"脸熟",也容易加深记忆。在熟记常用词,培养出"语感"和"词感",掌握由字到词的学习规律之后,词汇量的再扩充也就不再是很困难的事了。"教是为了不教",教材中对词量的严格控制,是为了教材之外,学生自行扩展词汇的能力不受限制。

常用词的义项数往往较多,在教学中,对多义词义项的处理是一个比较棘手的问题。目前对外汉语教材中对多义词义项的处理方法大概可以分为两种,一是随文释义,二是一次性地列出多个义项,以前者最为常见。随文释义由于受到课文语料及语法点的限制,词语的出现、义项的出现都由课文和语法点来决定,在词语和义项的安排上无法遵循常用先学的规律。我们选取多义词"把握"为例来说明。

《现代汉语词典》中,"把握"一词有三个义项,义项①为"握;拿",义项②为"抓住(抽象的东西)",义项③为"成功的可靠性(多用于'有'或'没'后)"。这三个义项中,①是本义,②是引申义,③是在②基础上的再引申。为了考察这三个义项在实际语言中的出现频度,我们对8700万字的大规模语料库(其中含6000万字新闻语料和2700万字文学语料)作了检索,"把握"一词总共出现4926次。各义项分布如表1。

表1 "把握"一词的义项分布

	总计	义项①	义项②	义项③
语料条数	4926条	7条	4075条	844条
百分比	100%	0.14%	82.72%	17.13%

由上表可见,"把握"一词使用频度最高的是义项②"抓住(抽象的东西)"。在我们的教材及教学活动中,这一高频义项却得不到体现,如:北京大学出版社的《汉语初级教程》《汉语中级教程》《汉语高级教程》共8册课文中,"把握"一词一共出现了两次,都是③的用法,没有出现①②的用法。教师直接讲授义项③,体现不出词义教学应有的层次,学生不易理解,只好死记硬背。我们认为,在教学活动和教材编写的过程中,必须注意考虑义项的实际使用频率,尽量按照频率来安排义项学习的顺序及比重。在对义项按照频率划分层次的基础上,再结合词义发展的脉络来安排教学,这样,学生就可以较快地理解掌握较为抽象的词义,同时可以增进他们对于汉语词义组合和发展规律的认识,从而培养语感。根据频率安排多义词义项的教学,可以先教高频语素义,再教含有该语素义的合成词的高频义项,有时还须综合考虑学生理解能力的局限,先简单介绍易理解的本义,再讲解引申义,通过讲解本义帮助学生理解引申义。

以"把握"这个词为例,我们这样来安排教学进程:先通过打手势介绍"把"和"握"的语素义"用手抓住""用手拿",这样"把握"一词的本义(义项①)就显而易见了,然后再讲授引申义②和③。

3.关于多音字的音项频度

从语音的角度来说,汉语中有一定数量的多音字,《普通话异读及音变词语手册》中收录的常见多音字就有580个,字的读音不同,意义也不同。"越常用的字往往异读越多,义项也多,常见音和生僻音,常见义和生僻义的频度也是很不相同的。教常用的基本字不能只教一音一义,也不能把所有的音义都教全,而应该先选教其中的常见音和常用义"(李如龙,2001a)。

对外汉语教学中,对于多音字的处理方法,也可以依据频度原则分为三类。首先,对于那些使用频率很低、构词数也很少的音项,初级阶段的教学中可以考虑略去不教。如:"场"有 cháng 和 chǎng 两个读音,与 chǎng 相比,cháng 的构词数量少,在意义上跟 chǎng 也比较接近,对外汉语教学中完全可以忽略对 cháng 这个读音的介绍。第二,有的音项构词数很少,但是它所构成的词在实际语料中的使用频率却很高,宜安排在适当的阶段进行教学。如:"便"有 biàn 和 pián 两个读音,除了"大腹便便"和"便宜"之外,其他词中,"便"都读 biàn。但"便宜"是处于《频率词典》第 2442 位的高频词,在日常生活中也常用,"便宜"这个词可以当作特例提出,在基础阶段进行教学。第三种情况是多音字的各音项构词数量都不少,所构成的词中,又都有一部分使用频率较高。这种情况较为复杂,以下就以"乐"字为例,作一番具体分析。

我们从 8700 万字的大规模语料库中共检索出含"乐"字的语料 32139 条(排除"乐"用作单音词和用于专有名词的情况,剩余 31701 条),分布如表 2。

表 2　多音字"乐"的主要构词情况及语料分布

乐(lè)组词	出现次数	乐(yuè)组词	出现词数
快乐	3315	音乐	6219
欢乐	3256	交响乐	2696
俱乐部	2050	乐团	2214
娱乐	1993	乐队	1457
乐园	611	乐曲	881
乐趣	579	声乐	583
乐于……	511	民乐	432
游乐	464	乐章	411
乐意	376	乐坛	211
享乐	305	乐谱	175
以……为乐	236	乐师	103
		乐手	90

《现代汉语词典》中,乐(yuè)有 2 个义项,乐(lè)有 4 个义项,排除作为姓氏的义项,乐(yuè)只有 1 个义项,乐(lè)有 3 个义项:①快乐;②乐于;③笑,其中义项②③都可以由义项①引申得来。

两个读音统率下的合成词数目相差不多。在 31701 条语料中,读 lè 的共 15266条,占 48.16%,读 yuè 的共 16435 条,占 51.84%,可见,两种读音在语料中的使用频率也基本相当。但是,具体来看,在每一个读音的统率下,都有几个词的使用频率比较高。如:lè 统率下的"快乐""欢乐""娱乐""乐观"使用频率较高,词义都与"快乐"有关;"俱乐部"虽然是从日语中借来的外来词,其中的"乐"也可以解释为"愉快、高兴、快乐"。读音 yuè 统率下的"音乐""交响乐""乐团""乐队""乐器""乐曲"使用频率较高,词义都和"音乐"有关。

我们可以依据频率的高低,结合词义发展的脉络,对"乐"的读音及义项进行层次划分,同时注意对由同一个语素义构成的词进行归类教学。先教"快乐"和"音乐"两个最基本最常用的词,从这两个词中提取"乐"最基本的语素义,再进一步拓展含"乐"的词汇,两种读音的高频词都教完后再复习总结读音规律。

二、关于语素分析原则

1. 语素分析的必要性与可行性

汉语的词由字组成,常用字的数目不多,组成的词语却层出不穷。《频率词典》的8548 个高频词仅仅用了 2818 个汉字。汉语又是重意合的语言,"汉语不是音位文字而是语素文字。汉语掌握了 3000 个常用字就同时掌握了 3000 个左右的基本语素。"(刘英林 宋绍周,2001:27)汉语词义的一大特点就是语素义与词义关系密切,并且语素义的数量比词义的数量少得多,因此,通过语素分析来进行词汇教学,必能达到事半功倍的效果。

汉语单音词词义和语素义是重合的,而大多数复音词也能通过语素分析的办法找到构词的理据,分析词的语素义是理解词义的基础。总的来说,汉语中的词义可以分为可用语素义分析论证和不可用语素义分析论证两大类。

首先,从单音词来看,《频率词典》8548 个高频词中,单音词有 2333 个,占高频词总数的 27.30%,其中,使用频率最高的前 13 个词全部为单音词,前 175 个词中有 144 个是单音词,前 1678 个词中有 829 个是单音词。可见,语素义和词义重合的单音词在高频词中占有很大比重。

其次,从复音词来说,清华大学在国家自然科学基金支持下,曾经对覆盖 6763 个汉字的汉语语素及其所构成的二字词、三字词、四字词进行了穷尽性描述。他们的结论是"语素在构词时意义绝大多数保持不变,少数变化情况也是有规律可循的"。而且,"语素基本上是一个封闭集,具有长时间的稳定性。"(苑春法 黄昌宁,1998)这个结论为词汇教学坚持语素分析原则提供了重要的数据上的支持。

为了使研究更有针对性,我们对《汉语水平词汇与汉字等级大纲》中基础部分的双音词进行分析。符淮青在《现代汉语词汇》中将词义和语素义的关系分为五大类型,(符淮清,1985)我们参照这个标准,将《大纲》甲、乙两级,共 1859 个双音词、2494个义项分为"直义""转义""偏义""无关"四类。其中,"直义"表示构词语素义与词义有直接联系,语素义直接相加可以得到词义;"转义"表示构词语素义叠加后还要稍作引申或转换才形成词义;"偏义"表示构成合成词的两个语素中有一个语素的意义失落;"无关"表示构成词的语素完全无法显示词义,结果如表 3。

表3　《大纲》语素义与词义关系分析情况表

词义与语素义情况	语素义与词义有关			语素义与词义无关
	直义	转义	偏义	
义项数(共2494条)	1182条	1039条	153条	120条
百分比	47.39%	41.66%	6.13%	4.81%

从总体上来说,"直义""转义""偏义"这三类双音词词义都与语素义有一定的联系,只是联系的密切程度不同。我们可以将语素义与词义的关系总结为"两级四类",即可用语素分析和不可用语素分析两级,"直义""转义""偏义"和"无关"四类。

这样看来,《大纲》甲、乙两级词汇中只有120个即4.81%的词(义项),词义与语素义无关。可见,通过语素分析推进词义教学,提高词汇学习的效率,从而培养学生的自学能力和语言生成能力是完全可行的。从语素义到词义,不仅可以加强学生对词义的理解和记忆,而且能培养学生利用汉语思维的能力,进入李芳杰(1998)提出的"以词带字定字音辨字义,以字解词证译释明词义,以字串词习旧词学新词"(李芳杰,2001)的良性循环,从而在更高的层次上建立起字与词、词与词的联系,为进一步扩大词汇量打好基础。

另一方面,从对外汉语的教学对象来说,大多数学生是成年人,他们具有一定的语义推导能力。引入语素分析法安排教学,"通过字与字的组合,让学生在学会一个一个词语的同时,学会词语的组合原则和掌握语义的聚合群"(王若江,2000),才能在认识有限汉字的基础上培养他们"望文生义"的能力,开发潜在的"开放式扩展词语的能力"(王若江,2000)。

2．语素分析法的运用

从具体的操作过程来说,要运用语素分析法进行词汇教学,每一个语素参与构成的常用词有多少,如何理清该语素义与词义发生联系的脉络,编成适用的教材,从而使字词结合的教学呈现出层次清晰的状态,做到循序渐进,这些都是教学过程中必须综合考虑的。

从宏观上,我们可以对大纲词汇中涉及的语素义进行一定的整理,归纳出最常用最简单易学的语素义作为第一阶段教学的内容。从微观上来说,则应该考察每一个构词语素所组成的合成词,理出每一个语素的基本义、常用义,合理编写教材,设计教学活动,让学生对合成词的结构和意义组合关系有初步的了解,日后遇到旧字新词,便可利用已学知识进行合理推测。

需要注意的是:语素义与词义,字与词之间的关系有的单纯、有的复杂,教学的时候不能只采用一种处理方法,必须按照不同的类型区别对待。

从单音词来看:单音词语素义与词义重合,只有一个义项的单音词在常用词中是很少见的,不必赘言;遇上有多个义项的单音词,应考察其义项的使用频率,依照频率顺序安排教学的先后。

复音词的情况则较为复杂,有的汉字构成的复音词数量不少,但语素义的使用情况却比较简单,如上文提到的"乐"(lè)字。在这种情况下,可以先教高频词,从高频词中归纳语素义,再推导运用到其他词义中。先教"快乐",归纳出"高兴、愉快"的语素义,再运用到"欢乐""乐趣"等词的讲解中。如果一个语素有多个义项,构词的情况也比较复杂,则不能简单地一股脑把所有义项都介绍一遍,必须认真区别不同义项的常用度和难易度,让学生先接触和掌握常用而易学的语素义。

遇到语素义与词义关系复杂的情况,学习过程的设计可以参照下图:

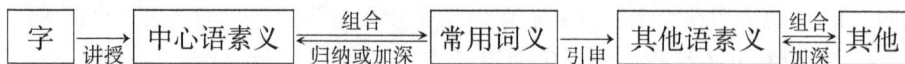

```
┌───┐ 讲授   ┌──────────┐   组合   ┌────────┐ 引申  ┌──────────┐  组合  ┌────┐
│ 字 │ ───→  │ 中心语素义 │ ←──────→ │ 常用词义 │ ───→ │ 其他语素义 │ ←───→ │ 其他 │
└───┘        └──────────┘ 归纳或加深 └────────┘       └──────────┘  加深  └────┘
```

当然,在词汇教学中引入语素分析方法辅助教学,必须根据实际情况,不能生搬硬套,语素义对理解词义是有效的,但不是万能的,语素义的教学不可能完全取代词义的教学,字的教学也不能完全取代词的教学。

三、结语

综上所述,对外汉语词汇教学中,贯彻层次观念,在区分频度的基础上推进语素分析教学法,才能真正做到字词同步,事半功倍。把语素分析原则和常用先学的原则结合起来,一方面,在短时间内让学生看到自己学习的成效,可以增强其信心,提高学习积极性,避免长时间停滞不前所造成的学习疲劳;另一方面,还能在有限的学习时间内,教给学生按照汉语的特征,理解和掌握"由字识词、由词析字"的科学方法,去学习和扩充汉语词汇。从字开始,组词连语,再通过词语去理解句子,通过句段去掌握篇章,这就有可能形成一个良性的自觉学习的机制,也就不仅是"授人以鱼",还能"授人以渔",使学生的学习过程从课内延伸到课外,终身受益。

参考文献:

1. 北京语言学院语言教学研究所编. 现代汉语频率词典. 北京:北京语言学院出版社,1986.

2. 崔永华主编. 词汇文字研究与对外汉语教学. 北京:北京语言文化大学出版年,1997.

3. 符淮清. 现代汉语词汇. 北京:北京大学出版社,1985.

4. 国家语言文字工作委员会汉字处编. 现代汉语常用字表. 北京:语文出版社,1988 年.

5. 贾颖. 字本位与对外汉语词汇教学. 汉语学习,2001(8).

6. 李芳杰. 字词直通 字词同步. 语言教学与研究,1998(1).

7. 李如龙. 汉语和汉字的关系论纲. 语文世界,2001(1).

8. 李如龙. 华文教育的基本字集中教学法刍议. 海外华文教育,2001(2).

9. 刘英林,宋绍周. 论汉语教学字词的统计与分析//汉语水平词汇与汉字等级大纲(代序). 北京:经济科学出版社,2001.

10. 苏培成. 现代汉字学纲要. 北京:北京大学出版社,1994.

11. 田卫平. 对外汉语词汇教学的多维性.《世界汉语教学》,1997(4).

12. 王艾录,司富珍. 汉语的语词理据. 北京:商务印书馆,2001.

13. 王若江. 由法国"字本位"汉语教材引发的思考. 世界汉语教学,2000(3).

14. 王小宁. 对外汉语词汇教学初探. 清华大学学报,1995(4).

15. 肖贤彬. 对外汉语词汇教学中"语素法"的几个问题. 汉语学习,2002(6).

16. 苑春法,黄昌宁. 基于语素数据库的汉语语素及构词研究. 语言文字应用,1998(3).

17. 郑锦全,苏新春,张秀英. "词涯八千"与汉语词汇的扩展性. 2003 年第四届汉语词汇语义学研讨会.

(本文与吴茗合作,于 2003 年 11 月在福建省语言学会举办的对外汉语教学专题研讨会上宣读过,后发表于《语言教学与研究》2005 年第 2 期。)

对外汉语教材的"词本位"编写原则质疑

在讨论编写教材"词本位"之前,有必要先认识语言的"本位"。什么是本位呢?一般来说,"本位"是指语言的基本结构单位,是语言研究的基础。徐通锵先生(1994)指出:"本位,这是研究语言结构的理论核心,牵一发动全身,如果能正确地把握语言结构的本位,就有可能深入地分析语言结构的规律,为顺利地解决有关问题的争论开辟前进的道路。"从某种程度上可以说"本位论"是语言研究的首要问题。就印欧语系语言来看,"词"(word)是支撑"主语—谓语"这个框架的基本结构单位,这一语系的语言多是"词本位"语言的基本事实,是无可争辩的。在汉语研究中,学者们却提出了形形色色的单位作为汉语的本位,至今仍然没有定论。《马氏文通》为我们奠定的语法体系为"词本位";黎锦熙先生主张"句本位";朱德熙先生曾先后主张"语素本位""词组本位";赵元任、徐通锵两位先生则主张"字本位"。对汉语的基本结构单位的本位,众多大家的看法竟有如此大的不同,足见认清汉语基本结构单位的难度。然而,无论是从理论研究的角度,还是从实践的角度,认清汉语的"本位"都具有非常现实的意义。比如在对外汉语教学中,它就涉及教材编写的基本出发点和原则,是带有根本性意义的问题,涉及根本不同的教学思路。

纵观目前国内对外汉语教学界所使用的教材,几乎清一色地采用"词本位"的编写原则。用"词本位"的原则编的教材,以"词"作为汉语的基本结构单位,编写教材时很不重视汉语特有的"字"和词之间的紧密联系。具体表现如:生词表中只给词义,不给字义;不考虑构词因素,没有对汉字(语素)及其构词方式进行解释,等等。为了考察这种编写原则的优劣,我们拿北京大学1987年出版的《对外汉语初级教程》(邓懿主编,全四册)试做一番个案调查分析。这套教程在对外汉语教学中应用得相对比较广泛,在采用"词本位"的编写原则这一点上有一定的代表性。

我们的做法是先建立课文生词(共1320个,不计专有名词)库、生词用字数据库和生词所用语素的数据库。

生词库的分析项有:词类、构词方式及字义组合(字义组合用来描述语素义和所构词词义之间的关系);

生字库的分析项主要是:字频;

生词所用语素数据库分析项包括:

类别:是指语素的类别(素类),按主要参照意义对语素进行的分类;

语素项:一个语素的义项(本义、引申义或比喻义);

成词:是指该语素在短语或句子中能独立成词;

不成词:是指该语素在短语或句子中不能独立成词,而只能作为构词成分;

不定位:是指该语素在其所构词中的位置不固定,可前、可后;

前位(后位):指该语素在所构词的位置是前位(后位)。

一、生词所用语素的素类和成词情况

1320 个词中表示语法搭配关系的,如:"不但……而且""只要……就",共 15 个。我们暂不考虑这类词,实际分析对象是 1305 个。经统计,这些词共用汉字 991 个,这 991 个汉字覆盖了 1077 个语素,其中单字语素 1073 个,二字语素 4 个,无三字及以上的语素;这些语素所含语素项有 1150 个。

单字语素的素类分布如表1:

表 1　单字语素的素类分布

素　类	数　量(个)	百分数(%)
名词性	437	40.7
动词性	345	32.0
形容词性	161	15.0
量词性	30	3.0
副词性	26	2.4
代词性	20	1.9
数词性	19	1.8
助词性	10	0.9
介词性	11	1.0
连词性	8	0.7
其他	6	0.6
总计	1073	100

从上表可以看出,1305 个词所用的单字语素中名词性语素(如:碑、笔、草)最多,占了总数的 40.7%;其次是动词性语素(如:播、藏、查),占 32%;形容词性语素(如:红、楚、独)占 15%。三类合计占 87.7%。可见在教材中,生词所用语素的主要素类是名词性、动词性、形容词性语素,和汉语词语的主要类型基本一致。

对上面这些语素的成词情况以及成词时位置是否固定的统计情况如表2:

表 2　语素的成词情况以及成词时位置是否固定的统计情况

	位置任意	前位	后位	总计
成词	487(45.4%)	33(3.1%)	6(0.6%)	526(49.0%)
不成词	433(40.4%)	63(5.9%)	51(4.8%)	547(51.0%)
总计	920(85.7%)	96(10.0%)	57(5.3%)	1073(100%)

从以上统计可看出,1073 个语素构词时位置任意的语素占绝大多数,共有 920 个,占了 85.7%(比如"草",可以构成:小草、草地等,位置不固定)。位置任意且能自由成词的语素也占大多数(比如"矮",可以构成:矮小、高矮,位置不固定,且能自由成

词),共487个,占了总数的45.4%。由此可见,汉语语素构词时位置比较自由的特点,为复合词组合提供了较大的自由度。

从以上两表我们知道:该套教材构词语素的主要类别为名词性、动词性、形容词性语素;构词时汉语语素的位置大都比较自由,不固定。这两点也反映了汉语语素的一般特点。同时单字语素和二字语素的比例是:1073:4的,从这个比例可以看出,汉语中单字语素占了绝大多数,二字及以上的语素数量很少,而且一般不再构成新词。单字语素是汉语构词中的活跃因素。

需要指出的是,将字看作是构成词的语素是一种比较通行的处理方法。《汉语水平词汇与汉字等级大纲》序言中说,"汉语不是音位文字而是语素文字,汉语掌握了3000个常用字就同时掌握了3000个左右的基本语素。"因此可以说"汉语语素是以汉字为形式的,汉字是汉语语素的载体",所以在教材中体现出来的汉语语素的特点从某种程度上就是汉字的特点。由此我们可以说:汉字在词语中的位置大多任意而不固定,一个个汉字以其自身的特点在汉语复合词构成中扮演着非常活跃积极的角色。

二、语素义与词义的关系

在这1305个词中,单字词有381个,二字复合词有813个,三字及以上的词有111个。研究占大多数的二字复合词的语素组合的意义转化情况,对了解整套教材的语素和词义关系有代表性意义。二字复合词中代词、副词、连词等类别有57词,我们暂不考虑这57词,名词、动词、形容词三类词在生词库共有756词,在分析词义和语素义的关系时我们主要以这756词作为分析对象。

在生词库中我们用字义组合段来描写这一特性。用"0"表示一个二字词是由两个语素意义按照一定的语法关系直接组合成的,组合后语素义和词义关系明显,基本没有变化;"2"表示词的意义已经发生了显著变化,不再是两个语素意义的明显组合;"1"是介于"0"和"2"之间的一种情况,即词的意义和两个语素的意义有关系,但又不全是两个意义的组合。分析的结果,756个词的语素义与所构成的二字复合词的词义的转化关系如表3:

表3　756个词的语素义与所构成的二字复合词的词义的转化关系

	0	1	2	总计
名词	273(36.1%)	150(19.8%)	13(1.7%)	436(57.7%)
动词	185(24.5%)	42(5.6%)	5(0.7%)	232(30.1%)
形容词	61(8.1%)	22(3.0%)	5(0.7%)	88(11.2%)
总计	519(68.7%)	214(28.3%)	23(3.0%)	756(100%)

从表3可以看出来,三类词中语素在组成词时由语素按照一定的语法关系直接组合成词的数量占到了68.7%,这类词如:汉语、日文、邮局、草地、欢迎、关上、刮风、容易、方便、雪白等。其中又以名词的这类型词占优势,占到了36.1%。词义和语素义有一定关系,但已经发生了一定变化的情况所占比例为28.3%,比如故事、电脑、银

行、风景、听说、收拾、出院等。语素义和词义完全不一样的词只占 3.0%，比如：东西、马虎、经济等。从表 3 可以看出，不管是名词、动词、形容词，字义组合属于"0"类的都占绝大部分。可见，语素在组词时，大多保留原来的意义，这也是汉语语素构词的一个显著特点。

下面我们再看看这 756 个词的结构类型如表 4：

表 4   756 个词的结构类型

结构	定中	状中	并列	述宾	主谓	重叠	附加	述补	总计
数量	283	57	269	72	5	5	40	25	756
比例	37.4	7.5	35.6	9.5	0.6	0.6	5.3	3.3	100

表 4 告诉我们，756 个词中最主要的结构类型是偏正式（包括定中、状中）和并列式，两类共占 70.5%。汉语词的结构类型，与词组、句子的结构类型相当一致，其主要结构类型无外乎：偏正、并列、主谓、述宾、述补等。在教学中的一定阶段若能系统地讲解汉语的构词规律，同时在对外汉语教材中也能有适当的体现的话，无疑能开发和加强学生的自学汉语词汇的能力。

汉字是汉语特有的，不仅是语言的书面符号，而且是音义的结合物，意义的单位。如果了解了某个字的意义，一般说来，对于有类推能力的汉语学习者，尤其是对文化程度不低的成年人来说，以某两个已经知道字义的汉字，按照汉语词语的某种结构类型去理解和领会其词义，是完全可能的。

但是我们教材处理生词基本上采用词语对译的方式，以此来指导词汇教学便是照搬西方语言学词本位理论而忽视了汉语词汇的特点。生词对译法虽然便捷，但是由于两种语言词义的结构形态不同，以及这种不同折射出来的思维方式的不同，常给学生以错觉。外国学生记忆起生词来总是从词的整体意义出发，不知道词中每个汉字都有自己独立的意义，更不知道从汉字（语素）的结合中推导出新词的意义。由于无法从教材中领会到汉语词汇的规律性，在学习中对汉语词汇规律的科学利用也就无从谈起。教师在教学过程中也往往发现：大部分外国学生对组成汉语复合词的汉字（语素）都充满了疑问，尤其是处在汉文化圈中，有汉字传统的韩国、日本等国学生，他们希望知道构成汉语复合词的各个语素的含义，如果以整体认知法告诉他们这个词的意思，从一定程度上说这个词仍然是生词。

徐通锵先生在他的《语言论》中指出：汉语与印欧语的编码机制不同。印欧语的最小书写单位是字母，最小听觉单位是音节，最小结构单位是词或语素。印欧语的音节不是一种自足的语言单位，其音义之间没有理据上的联系，只有彼此组合起来才能构成语言的规则。而汉语的最小书写单位是字，形音义三位一体，其音节是自足的编码单位，可以直接进入理据性的编码。语言的理据性表现在哪个层次，哪个层次就会成为这一语言研究的重点，正是由于汉语的理据性表现在"字"这个层次上，人们可以在"字"中寻求汉语的结构规律。汉语"字—词—语"的这种特性，提供了教材采用"字本位"编写原则的可能性。

三、生词用字的频率及字词比例关系

1305 个生词用字情况如表 5：

表 5　1305 个生词用字情况

出现次数(次)	20—32	10—19	5—9	2—4	1	总计
生字个数(个)	3	16	103	354	515	991
百分比(%)	0.3	1.6	10.4	35.7	52	100

如上表所示,汉字的重现率是 48%,超过一半(占 52%)的汉字只出现一次。如果以 5 次为界,出现 5 次以上的汉字作为高频字,那么高频字占 12.3%。看起来 48%的汉字重现率应该不算低了,但是如果考虑到汉字的构词能力,这样的比率又未免偏低。这里我们可以与法国一本叫《汉语语言文字启蒙》的基础汉语教材做一比较。

这本书明确标示以"字"本位作为编写原则,一出版便为法国汉语教学界广泛接受,"第一年销售量为 5000 册,历经 10 年,持续不衰,并呈稳定上升趋势,现在年销售量为 2.5 万册。"(王若江,2000)在法国任何一部汉语教材(包括我国国内及国外编写的教材)都无法与之抗衡。可以说《启蒙》牢牢地占据着法国基础汉语教学领域。该教材生字一共 400 个,而这 400 个汉字所构词却达到 1586 个。字词比例是 1:3.97。而作为"词本位"典型教材北大版初级教材的字 991 个→词 1305 个,字词比例1:1.32。这样的比例差别是很明显的。

联系《汉语水平词汇与汉字等级大纲》来看,《大纲》在序言中指出:"汉语作为母语教学的字词统计与教学顺序是从字→词。学字难和学词易是对立的也是互补的;对外汉语教学的顺序则相反,是从词→字。学习者学习汉字和学词语是同时进行的。"母语学习是从字开始的,许多词是先此掌握的,所以学字难,学词易;至于对外汉语教学却是认字、学词同时进行,但却未必如大纲所事先认定的为"从词→字"的顺序,大纲对汉语"字"和"词"关系的定位和学习顺序的安排,就明显地体现了对外汉语教学中占主导地位的"词本位"思想。这部大纲包含两个部分:词汇等级大纲、汉字等级大纲。这两个大纲本身就存在着字、词关系问题:汉字常用字的确定是建立在常用词表的基础之上的,即按照由词→字的顺序确定字、词的等级数量,《等级大纲》的字词比例关系如下:

甲级词 1033 个→甲级字 800 个,字词比例为 1:1.29;

甲乙级词 3051 个→甲乙级字 1604 个,字词比例为 1:1.9;

甲乙丙级词 5253 个→甲乙丙级字 2205 个,字词比例为 1:2.38;

甲乙丙丁级词 8822 个→甲乙丙丁级字 2905 个,字词比例为 1:3.34。

等级大纲是"一种规范性的水平大纲",是"我国对外汉语教学总体设计,教材编写、课堂教学和成绩测试的重要依据",所以它具有很强的指导性。国内的对外汉语

教材都是词本位教材,分析通行教材的字、词比例与大纲也基本一致。如(王若江,2000):

《基础汉语课本》(外文出版社,1980)一、二册合计:词534→字489。字词比例:1:1.09。

《汉语初级口语》(北京大学出版社,1980):词732→字600,字词比例1:1.22。

由以上的比例数可以看出,如果以"词"为本位,"字"则处于从属地位,汉字的利用率便很低。把词和字捆绑在一起的结果只能是两败俱伤,无法发挥常用汉字可以大量识词的优势,反过来也无法通过大量认词来巩固常用字的认识。也就是说,从词出发,照顾了词的常用性,就不太能照顾按照字的频度来教学汉字,发挥常用字的作用。相反,以"字"为本位,就可以利用字的复现率,扩大构词以字带词,字词的比例自然比较高,字词的训练也可以相互促进,形成良性的循环。总之,对于汉语来说,"词本位"的教学是"扬短避长",而"字本位"才是"扬长避短",这是很明显的事实。

在汉语学习的初级阶段,如果学习者每学一个新词都有可能遇到一个生字,而"词本位"教材或者受制于"词本位"课本的教师又不给出这个具有形音义自足体系的生字的任何解释说明,难怪我们所碰到的汉语学习者无一例外的认为汉语难学。

四、清醒地认识汉语结构的特点,调整对外汉语教材的编写思路

从以上对"词本位"典型代表的教材的生词中字和词的关系的若干考察来看,我们可以得出的一个基本结论是:汉字在汉语的结构系统中有着举足轻重的作用,作为形音义自足的编码单位,在构成比它高一级单位的时候保留了较大的独立性,字义和词义之间有着千丝万缕的联系。而在"词本位"教材中,"词"这一级单位都无一例外地受到高度重视,处理方式也大同小异,而"字"这一关乎汉语本质,对提高汉语的教学效率将起到至关重要作用的特殊单位,却都毫无悬念地受到了冷落。这种现象的普遍存在,与长期以来汉语本体研究用"印欧语的眼光"去审视基本结构单位有着直接的联系。

如何去确定一种语言的基本结构单位? 正如徐通锵先生(1998)所说:"只有成为音义关联点的结构单位才有资格成为一种语言的基本结构单位。"从传统语文学到洪堡特、索绪尔的语言理论,在这一点上从来没有产生过疑义。根据这一标准,"音义结合的关联点,汉语是字,印欧语是词,因而它们是各自语言中的最基本的结构单位。这种结构单位具有如下的特点:现成的,拿来就能用;离散的,很容易和它相邻的结构单位区别开来;在语言社团中具有心理现实性,即使是文盲,也能知道一句话中有几个结构单位,例如说汉语的人知道一个句子有几个字,说印欧语的人知道一个句子有几个词。"我们语言研究倘若能抓住这种音义关联的基点,就等于抓住了控制结构全局的枢纽,就有可能把握住语言结构的脉络和正确的研究方向。

赵元任先生也曾经说过,"汉语是不计词的",在"中国人的观念中,'字'是中心主

题"。《马氏文通》以来的"词本位""句本位"以及近年来的"词组本位"都离开了"字"这个中心主题,因而语言理论和语言事实的矛盾也就无可避免。在对汉语的自身特点尚未准确把握的前提下,作为对语言应用的重要领域——对外汉语教学,就难免会有同样的偏差而严重影响教学效果了。

在汉语的母语教育中,由于读书是从认字开始的,汉字的形、音、义的教学方法已经根深蒂固,启蒙教育的老师们受词本位理论的影响还不大,字、词、句的教学顺序也已经定型,小学里教了生字总要接着联词、造句,应该说,这种教学方法还是"字本位"的。加上学龄前的儿童已经有了语言习得的基础,对于母语的语素有许多感性的认识,词汇的掌握也已经有了相当的规模,因此,母语的训练方法基本上是成功的。对外汉语教育是新生事物,新事新办却把事情办坏了。学生本来就完全没有语言习得的基础,汉字是格外陌生的"怪物",声调也是捉摸不定的玩意儿,掌握一个集形、音、义为一体的字,对他们来说有多难啊。学一个字只能认几个词,这种少、慢、差、费的学习谁受得了啊。只有用"字本位"的方法,先学少量的常用字,推出大量的常用词,才能调动他们的积极性,并达到多、快、好、省的效果。字本位、词本位、句本位之争在理论的层面上延续一百年也没有关系,把不符合汉语实际的词本位理论用来指导对外汉语教学,马上就出了大问题,这又一次说明了,实践是检验真理的唯一标准。理论之争只是处在锐角的开端,正误和优劣是看不清楚的,像对外汉语教学这类实践,就是处在锐角的岔口上,正误优劣是看得最清楚的。可见,改变对外汉语教材编写的思路是非常必要的,也是非常重要的。

五、结语

从根本上说,汉语的教和学都离不开为越来越多的人所接受的汉语结构的基本单位——汉字。"词本位"教材将词语作为汉语天经地义的基本结构单位,没有充分利用和挖掘汉语"字"与"词"之间的紧密联系,让汉语词汇的特点体现在词汇编排中。对于汉语来说,只有"字(语素)—词—语—句"的生成才是学习语言的正确过程,在教材编写中不去开发这种生成能力,而采用不考虑并适当体现字—词关系的"词本位"的编写原则,这是摆着大路不走,去走羊肠小道。如果能充分利用并体现"字"这一级具有自足理据的层次,抓住汉字是表意文字的特点,应该说就可以把对外汉语教学引上一条新的康庄大道。我们期待着运用"字本位"原则编写对外汉语教材试点的出现,期待着"字本位"理论在对外汉语教学理论中也有一席之地,期待着对外汉语教学走出一条大路来。

参考文献:

[1]邓懿主编.汉语初级教程(全四册).北京:北京大学出版社,1987.

[2]葛本仪.汉语词汇研究.济南:山东教育出版社,1985.

［3］贾颖.字本位与对外汉语词汇教学.汉语学习,2001(4).

［4］李如龙.汉语和汉字的关系论纲.语文世界,2001(1).

［5］李如龙.华文教育的基本字集中教学法刍议.海外华文教育,2001(2).

［6］吕必松.对外汉语教学研究.北京:北京语言学院出版社,1993.

［7］潘文国.字本位与汉语研究.上海:华东师范大学出版社,2002.

［8］王艾录.汉语理据词典.北京:商务印书馆,2001.

［9］王佳存.汉语言研究的新探索.语文研究,2001(2).

［10］王若江.由法国"字本位"教材引发的思考.世界汉语教学,2000(3).

［11］徐通锵."字"和汉语的句法结构.世界汉语教学,1994(2).

［12］徐通锵."字"和汉语研究的方法论——兼评汉语研究中的"印欧语的眼光".世界汉语教学,1994(3).

［13］徐通锵.语言论.长春:东北师范大学出版社,1997.

［14］于晓梅.语素分析与词汇记忆.佳木斯大学社会科学学报,1999(3).

［15］苑春法,黄昌宁.基于语素数据库的汉语语素及构词研究.世界汉语教学,1998(2).

［16］张联荣.词典释义中的词义和语素义.语文学习,1998(3).

（本文与何颖合作,曾刊于《海外华文教育》2004 年第 2 期,原名为《试析对外汉语教材编写的"词本位"》,收入本书时作了补充。)

绕开汉字走,还是缘着汉字上

一、绕开汉字走,教学受局限

教外国人学汉语,除了原来华裔学生和东亚属于汉字文化圈的日本和韩国之外,初学汉字的人都会感到恐惧,因为汉字在世界上的文字之中是特殊的另类。不是用字母去标音的,而是用笔画的零件组成了方块儿,标音不力,表义也含混,多音多义的字又不少(大约有十分之一),形、音、义远不是一对一的。于是,有些教汉语的初级班、短期班,便采取"绕开汉字走"的办法,直接用汉语拼音教汉语。若是面对的学生,只想学几句应急的汉语,对付来华旅游或简单的工作,浅尝辄止,不想深造,这样的教学确是一种捷径。西方传教士刚到中国来的时候,也是通过罗马字拼音来学汉语的,并不学汉字。不过他们有实际的社会生活的言语交往做基础,所以经过几年工夫,也能逐渐学会交际。就二语教学说,撇开汉字学汉语,是不符合汉语的特点的,也不符合二语教学的一般规律,别说深造是不可能的,连入门都很难。简单的听、说,是不能对语义有真正的理解的,完全没有阅读能力,上街看路牌、读广告都不行,者就很难说,所学的汉语有多少用处。

二、汉字不仅是汉语的"外衣",而且作为"语素",成了汉语的"细胞"

汉字对于汉语不像拼音字母那样只是注音的符号,每一个汉字都是形、音、义立体构成的统一体,每个"字"都有自己的读音,绝大多数的"字"也有一定的意义。字的音义便构成了汉语的语素,是进入了汉语的最小的成分。多音多义的字是一物多用,也像是能演几种角色的演员。教学汉字,如果只教字形,不联系音义,只是在描画、填字格,很快就使人生厌了;若是一个字只教一音、一义、一用,则只能少、慢、差、费,初学者的好奇和兴趣是很难持久的。如果按照汉语和汉字的内在联系,学会每个字在"词、语、句"中的作用,引导学生学会"望字知义""组字识词"和"联词成句",立刻就能把他们导入一个奇妙的境界,体会到无穷的乐趣。例如,认得"人、手、大、小、山、水、上、下"这几个笔画很少的常用字,就能组成"大人、小人、大山、小山、大手、小手、上山、下山、山上、山下、上水、下水、水上、水下、手上、手下、上手、下手"等等词语,同时体会到字是怎样组成词的;还可以组成"大山上、小山下,大山下、小山上,大人上大山、小人上小山"等等语句,也体会到词是怎样组成句子的。汉语的字、词、句的奥秘一览无余,这样的教学,不令人叫绝才怪呢!

这就是汉语的字、词、句的组合规则,也是中国人几千年来识字、学话、读书、作文的训练途径，因为它适合于汉语与汉字特有的组合特征，利用已知的字去推知未知的词、语、句，所以是一条有效的途径。把这种学习方法教给外国人，就是古人说的"授人以渔"而不是"授人以鱼"。

三、严格按照字频先教常用字并实行字词句直通的教学法是教学汉字的捷径

汉字自从定型之后的两千年来，常常是出生不报户口，死亡也不注销，古今南北的人都在不断地造字，加上域外的人也为我们造了一些字，还有古今的使用者也造了一些错字和别字。现今汉字的总字量，已经达到八九万之多，何时才能教完这些字呢？其实，汉字虽多，常用的并不多，一般人学会两三千字也够用了。初学的人先学常用字是入门教学的一条捷径。据《现代汉语频率词典》，最常用的 100 个汉字的累计频率是 47.52%；最常用的 1000 个字在各类文本的累计覆盖率是 91.25%；最常用的 70 个字，构词都在 100 个以上，其平均笔画则只有 3.5 笔；头 11 个高频汉字"子、不、大、心、人、一、头、气、无、水、地"构词都在 200 个以上，平均笔画只有 3.5 笔。可见，越是常用的字，笔画越少，构词能力越强，语料的覆盖率也越高。先教常用字，让学生尝到用字扩词的甜头，一定可以克服对汉字的恐惧心理，也有助于他们深刻理解字词句的组合关系，自觉地走上利用汉字识词、扩词的康庄大道。

可见，经由汉字学习汉语是一座天然的台阶，磨刀不误砍柴工。关键是要把汉语和汉字的关系研究透彻，充分利用汉字的频度差异，常用的先教，易学的先用，教学中多指导学生琢磨字与词、语、句的关系。

已经有学者注意到编教材时是不是注意到利用频度的问题，有人抽查过现有的对外汉语教材，发现有些教材并没有体现"常用先教"的原则，也没有贯彻"字词句直通"的教学法。难怪汉字的教学一直是困扰对外汉语教学的大问题。

四、掌握汉字、开辟读写之道，才能学到完整的汉语

掌握第二语言，听、说和读、写是两个目的，也是两种学习的途径。不学汉字只能靠口语的听与说来学习汉语；只有同时学了汉字，才能在运用口头语和书面语的双轨之上并行共进。即使熟练地掌握了汉语拼音，在目前汉语拼音还没有成为汉语的正式文字的情况下，拼音读物并不普遍，不学汉字，书面语阅读的道路就完全堵塞了。"两条腿走路"变成了残缺的"单脚跳"，学习效益之差是不言而喻的。

偏偏汉语的口头语和书面语又是比别的语言差别更加显著，这就使得不学汉字，便会造成更大的困难。汉语的口头语和书面语是有不少共有的词汇，尤其是那些常用的单音词。但是有些书面语的专用词也是很常用的。由于汉字字形稳定、字义相承，以及精美的文言古籍的广泛影响，现代汉语的书面语传承了不少文言词。除了老祖宗留传下来的成语、谚语、典故、引用语，还有许多文言时代形成的虚词（有单音的、也有

双音的），后来在现代的书面语里一脉相承用了，口语里或不用、或用了不同的词。下面的例子前者是书面语、后者是口头语，顿号前后是同义语："但、但是—可、可是，即使、纵然—即便、就是，否则—要么、要不，不然—要不然"。其他常用的书面语在口语中少用的就不胜枚举了："总之、似乎、必备、需求、到达、达到、摘要、摘取、等待、谦让、承受、犹如、不如、愁苦、悲伤、悲苦、追逐、权益、商榷、谈论、浅见、远古、垦殖、建业、督查"。不论是书面语或口头语，作为语素的字义，大多是相同或相关的，识字和学话都可以相互为用，不论是同步并进或穿插进行，都会有左右逢源之妙。可见，只有"语文并进"才能学到完整的汉语，必要时也还能从现代汉语向古代汉语过渡。至于写作方面，也只有书面语和口头语穿插并用，才是上等的修辞。

五、缘着汉字走，才能走进中华文化的宝库

汉字是中华文化的伟大创造，在数千年的发展过程中，汉字和汉语经过矛盾、磨合和互动而达到相互适应、和谐发展。作为记录汉语的文字符号，不论是古文言或古白话，都为中华文化提炼了大量精粹的道德理念和哲学观点，保存了诸子的文学作品百家和经、史、子、集等光辉灿烂的古典文献，创造了丰富而精彩的文学语言和各种体裁，正是这些典籍和体现其中的思想、意识和情感，铸成了中华民族的精神支柱，锻造了民族文化的伟大传统。几千年来，不但中国人为之骄傲，世界上许多有识之士也为它而倾倒。不经过汉字和汉字书写的文言，就无法走进中华文化的宝库，难以真切地理解中华民族的精神文明。日本古代和近代以来的汉学家，无一不是精通汉字、汉语和文言的大学者，在西方，从葡萄牙的利玛窦、德国的莱布尼茨到英国的威妥玛、瑞典的高本汉，也都是缘着汉字和汉语，成为伟大的汉学家的。随着中国的和平崛起，随着汉语在世界范围内的传播，必定会有更多的外国学者来对汉学做更加深入的研究，这是自不待言的。

可见，从拼音学习汉语的口语是不难的，通过汉字学文言、理解中国文化、研究汉学就确实不是那么容易的事。但是，经过拼音学了汉语，同时又能掌握了汉字，便可以做到：书面语和口头语兼通，文言与白话兼通，通语和方言兼通，语言与文化兼通。这就是不那么寻常的事了。难虽是难，却是前景远大、底蕴深邃、趣味无穷。汉字作为书法艺术，也是引人入胜，可以登上世界文字艺术之巅的。

中国要真正走向世界，不但需要经济的崛起、政治的清明，还要有语言和文化的传播，让世界上更多的人来学习汉语、了解中华文化，共享中华文化的丰富多彩，共建"和而不同"的大同世界。

六、缘着汉字教学汉语，有大量的课题需要深入研究

让外国学生沿着汉字的台阶学习汉语，和中国人学习汉字汉语有相同的一面，也有不同的一面。不同的是外国人没有汉语习得的语感，没有汉字形体的字感，因此更

应该经过细致的研究,根据字频、词频、句频,音频、义频、构词频、造句频,从常用字先学,核心词、基本词、基本句型先学,并且学深学透,达到活学活用、熟能生巧。不但教材要符合字词的频度要求,符合字词句的结构规律,教学方法上也需要一番精心的设计。不论是教材和教法,都应该既能贯彻和体现汉语的规律和特征,也能符合来自不同国家和地区的学生的需求和习惯;既有共同的"规定动作"以达到普遍的基本要求,也有不同的"自选动作",能发挥不同素质的学习者各自的潜力和专长;既有课堂上合理的密集训练,也应该有课余的自由阅读和思考的广阔空间。

关于汉语和汉字的关系,以前并不是没有研究过,但是通常是分别讨论,缺乏通盘的研究。汉字集中教或者分散教,有过争论,有过实验;先教什么、后教什么,也有过讨论,似乎意见并不统一。字的形音义的关系怎么处理,字和词、句的组合如何理顺,虚字和实词怎样沟通,这类问题就接触得不多。汉语和汉字既然是一个综合体,就不能把汉字的教学和汉语的教学截然分开来考虑,更不能把汉字教学当成汉语教学的分外事。还有,关于汉语拼音和汉字教学的关系怎么处理,孰先孰后,前后交替,还是把拼音作为"拐杖",认了字就扔了行吗？ 让拼音跟着生字、生词走,或者同时出现在课文之中,配合始终、并行不悖？ 阅读课文要不要加注拼音,这些都还没有做过详细的讨论。

汉语和汉字的特殊关系是汉语特有的,在教学中如何处置,是不可能在西方的应用语言学理论中得到启发的,只能靠我们自己来研究。看来,汉字教学开头就重要,汉语学习的整个过程也都很重要,不论是学习口语还是书面语也一样重要,学完白话继续学文言,汉字的学习更加重要,汉字的教学应该贯彻汉语教学的全过程。就汉字教学所牵连的方面说,形、音、义,字、词、句,语音、词汇、语法,都和它有关系。可见汉字教学的研究是至关重要的。汉语国际教育应该赶紧补上这一课。

参考文献

[1]北京语言学院语言教学研究所. 现代汉语频率词典. 北京:北京语言学院出版社. 1986.

[2]国家语委汉字处. 现代汉语常用字表 北京:语文出版社》1988.

[3]苏培成. 现代汉字学纲要. 北京:北京大学出版社. 1994.

[4]周有光. 朝闻道集. 北京:世界图书出版公司. 2010.

[5]孙德金. 对外汉字教学研究. 北京:商务印书馆. 2006.

[6]胡文华. 汉字与对外汉字教学. 上海:学林出版社. 2008.

(本文曾刊登于《云南师范大学学报·对外汉语教学与研究版》2007 年 5 月,收入本书时做过修改。)

字词句直通——对外汉语教学的
一种新思路

讲座概述：在讲座中，李如龙教授首先提出，虽然对外汉语教学正如火如荼地展开，但是对外汉语教学中使用的教材、教学法以及一些老师的认识都存在很多的问题，他指出，汉语是世界上一门独特的语言，有自己的特征，而我们从事对外汉语教学最重要的任务就是让学习者认识汉语的独特特征和魅力，我们要"授人以渔"，让汉语学习者了解、熟知汉语的特征，掌握学习汉语的正确的、高效的方法。随后，李如龙教授重点讲解了字词句直通教学法的内涵、理论依据、字词句直通的要点，并展示了字词句直通教学法的语料和课文设计的样品，最后阐释了字词句直通教学法的优越性。李教授说，字词句直通教学法的理论基础是："汉字是形音义的整体，语义的最小单位"和"汉语是组字成词、组词成语、词语成句的结构特征"。在对外汉语教学中，我们可以先让汉语学习者掌握少量的核心字，用这些字生成大量的词汇，组词成语，连语成句，再由词句组成课文教授学生。语言的学习基础和重点在于词汇学习，而汉语学习者缺少的语感可以通过字词句直通教学法来获得，以此帮助学生更快更好地习得汉语。最后李如龙教授就同学们提出的有关字词句语料库构建、对外汉语教学实践等方面的问题一一做出解答，加深了同学们对这种对外汉语教学的新思路——字词句直通法的了解与认识。

主持人：尊敬的各位老师，亲爱的同学们，大家晚上好！今天我们非常荣幸地请到了厦门大学的教授，博士生导师，著名的闽南语研究大家——李如龙教授，大家掌声欢迎。早在大学时代，李如龙教授就跟随著名的语言学大家黄典诚先生专攻方言和汉语音韵学，参加福建省方言普查，此后便一直在语言学领域辛勤耕耘着。50多年来，李教授调查了闽、客、赣等东南方言及官话方言岛，总共有近百个点，先后发表了论文200多篇，著作40多种。作为主要作者的《闽语研究》一书，对福建省的闽方言做了全面深入的调查，所主编的《客赣方言调查报告》是目前规模最大，影响最为深远的客、赣方言著作，《汉语地名学论稿》是国内第一本对汉语地名学做语言学研究的专著，《福建方言》建立了一个从文化的角度研究区域方言的理论框架，此书出版之后不久，在日本就成了最畅销的中文图书。可以说李教授在方言学、音韵学、地名学、社会语言学及应用语言学等诸多领域都做出了杰出的贡献。下面就让我们掌声有请李教授为我们做精彩的演讲，大家欢迎。

李如龙：我听说你们这儿办了一个学院，招来了好多重点学校的很优秀的学生。现在是在强调应用型的研究，汉语国际教育正在如火如荼地展开，需要很多人。厦门大学有个孔子学院总部南方基地,已经培训了几批志愿者,最近还有好几批从国外来进修的汉语教师。可见这项工作需要很多人。我是从方言调查开始接触语言学的,几十年来像个野孩子满山遍野地跑,见到什么都有兴趣,后来又研究地名,研究音韵学,最近的十几年间,对词汇学又产生了很大的兴趣。20 世纪 90 年代以来,我除了招收方言学的博士生,还招收了词汇学的博士生。这次来苏州就是来参加全国的词汇学的会。最近五六年又被卷进了国际汉语教育的大潮。在中国传媒大学和厦门大学招收的博士生,不少都是研究对外汉语教育的。我教书、带学生的特点是陪着学生做研究,跟着学生跑,而不是要求学生跟着我跑。现在愿意到偏僻山区做方言调查的少了,所以这几年来我又投放了不少的精力研究对外汉语教学。

到了这个园子里一看,我又是发现了不少问题。是不是"九斤老太"的心态?对眼前的事老觉得不满意。但是实际上的情况是,我们办了 300 多家孔子学院,无偿地提供各种各样的教材,据说使用率只有百分之几,全都堆在墙角,他们觉得不合用。来华的留学生听了几堂课以后,就有逃课的,跑到街上去学话。这说明我们的对外汉语教材不过关,教学法不过关,老师也不过关,问题不少。在语言学我是"老兵",但是在对外汉语教学却是"新兵","新兵"要先受训,这几年还是认真地读了许多研究对外汉语教学的文章和教材,就发现问题确实不少。二语教育就像举哑铃,一头是母语,另一头是目的语。外国人来学汉语,这是他的目的语;他自己有原来的母语,是另外一套。汉语在世界上是非常独特的语言,跟谁都不一样。不但使用的文字不同,语音、词汇、语法也大不相同。你们的外语都学得好,肯定是能体会到。有人提出来,要大搞对比语言学,拿几种重要的外国语和汉语故比较,这样做,肯定对教那些国家的人学汉语很有利。问题是,外国语几百几千种,你能比较得完吗?最近听说,现在世界上还有几十个国家的语言,在中国找不到翻译。和索马里的海盗打交道,就得请俄国的翻译来帮我们翻译,因为全国都找不到懂索马里语的。和我们接壤的喜马拉雅山那边的不丹语,听说全中国只有两个人懂。看来,要是等二语对比有了结果,再去研究对外汉语教学,怕是远水救不了近渴。即使把他们的母语和目的语的异同都研究得很深入,也不能直接搬进教材、搬到课堂上用。对比研究要经过提炼、创造,用浅显的语言和有趣的例子,像丰子恺的漫画那样,让他们知道最重要的区别就行了。你不可能去系统地分析尼泊尔语跟汉语的种种区别。因为语言教学是教语言,而不是教语言学。这是赵元任先生几十年前的的至理名言。你们要研究对外汉语教学,首先就要用这句话来洗脑筋。用语言学的内容和方法去教语言是一定要失败的。

那么,你说把汉语作为第二语言去教,教外国人学汉语,最要害的问题是什么?

一同学答:让他们觉得有成就感。

李如龙:这个是从效果来讲的。我问的是在教学中需要解决的首要问题是什么?

一同学答:兴趣问题,让学生对这门语言感兴趣。

李如龙:是的,调动他的兴趣,这是最重要的。兴趣是最好的老师。没有兴趣,什么也学不好。可是,对外国人来说,汉语是很难学的,要让他们对学汉语有兴趣,更难。

汉语是很特别的语言,法国人、德国人学英语很容易,几个月的时间就掌握了。正像我们的上海人、湖南人学普通话那么容易。因为它们同根同源,语言的结构模式和类型是一样的,基本概念是一样的。而汉语在许多方面跟别的语言都不一样。作为汉语的老师,你必须深切地理解汉语的特征,还得找到理解这些特征的好办法,并且让学生也理解这些特征,然后,在老师的指导下去学好它,如果能学好、还能学得快,就必定会有浓烈的兴趣。按照汉语的特点去教去学。我想这就是最根本的问题。那么,汉语有哪些重要的特点呢?

第一,一个最大的不同是汉语使用的是汉字。外国人对汉字有两种态度。有些欧洲人是冲着汉字来学汉语的。他觉得很奇怪,歪歪扭扭的方块字用了 3000 年,还在用,简直是奇迹,了不起。学了几个字,就能组成许多词。你看,"公、母、牛、羊、马、肉、头"这几个字,能生成多少词?"公牛、母牛、牛肉、牛头、牛肉,公马、母马、马头、马肉……"这是因为汉语是用字造词的,从古至今绝大多数的词都是来自同一个语源;而在英语,公牛 bull、母牛 cow、公马 stallion、母马 mare、公羊 ram、母羊 ewe,各不相同,因为它的语源很复杂,有英伦三岛自造的、法语来的、北欧来的。17 世纪的时候,德国有一个哲学家叫莱布尼茨,他曾经说过,汉语是全世界语言中最具有哲学意味的,最符合逻辑性。美国人就不同,他们只有 200 年历史,崇尚的是崭新的东西、崭新的思维,许多人看到方块汉字就讨厌、恐慌、厌恶,学不进去,甚至认为那是陈年旧货,中国人就爱抱残守缺。但是,不管怎么样,崇拜汉字也好,讨厌汉字也好,这说明要学汉语,绕开汉字是不行的。别说深造不可能,一上街就成了盲子,连广告、招牌都看不懂。汉字是不容易学,但是学好了非常有用,我们下面就会谈到,学好了汉字,对于学习汉语的词汇、语法是很方便的。

第二,就语音说,汉语是有声调的语言,就词汇说,现代汉语双音词占优势,这都是一般的汉语教科书常说的,照着教就是了。其实,外国人学会四声并不难,难的是要记住一个个的常用字是哪个声调,还有连读之后少数有变调。这就要从常用字入手,结合词汇的拼音去掌握每个字读什么调。

第三,许多语言的语法都有形态变化,汉语就基本上没有。有人说,广东西部的粤语"我"是 ngo ,"我们"是 ngok ,"你"是 nei,"你们"是 nok,"他"是 khoei,"他们"是 khok ,于是就说"ok"把单数的三个人称代词都变成复数式的了,这是"形态变化"。其实,这个 ok 是 gok(各)变来的。所谓"多数式"是"我各""你各""渠各"的合音。在福州话里,"我们"就是"我各人","他们"是"伊各人";还有更啰嗦的,有些客家话就说:"我大家人、你大家人",可见这根本就不是什么"屈折、形态",生搬硬套是要闹笑话的。

第四,对于语言教育来说,最重要的是要了解汉语的字、词、句之间的结构关系,这就关涉到语音、词汇、语法的基本特征。

汉语的整个组织结构,就是组字成词,连词成语,组语成句,这么一层一层关联起来的。大家都可以回想,从幼儿班学汉字,到小学拼读生字的时候,老师是怎样教你们的啊?老师先是教拼音、认字、解释字义,然后让大家组词。组了词还干什么啊?造句。认记生词又是怎么学?把字拆开来,把字义组合起来去理解词义。"海水"是海里的水,"海量"是像海水那么多的数量。大量的合成词就是这样通过组词、拆词、猜词、析词学会的。把词组成语句,就同时学会了构词法和造句法,因为词法和句法是相通的。我们的母语就是这样学起来的。这是我们几千年间积累下来的母语教育的经验,叫做"形音义、字词句"的两句"三字经"。但是我们是这样教留学生的吗?据我所知,只有少数非常有经验的老师是这样教的,是在教材之外自己发挥的。这一套行之有效的经验,后来被当成过时的垃圾给扫掉了。现行的对外汉语教材和教法多是西方搬来的,什么直接教学法、语法点教学法、情境教学法、功能教学法、句型教学法,花样多多,不断更替。倒是有个法国汉学家叫白乐桑的编了一套以常用汉字为纲的教材,据说在欧洲广为采用。我想各种教学法都有各自的优点,不妨博采众长,择善而用之。第二语言教育就好像登山一样,可以正面直冲,也可以绕道慢走,我就不相信有一种教学法是唯一科学的,其他的都是不科学的。

"字词句直通"教学法的原理就是建立在字词句的关系的基础上的。大家知道,汉语里大多数的字就是一个语素,有许多还是单音词,上古时期的词汇大多就是单音词。你看,"学而时习之,不亦说乎",一个字就是一个词。汉代以后,双音词多起来了,但是都是由单音词构成的。你看,"天时、地利、人和、不如"都是由两个单音词组成的双音词。词组成语就不用说了,"天时不如地利,地利不如人和"这个由两个分句构成的复句,就是由上面四个词鼓捣出来的。这就是由字及词、由词及语、由语及句。字词语句这一捣,语法也捣出来了。你看,"天时、地利"是偏正关系,"人和"是主谓关系,两个分句是并列关系。汉语的词法和句法是大体相同的,学了词语也就学了语法。

可见,识字牵连到学习汉语的全过程。首先必须要读出音来,才能把书上写的和口里说的联系起来。其次,必须能"认":要学会认知字的意义以及字义与字义之间的关联,以便掌握词语;最后是为了能"用":把词连接起来,找辞儿来说,还要能认读和理解书面上的字词句。所以,听说读写归根结底就是字词句的训练,语音、词汇、语法的学习都离不开字的认读。

那么,汉语有多少字啊,古今中外,已有的汉字现在已经有八九万了,但是,常用的并不多。一般的大学生能认3500个字,就是高才生,这个是很多调查证明过的数据。实际上常用的字也就那么一两千个,《毛选》四卷、五卷用字量也就3000多。教外国人汉字不能贪多,尤其是初级阶段,只能先教那些常用的、多义的、构词能力强的核心字。再用这些字去组词、扩词、析词、用词、造词,生成大量的词汇。例如教一个"好",同时学会了"好人、好书、好看、好吃、好大、好高、坐好、说好",这样学的字就和词语句都关联起来了,从意义到用法都学到了,是立体化的。赵元任先生早已说过,要在句子当中学会一个字一个词。你说现在我们的对外汉语教学是怎样组织教材的啊？可以说，完全与此背道而驰，都是"整词教学法"，"和平"就是"peace"，"书店"就是"book-store"，"和、平、书、店"每个字是什么意思？不说。如果解释字义，联系"和气、和谈、平和、平静，新书、旧书，米店、店铺"去教，不就字义也学了，词汇也扩展了吗？

本来，中国人只有"字"和"句"的概念，并没有词的概念。文言里叫做"辞"，这是语用的概念，"辞"就是说的话，辞令好就是善于修辞。word 这个东西本来中国是没有的，因为一个"word"可以就是一个字，也可以是两个字，或者几个连接起来的字。赵元任说过，汉语中没有词，但是有不同类型的词的概念。中国人知道，"只吃饭、不吃面"和"他请我吃饭"这两个"吃饭"是不同的，大家都不会理解错。这就说明有词的概念；"七零八落、不七不八"都只能四个字连着说，不能拆开说，这也是词的概念；口语里说"海水深、学问深、影响深"，书面语要说"深邃的海洋，高深的学问，深远的影响"，这其中也有词的概念。

王力也说过，汉语基本上是以字为单位的，不是以词为单位的，要了解一个词的意义，单就这个词的整体去了解它还不够，还必须把这个词的构成部分（一般是两个字）拆开来分别理解，然后合起来解释其整体，才算是真正彻底理解这个词的意义了。赵元任说，学词汇的时候，你得在句子里头来学词的用法——你要记短语、记句，这样意义才靠得住。这就是汉语字词句关系的最好概括，是中国人学习中国话的实践经验，也是"字词句直通"教学理念的理论依据。

下面再说说"字词句直通"教学法的几个要点。

第一，要选择适当的核心字。数量不要太多，但是要挑得准确。主要条件是常用，反映最重要的概念，构词能力强，组合能力强。数量该是多少呢，已经有很多研究成果可供参考了。按1985年《频率辞典》的统计，最常用的50个单音语素可以组词4185个。最常用的272个字可构词32444个，占常用词总数的57.93%，600个单音词大概可覆盖大批量的语料中的75%，近几年来语言生活绿皮书的统计结果，和50年前的情况也相去不远。据2005—2008年的绿皮书，覆盖总语料90%的字数，还不到一千（只有934—971个），覆盖99%语料的数字种只有2314—2394个。据此，我想初级汉语教材可以先编300个常用字，带上5000个常用词。中级汉语教材可以含有800字，带上1万个词。从初级到中级，经过字词的不断复现，多数学生能熟练掌握教过的600字（占高频字的75%），8000个词（占高频词的80%），听说读写就能基本过关了。台湾的院士郑锦全先生提出的"字涯八千"，看来是有道理的。也就是说，学汉语的词，8000条大体够用了。那8000条里面能用多少字呢？我想800个字应该大体够用了。但是现有的教材经得起这个验证吗？经常可以发现，最常用的字它没有，而八竿子打不着的生僻字却不少。有的是常用的读音和义项收得不全，不常用的音项和义项却又收得不少。

第二，是以字带词，选用常用字构成的常用词。例如"天"，就可以列举"天空"

sky、"天然"nature、"天老爷"God、"天气"weather、"春天、夏天、秋天、冬天"说明 season、"一天"指的是 day。他们可能要大吃一惊,学了这个四笔的字就能懂得这么多词,这个字重要,非掌握不可!可能,很快就记住了。选词的多少,可根据学习者的年龄、程度、学时、进度而定;分义项罗列,同义类的排在一起;先列透明度高的,再列透明度低的;先列已经学过的,还没有学过的可以放在一旁,加上一定的符号。一节课不能把几十条词都教完、记好,但是让他先见个面,有点印象。到后来复现时他就容易掌握了。有人问,字音字义教多了会不会造成混乱?这就要看你能否启发学生理解字义之间的关联了。

第三,用字、词组成语、句。道理和做法是一样的,学了"天",可以列举:"天底下""天老爷""天晓得""拜天地""打天下""半边天",还有:"天下第一关"(附个山海关的图,说这是万里长城的起点,绝对记得牢)、"天字第一号"(说明:天子就是皇帝),还有许多成句的:"天下无难事,只怕有心人""天外有天,山外有山""上有天堂、下有苏杭""天时不如地利,地利不如人和"等等。这样,就不只学了字词句,还知道了不少中国文化。从前有个练习题:"下雨天留客天天留人不留",这是训练标点符号用法、训练语法断句的。不同的停顿和标点可以编出完全不同意思的句子来。

第四,由词、语、句组成课文,一课之内或几课之后,可以用学过的词语组成意义连贯的谚语、情境对话、小故事、歌谣、韵语、打油诗等,久经流传的格言、警句如"三人行必有我师""海内存知己,天涯若比邻",以及文字浅显的古诗如"床前明月光""游子身上衣"等也可以作为课文编进去。这样的课文必能达到复现生字、熟练词语、重复句型、增加趣味等效果。刚才有个同学说,要调动他们的兴趣,很对。没有趣味的课文,不是逛商店、到银行,便是进公园、过海关,千篇一律的"情境会话",一问一答,这样的课文只能是枯燥无味的。其实,那些日常生活应用的会话,只要走一趟两趟就学会了,大可不必用宝贵的课时来进行训练。

第五,我提倡制作"字词句直通"语料库、数据库。可以按照初、中、高三级去编,安排适量的字、词、语,严格按照使用频率排列字音、字义以及词的义项和用法,每个字能带什么词,每个词能带什么语,都详细地罗列出来。句型也要经过严格的挑选和排序,把常用的例句罗列出来。这样,把你要教的字一点,就带出一系列的词、语、句来供你选用。有了一个好用的数据库,即使没有合适的教材,只要有合格的老师,也可以编出合用的教材。走出国门的汉语教学,面对的是不同国家、各种语言环境、不同年龄、不同职业、不同文化程度的学习者,有老年人为了消遣,有专业工程师为了来留学,有想学几句口头语、应付来华旅游的,有家长怕孩子忘本、成为香蕉人,找个家庭教师来做单兵训练的。针对各种不同的对象,更需要执教的老师因时因地、随机应变地编出不同的教材。现在不少单位都在制作语料库、数据库,耗资不少,效果不大,而且彼此相互保密,很难投入使用,这是很值得关注的问题。

这里的PPT,有一些我和我的学生试着编的学习卡片和课文,大家看看图片就明白了,就不细说了。

现在让我来概括一下"字词句直通"教学法的优越性。

第一,字词句直通最能体现汉语的特征。不论是母语教育或对外汉语教育都应该按照汉语的特点去教汉语,这是它们的共性。如上所述,汉语的特点就是由字造词,由词造句。但是母语教育和对外汉语教育的对象不同,前者有母语习得的语感,后者没有,因此在教学中就要用不同的方法,这是它们不同的个性。母语教育的中小学生可以靠母语习得的语感扩词、造词。外国留学生没有语感,他们只能通过学习词汇时"拆词、猜词"去分析字义和字义之间的关系,通过大量的课堂练习和课外阅读去培养语感。总之,原理是相同的,方法则是有别的。

第二,字词句直通能抓住字词句之间的关系,教给学生析词、组词、拆词、猜词的方法,这是"授人以渔",使得学生懂得按照汉语的构造规律去掌握汉语的字词句,这是教学方法的重大改革。因为这样做,就可以把学生的被动学习转变为主动学习,被动模仿变成主动思考,被动接受变成主动开发,使学习者从受动的客体变为能动的主体。做到既传授了语言知识,培养了言语能力,还能开发思维能力和学习语言的能力。是不是一举多得啊?这些年来,每年都会涌现大批新词语,也有专家及时地编出许多新词新语词典,试问你们买过了多少本?查过多少次?见到未曾见过的新词,你是怎么对付的?还不是先用拆字辨义的办法去猜,然后联系上下文去核实词义的吗?"烂尾楼",可能是有头无尾、盖了一半的楼,"生猛海鲜"大概就是:鱼虾不但是活的,而且还能生蹦活跳。这两个粤语词进入普通话成了新词,其实官话里本来就早有"半拉子工程"和"(水煮)活鱼"的说法了。

第三,字词句直通能大大地加强词汇教学并带动语法训练。你说第二语言的学习,学什么最重要?语音、词汇、语法,三者之中哪一样最重要?你学外语时如何体会?看来最重要的是掌握词汇。因为语音系统是封闭的,语音组合的规律是有限的,就那么几条,汉语的声韵调,几天就可以学会了。语法也是封闭式的,规律也不太多,汉语的语法更加灵活,硬性规定的更少。而词汇是开放的,是无穷无尽的,是不断地变化的。词汇掌握少了,你根本就开不了口,组不成句,寸步难行。如果掌握了大量的词汇,语法不熟练,造句造错了也没关系,基本上能使人理解。语音读不准,问题也不大。不论是中国人学外语,还是外国人学汉语,都是一样的道理。词汇是学语言的基础,教第二语言应该千方百计地扩大学生的词汇量,加强词汇教学。这应该是没有争议的。

任何语言都有数以万计的词汇,学习第二语言的词汇,如果是一个一个地学,那就叫少慢差费,如果能整类学、批量地学,效果就不同了。如果总要有老师领着学,也快不了,只有启发学生主动自觉地学,科学地学,才能大幅度地提高学习效率,这是自不待言的。字词句直通教学法就是为了追求这样的目标而形成的设想。

我就先讲这些,大家有什么问题欢迎提出来讨论。

提问:李老师,我想问一下,您说的语料库建设,是让我们这些学对外汉语的年轻人自己编写,还是搜集已有的语料,经过一番挑选?

李如龙:我想语料库建设是个庞大的工程,具体工作很多。一是科学研究,先要做好制作语料库的设计。我有几个博士生正在做,逐字考察有多少读音、多少义项,组成多少词,有哪些组合能力,然后按照重要性分级排队,提取各种属性,就可以制作字词语的生成网络。句型有多少要另外做,口语的句型跟书面语的句型有什么不同?二者也得按常用度加以分级罗列。这里有定性、定量的研究,也有已有语料的整理。还有一种是文本语料的搜集和加工,比如说儿歌、童谣、古诗、历史故事、人物故事、风土民情,搜集那些简短易懂、思想健康、生动有趣的,必要时可以加工修改。我记得周有光先生,在将近100岁的时候就提出来,希望编写一套不超过1000个常用字的小故事。把中国的历史、文化、名人、山川,用简明生动的语言介绍给世界各国初识汉字的人阅读。这话说过十几年了,好像到现在也还没有人编出来。我多年前去新加坡时,教育部官员来座谈时就说过,中国的学问家、作家那么多,为什么不多编一些普及读物,让初识汉字的华裔能读懂?以前编的大多太深了,看不懂。此外,就词汇说,还可以编"义类库"。天文、地理、时间、方位、动植物等等详细分类罗列,这是《尔雅》以来词汇学的区分义类的传统;还有口语词库也很需要,外国人听不懂的口语词没地方查;成语库、谚语库、格言引用语库也要建立起来。

提问:现在中国小学生用的课本,那里面的文章都是用的常用词吧?

李如龙:不见得,有的也不见得都是常用的。因为现在编教材的人,跟计量研究的人是不搭界的,你做你的,我做我的。我做出来的东西,还不想拿给你用,宁可封存在抽屉里,给上级报个结题,几十万到手,就完了。所以这个都是问题。现有的小学课本,不见得就能字词句直通,有些课文不合适。这几年来,小学语文教学的课改大纲,又强调起"思想文化素质"的教育了,有的专家甚至把"字词句教学"作为"工具论"来批判,真是莫名其妙!还有,孩子的思维能力跟大人的语言的类推能力也有不同。小学课本可以供取材之用,但不能作为对外汉语教学编课本的主要依据。

提问:李老师您好!刚才我听您说,在初级汉语教学中,不必太强调汉外对比。但是,到中高级汉语教学会出现很多偏误,老师如果会做些汉外对比,岂不是更好?还有到了中级教学还可以使用字词句直通的方法吗?

李如龙:我不是一概反对语言的对比研究,对比研究对二语教学肯定有很大的作用。但是这个研究是拿给导师看的,不能够直接编进教材。而且就初级教材来讲,只能指出那些最重要的特征,最基本的不同点。比如,有的语言是宾语放在动词前面,汉语是放在动词后,这就是最基本的语法差异。我的意思是说,不能拿对比语言学来当饭吃。尤其是入门训练时,千万不要滥用。我还反对在初级教材里出现许多语法术语,最好都不要用语法术语。至于中级的教材、高级的教材,你要培养翻译中文的能手,那当然就要深入地讲解,"了"有多少种用法,动词和介词有什么不同,这还是很重要的。各种句型怎样扩大,怎样紧缩,怎么变换,到了中级高级阶段都得教。

我想强调，在初级教学中，一定要严格地遵循这样的理念，在适当的范围内把常用的字吃透。让他们有生成词句的能力，而不是鹦鹉学舌式的语言训练。到了中级阶段，当然还得考虑其他一些教学方法。现在教外国人学汉语，"成活率"有没有20%？100个人来学汉语，最后能够学有所成的，有20%就不得了，大多数都只是闹着玩而已，有的见到那么难，就打退堂鼓了。但是你的初级训练如果能遵循科学的方法，体现汉语的特征，让学生觉得不难学，很有趣，学了几天，就能掌握许多词汇，他就有继续学习下去的兴趣，"成活率"就可能提高。教材不好，教学法不好，会把人家给吓跑的。初级班教学得法是最重要的。今天晚上我讲的着重点就在这里。

提问：李先生，您好！想问一个问题。我特别赞成您刚才说的"以字带词"的方法，是很好的，在教学中运用，肯定会有好效果。用字组词，由具体到抽象也很好。但是，有些惯用语、成语、俗语、古诗，是在一定的历史背景中形成的，也有一些是神话故事，这对于初学者来说，是很难理解的，老师要逐条做解释，会不会把讲汉语变成了讲故事的一节课？

李如龙：我想有些东西是拿来吊胃口用的。例如教唐诗，列个把例子就行了，不能贪多。"床前明月光，疑是地上霜。举头望明月，低头思故乡。"教这20个字，只是让他知道中国1000多年前，有这么一个诗人，解释一下"疑"就是"怀疑"，"举头"现在也叫"抬头"；最重要的点题，就是说这个诗为什么受到世世代代人的欢迎？因为它引起全世界不分民族、不同肤色的人的"通感"：故乡是永远与明月相联系的，因为最早见到明月一定是在故乡。教几个字，用时不多，可能引起他对中国文化的崇敬。还有，可顺便说说，许多语词一千年来并没有变化（明月、地上、低头、故乡），让他们了解汉语的另一种个性。谚语和成语呢，就作为一种辣椒、调味品，在适当地方装进去，也不能太多。文化教学在20世纪80年代提出来后，有些人有点走火入魔，在留学生中高级班作为必修课，讲了许多中国的官职名称、科举制度、改朝换代，中华5000年文明史你讲得完吗？文化的内容应该选择最必要的，语言浅显的，有张力的那些，不宜过多，就像盐一样，放多了不行，咸死了；都不放盐，那菜也不能吃，汤也淡而无味。也不要总是"今天上街去，这个多少钱？天安门怎么走？地铁多少站？"那种乏味的教材和训练，我想是不会成功的。

提问：李老师，您好！您刚才所提到的字词句的教学法是以字为基础，然后扩词、造句。是不是要再设计一个汉字部首的教学。如果加上部首教程的话，会不会增加教师教的负担，和学生学的负担呢？

李如龙：我赞同用部首教学，掌握汉字的部首是很重要的。因为汉字有百分之八九十是形声字，大多数的部首可以表示义类，教部首对识字有用。我和几位博士生编了一套教材，前面用五课教拼音和汉字的基础知识，包括笔画和常用的部首。最常用、最简单的偏旁部首可以先教他10—20个，费时不多，收效不小。教过100个生字，可以把同偏旁部首的抽出来复习、测试，有时把同音和不同音的偏旁分开练习（如清、青/晴、情/精静倩靓)等,这样,又分散,又集中,就会有好效果。偏旁部首是汉字字形结构的重要特征,教学汉字不教偏旁部首行吗? 问题是还得分别重要和不重要的,常用和不常用的,不要胡子眉毛一把抓,贪多求大,造成繁琐。

提问:老师您好! 您刚才说词语要相呼应,押韵更便于诵读,我还想到了现在非常流行的听歌学汉语。但是选歌是一个大问题。汉办的示范课选了《北京欢迎你》,我觉得对于初级学生不是特别可取,因为主要是主持人在唱,外国留学生只是哼着,有点模糊不清。但是如果选用儿歌教成年人,可能也会不太合适。所以我想能不能自己选取比较有中国风味的,或者比较动感的,再加上自己改编的歌词,比较能押韵的,您觉得有没有可行性?

李如龙:我想可以。我有一些文章,讨论对外汉语的基础教材建设的,我主张要多样性,不要单调。课文应该采取多样的内容和形式,有韵文、有散文、有对话、有讲故事、有历史的、有现实的、有中国的、有外国的、有自然界的、有社会的,什么都有,歌词也不排除,也可以通过唱歌来教。除了提供一些样品,还应该鼓励老师创造多样化的教材,他们有教学经验,知道给什么样的学生最好的东西是什么。现在跟过去汉语教学不一样,以往来华留学生都是二三十岁的大学生,成年的,智商很高的,家里钱很多的,平民百姓来不了。走出国门的汉语教学,学生有老的,有小的,有非常繁忙的年轻人,有的退休了他也要学。要适应各种各样的不同的教学对象,教材就应该是非常多样的。专门编给学前儿童学的,也应该有识字卡片,一天教三个字,一下子掌握了几十个词了,我看不错。那么老年人你就给他一点文史的知识,他有这方面的兴趣,老年人比较喜欢了解历史。所以应该因地制宜,因人制宜,编制多样性的教材。这个是我的一个想法。

提问:刚才谈到由字生词,这是个很好的想法,比如学了牛,扩展出公牛、母牛、牛肉等等,但是如果花了半个小时,跟学生讲,两个字可以生成一片词,实际上有些词是不常用的,这会不会是一种浪费。

李如龙:这在我们的教材里是这样来解决的,有的课文是着重于词汇,有的课文是着重于句子,有对话,有情节,有人物,包括描述性的、叙述性的课文,就是说,课文的设计也是多样化的。比方有一课集中讲与牛有关的事,除了有"黄牛、水牛、牛肉、牛毛"等词语,还可以拿这些词语编个小故事,讲个小道理。总之,教几个生字,带出一批生词,编成一篇与之相关的课文。不是说你每教一个生字,都要带出一大串词语,那不行。东西太多,特别是那些生僻的字词,他吃不了,你只能兜着走。

提问:教授您好! 您讲到要把口头语和书面语区别开来,以前有一个观点,说学英语最好是读一下莎士比亚的原著,莎士比亚的作品是用中古的英语来写的,有很多古词语。在我们汉语教学中,如果口头语的比重大于书面语,学生就能够与中国人在现实生活中更好地交流。但是他们在阅读中可能会遇到书面语的问题,怎么办? 第二个问题是您对网络语言提得比较少,我们的教科书一般都落后于现实生活,对于网络语言您觉得我们应该在教科书占多大的比重？谢谢。

李如龙：我建议你们想一想，来华学汉语学得最好的加拿大的大山，他的经验是什么？他说了很多大白话——现代的北京口语，也有不少成语——古代汉语，他做到"两条腿走路"，学得见效了。你如果天天都只有大白话不行，有时也要加一些用得很准确的成语。所以我一再强调，教外国人学汉语，当然口语最重要，有了口语才能交际，但即使是初级的教学也要教一点书面语，因为现代汉语的口语里就有书面语，一旦接触了阅读，书面语、古语就来了，所以要适当地提醒，这话口语怎么说、书面语怎么说。你们不要忘了，汉语的特征之一就在于书面语和口语的区别很大。全世界这类语言，头一号是汉语，第二号是日语。日语之所以书口分道扬镳，其来源也是汉语，因为他们早在隋唐时期，就来长安学汉语，而且学得很精到。

所以应该两条腿走路，不能只教口语，不教书面语。那么口语教什么呢？教现成的，定型的、常用的。我们的网络发展得很快，眼下的网络语言，我觉得许多是不定型的，泥沙俱下，虽然也有生动活泼的，都是能经得起历史考验的并不多，要经过大浪淘沙，才能把有价值的保留下来。进入教科书的语言，我想还是要定型的。网络语言虽然说有上亿的网民在用，同一个词也未必大家都用。每年流行的网络语，就那么几十条，过两年，有的就烟消云散了。所以我不主张有很多的网络语言进入我们的教材。可是那些经常说的大白话，书面语很少写进去的口语词儿，什么"那哪儿成啊；怎么着啊；没门儿；您说到哪儿去了"，这些挂在嘴上说的话，你不教他就不懂，相声听不来，小品也听不来。教一些可以提高他的口语交际能力。所以我一直想编一部现代汉语的口语辞典，直到现在还没有一本像样的口语辞典。因为13亿人口中，有10亿人是说官话方言的，他们的口语跟普通话的口语八九不离十，他们不觉得需要，可是南方人不行啊，为什么赵本山的小品在香港吃不开？侯宝林的相声也吃不开？香港人听不懂，里面有很多大白话他听不懂。没有一本像样的口语辞典，吃亏的不但是南方人，还有外国人。因为口语和书面语不同，许多口语不会写进书里。这几年，我先后有两位博士生在研究汉语的口语，做起来很难。首先是语料不足，《现代汉语词典》就不太愿意多收口语词，语料库的建设还没有见到大成效；研究现代汉语的专家也对口语词汇的研究不太感兴趣。这也是编不出好的口语词典的原因之一。

主持人：由于时间的关系，今天的讲座就到此结束了。我希望大家再次以热烈的掌声对李教授的精彩的讲座表示感谢，也感谢各位同学的热情支持，我们也希望李教授能够常来苏州，再来人大，让我们有更多的机会与您交流，向您学习。谢谢！

（本文为2010年11月20日在中国人民大学国际学院（苏州研究院）的演讲。感谢听讲座的同学根据录音整理了初稿，并寄给我校订。）

对外汉语教学的文学导入

一、语言是艺术创造和科学创造的结晶

爱德华·萨丕尔在 20 世级 90 年前写下的《语言论》里有一段语言的赞美诗:"语言是人类精神所创化的最有意义的最伟大的事业——一个完成的形式,能表达一切可以交流的经验。这个形式可以受到个人的无穷的改变而不丧失它的清晰的轮廓;并且它也像一切艺术一样,不断地使自身改造。语言是我们所知的最硕大、最广博的艺术,是世世代代无意识地创造出来的、无名氏的作品,像山岳一样伟大。"①

语言确实是人类最伟大的创造。它作为思维认知的工具和交际表达的凭借,是帮助人类从动物界分化出来,逐步走向光明的永恒的动力。语言的这种永恒的动力来自何方?萨丕尔这段话告诉我们,一方面是"个人的无穷改变",也就是他所说的"艺术的表达是非常有个性的……个人表达的可能性是无限的",换言之,这就是个体的艺术创造。另一方面则是"世世代代无意识的创造"。他又说:"科学的真理不是个人的,根本不会被表达他的特殊的语言媒介所污染……科学表达的正当媒介是一般化了的语言。"②换言之,这就是群体的科学整合,在无数人的交际实践中把各种个人的艺术创造整合成大家都能接受的结构体系。

萨丕尔的说法和索绪尔的"言语—语言"并不矛盾。言语是个人的无穷的创造和变异,语言是集体约定的共同的习惯。

人类的思维认知大致有艺术性的和科学性的两大类,语言、言语、艺术、科学之间的关系如下所示:

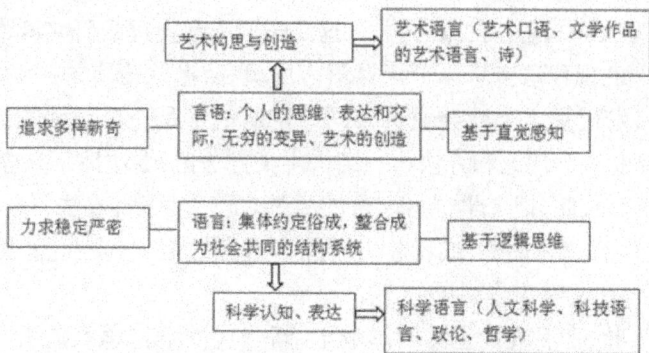

---

① 爱德华·萨丕尔.语言论(陆卓元译,陆志韦校订).北京:商务印书馆,1964:136.
② 爱德华·萨丕尔.语言论(陆卓元译,陆志韦校订).北京:商务印书馆,1964:138.

　　然而,言语变异、艺术语言和语言系统、科学语言之间并不是断然切分的两个部分,而是建立在共同的底座之上,彼此交叉,并且是相互依存、相互转化的。就其源头而论,都是来自社会生活的口语交际,就其发展的顶峰——诗学和哲学而论却又走到一块了。

　　艺术思维使语言得到发散、延伸和提炼,美化其肌肤,丰富其色彩;科学思维则使语言形成法则、得到规范,强化其骨骼,疏通其血脉。

　　艺术思维和科学思维是推动语言发展的双轮。文学是言语的创造,语言的艺术;语言是文学的载体(萨丕尔称为"媒介"),思维的成果。由此可见,语言是人类艺术思维和科学思维的结晶。

二、语言研究和文学研究的分分合合

　　不同民族、不同地域的人类群体,都在古远的年代就创造出了自己的语言和文学。这两个伟大的创造,神奇地记录了人类历史上的艺术和科学的思维成果。这个历史过程漫长而曲折,成果丰富而多彩,实在是人类文明演进的原动力。

　　然而关于语言和文学的研究却是后起的事,而且到现在还在研究道路上走得歪歪扭扭,并没有把它看清楚,也还没有完全说明白。人类依靠语言的认知,科学地探讨了不尽的太空的奥秘,分析了物质内部极细小的结构,对于时空和声光也可作出微末的切分,然而对自己的伟大创造物——语言和文学,由于它过于庞大而悠远、深邃而细微、抽象而复杂,反倒难以看清楚、说明白。

　　不论是东方还是西方,古典语文学都是把语言、文字和文学当成一回事来研究的。因为有了文字的载体,有声语言才得到记录,从而超越了时空的局限,锤炼成文学作品(包括早先就有的口头语的和后来的书面语),成为人类最重要的精神食粮和思想寄托。在漫长的历史过程中,语言和文学在社会生活里是浑然一体的。社会发展,时代变了,语言更新,文字改写,文学也不断有了新的创造。于是后代学者,为了了解前代人的语言、文字和文学,建立了"语文学",这是东西方都走过的研究道路。

　　20 世纪兴起的现代语言学为了探寻语言的奥秘,抛除语言的一切外在联系,"就语言研究语言",发现了这个社会成员共同约定的语言是一个奇妙的结构系统,创建了人文科学研究的一套理论和方法——结构主义方法论,专注地研究静态的共时平面的语言结构系统。从此,把文学视为语言的身外之物。后来,效法了语言学的结构主义,文学也跟着有了"本体论",或者着力于探索自身的结构;或者把"诗学"凌驾语言和思维之上;或者把文学当作话语的文本。

　　20 世纪下半叶,在后现代主义的影响下,新一代的语言学家提出,语言系统源于变异的口语,而且必须接受文学的加工和提炼,于是形成了社会语言学、应用语言学、文化语言学、话语语言学、语用学等新学科,文学家也回头关注其文学文本的话语结构,于是,语言和文学的种种复杂关系,又重新引起了把其他学科的学者们的关注。应该说,语言学、文艺学的这次"由内及外"的转变,并非简单的对于原先的"由外及内"的否定,也不是简单地向古典语文学的回归,而是新的阶段上的提升。语言和言语的相依存,语言和文学的相关联,本来就是客观存在的事实原状。然而自合而分,由动入静,似乎还容易见效;如今要由内到外,探知语言和文学之间的种种关系,显然还会产生许多新的困惑,这就是摆在语言学家和文学家面前的新课题。

三、语文教育中的语言和文学

语言是协调社会生活的纽带,又是文化传承的链条。学语言、用语言是社会生活维持沟通和延续传统的需要。关于语言的教育和训练,不论中外都起源很早。在中国,孔夫子开设的"六艺",就有言语科。古时候的语言教育都是和经学、文学教育相结合的,教的是圣人的名言和文人雅士们所写的关于为人处世、建功立业的诗文。在我国漫长的封建社会里,启蒙时有《三字经》《百家姓》《千字文》《弟子规》《千家诗》,中高级则有《古文观止》《四书五经》,无非是透过文学、经学的言语作品("经史子集")去掌握其中所表达的语言。民国之后,现代语文教育逐渐从文言文教学转变为白话文教学,课程名称从"国文"改为"国语"和"语文",大多没有脱离文学课文为主体,加上阅读、写作的框架,后来又有语言、词汇、语法知识的介绍和练习。按照叶圣陶、吕叔湘的说法,"语文"的"语"就是口头语言,"文"就是书面语言。语文课的重点应该在于培养听说读写能力的语言训练。

在对外汉语教育方面,早期东方邻国的汉语教育所采用的教科书,为了在原本照搬汉语蒙学教材和经学、文学读物(如日本),还改用以会话形式编成的汉字读本。如元代高丽人用的大都话课本《老乞大》《朴事通》,明清之后日本使用的《亚细亚言语集》,琉球人学南方官话用的《官话问答便语》等等。

19世纪之后传教士来华学汉语、研究汉语、教汉语,应用汉语及其方言传教。开始用现代语言学的观点和方法分析现代汉语,编写汉语课本。早期影响最大的英人威妥玛的《语言自迩集》,就是根据当时北京官话编成的系统介绍语音系统、汉字部首和大量口语词汇、短语,并用"问答谈论"等会话形式进行口语训练的教材。

现代西方的应用语言学一开始就是建立在结构主义语言学的理论基础之上的,尤其是第二语言教学往往用的是语法翻译分析法,语言的教学和语言学的教学还没有明显的区分。后来吸取了社会语言学、文化语言学的一些观点,逐渐重视言语情境和应用,对语言教育进行改造,关于母语教育和第二语言教学的差异,自发的语言习得和有计划地语言教学的差异,口语训练和书面语训练的差异,尤其是异文化背景下的第二语言教育等等,都有许多前所未有的探讨。对于教与学的过程中的种种现象和问题,也进行了过细的考察和研究;关于教育学、心理学和语言学在语言训练中的综合运用,也取得了可贵的成果。然而,相对而言,对于和语言关系最为密切的文学,则显然关注不够。编选课文时文学作品少了,言语表达中的文学趣味的培养和训练也少了,大量训练内容都是不同情境下的对话,强调系统语法的掌握,教材和练习都显得枯燥无味。应该说,在理论研究领域,语言学和文艺学分道扬镳的现象正在发生变化。文学理论关于文学的艺术分析正在更多地关注文本中的话语。而在语言教育方面,语言学和文学的合作就明显滞后了。

四、对外汉语教学必须有文学导入

学会几百句现代汉语的口语,大概可以勉强对付在中国旅游往来,办些短期汉语学习班让那些只想浅尝辄止的外国人学得简易而快速,这也是一种社会需要。然而这样学汉语,很快就会遇到口语和书面语的差异,有时就会寸步难行。汉语的书面语和口语差异大,口语里又随时会插入文言词,这就是汉语的重要特点之一。一见面就是"贵姓、贵校、贵庚"。口语早已说"吃、走",但是"食、行"并没有退出历史舞台:"食堂、食物、食欲、食疗、食谱、粮食、素食、蚕食、绝食,行人、行动、行驶、行装、行为、通行、进行、执行、推行"还挂在嘴里说。"之前,然后"这几个颇带文言味的书面语,近年来成了举国上下的青年人的口头禅。来华留学生说几句普通话还不太难,要听懂不同人说的话,看懂街上各式各样的广告,读懂书报上的书面语,写出哪怕是一小段文章,就不那么容易了。语法的教学,就算语法点的分解十分科学,训练用力也很勤,但是汉语的语法是灵活多变的,有些语词的组合还不好用语法规则来解释,为什么"遭灾、受灾、遭受灾害"都能说,"遭灾害、受灾害、遭受灾"就不说? 有些同样的字词在口语和书面语是不同的组合,含义也不同。例如"把门看好"和"涨势看好","大好形势"和"病大好了"。看来,靠语法规则去学语言并非正道。正如赵元任所说:得要"在句子里学词的用法""用很少的词把基本的语法反复地练习"[①]。例如"好"的用法,就要拿带着"好人、人好、好看、看好、好大、大好、好好说、说的好好的"等各种组合的句子,作为练习。

书面语的训练,最好的方法是大量阅读文学作品,这是各国二语教育的共同经验。背例句、课堂组句练习也是有效的教学方法,但是远不能代替广泛的阅读。因为句型训练只有分析的科学性,没有综合的文学性。文学作品中有各种不同的情境,不同的语用需要和表达方式,不但句型多样、用词讲究,而且妙趣横生,既有吸引力,也便于记忆。

文学作品不但有书面语体的,也有口语体的,不但白话作品可用做教材,文言文也有可用的。应该广泛挑选民歌、童谣、故事、传说、小说、散文乃至古典诗词,分别进入初级、中级和高级教材。这些文学作品可以是散文,也可以是阅读课或写作课的模本。时下的对外汉语教材,大半都内容单薄、形式单一,训练方式单调。不论是精读或泛读的课文,都应该选入不同时代的不同流派、不同风格的作家所写的不同体裁和不同题

---

① 赵元任.语言问题.北京:商务印书馆,1997:159.

材的作品,只有这样才能组成多样的内容和形式。这是许多专家经常提倡的加强对外汉语教材的趣味性的根本。只有多样,才能多彩,才能生动有趣。在世界上众多语言之中,汉语自有独特类型,不论是东方人或西方人,学习这种类型的语言,加上难懂的汉字,本来就很难。真正要学好,除了少数语言天才,非有多年的努力不可。对于一般学习者来说,如果教材都是些枯燥无味的词句组合,教法则沿着"科学结构分析"的路子走到底,乘兴而来的学习者,不是望而却步,便是索然无味,于是就半途而废,这已经是司空见惯的了。

不仅如此,文学导入,包括文言文导入,还是充实对外汉语教学的文化内容的重要举措。我国是世界少有的典籍大国,中华文化的深厚积淀首先就储存于古今文学名著之中。2000 多年前就有"三人行必有吾师""三思而后行""温故而知新""学而不厌,诲人不倦"的至理名言;1000 多年前就有"欲穷千里目,更上一层楼""举头望明月,低头思故乡""海内存知己,天涯若比邻"的优美诗句,如果能够让外国学生读懂它,谁能不为之折服? 正是这类作品,既突显了汉语的独特风格,又能体现人类思维的共同境界,有的发人深思,有的引人入胜,有的耐人寻味,优秀的的文学作品,为什么不能作为对外汉语教学的好教材?

不论是初级班或高级班,文学导入都是不可少的。各类文学作品有短有长、有易有难、有浅有深,有口语,有书面语。丰富的资源,完全可以按照不同的教材的要求,量身定做,随意剪裁,以切合不同的教学需要。看来,多读范文、美文、短文是值得提倡的。各类读物可以分门别类编成袖珍本,也可以做成图文并茂、声像兼有的小册子,信手拈来,在地铁车厢里或饭后睡前,都可随时翻阅和欣赏。通过大量阅读掌握第二语言,这是一种综合性绿色食疗,就像山羊翻遍千山、尝遍百草,必能四肢精壮。如今的许多教学设计,有如西医的定性分析和定量配给,无异乎提炼成各种维生素,制成各种片片丸丸。这种"合理"的"补药",真能使人身强体壮吗? 汉语的组织风格本来就是综合的,形音义组合成字,字句组合成篇章,一字常有多义,一词可以多用,一句可以多解,一个意思则可采取多种句型来表达。遣词造句,不论是开口说还是下笔写,总是以意为先,讲究上下文连通,对答得体,气势通畅,并不依靠各种形态手段来分词、完句,标示不同的语法关系。这种"综合"的语言(或可称"意合"的语言,和西方学者所说的Synthetic Language 正相反),就是特别适合用综合(意合)的教学法,多读、多听,记熟了必要的例句,就能顿悟。无论是"的"还是"了",分成了若干个义项,列举了种种组合方式,设下各种限制,罗列了诸多差误,初学者真能循着这些规定好的训练科目,用种种"分析"方法去学会它? 赵元任说,"那是另外一种功课,不是学外国语言的功课,乃是语言学的功课。"[1]

---

① 赵元任.语言问题.北京:商务印书馆,1997:159.

五、对外汉语教学如何导入文学

汉语的教学在中国已有上千年的历史,古代教语文就是语言文学揉在一起的。中国古代文论,都是结合汉语的特征说的,其中就不乏精到的理论。诗是文学的结晶,古时的启蒙教材大多编成韵文,朗朗上口,便于记忆,诵读之后,经久不忘。现今的教材,韵文极少,在对外汉语教材中几乎绝迹。这不能不说是抛弃了精华,误入歧途。关于诗,锺嵘《诗品》的兴、比、赋"三义"说("文已尽而意有余""因物喻志""直书其事,寓言写物"),1500年来,一直是诗学圭臬,实是放之四海而皆准的理论。关于文,刘勰的《文心雕龙》,鲁迅曾与亚里斯多德的《诗学》相提并论,称之"解析神质,包举洪纤,开源发流,为世楷式。"(穆克宏 郭丹,1996:265)这本1500年前的世界名著,在《章句》篇说:"人之立言,因字而生句,积句而成章,积章而成篇。篇之彪炳,章无疵也,章之明靡,句无玷也,句之精英,字不妄也。振本而末从,知一而万毕矣。"(穆克宏 郭丹)这就是对汉语的文学表达方法的最贴切说法。《风骨》篇说:"结言端直,则文骨成焉;意气骏爽,则文风清焉""练于骨者,析辞必精;深乎风者,述情必显。"(同上,穆克宏等,1996:275)则是文学语言艺术评论的最高典范。这些精彩的理论都可以拿来作为编写汉语教材、教授中文的艺术鉴赏和写作的指导思想。后世的诗话、词话、文通、文说,可谓汗牛充栋,可惜这些汉语文学语言提炼出来的珍宝,如今都被束之高阁,只有少数文论学者去玩赏,和汉语教学无缘。近百年来,汉语的研究者在继承文化遗产的同时,也引进了域外的理论,建立汉语修辞学。从文言到白话、从书面语到穆克宏 郭丹篇章,不可说不努力,称得上是论著丰硕。后来还有关于风格学、语体学的研究,也出现了大批成果。可惜的是这些本土的研究成果也成了摆设,很少拿来为对外汉语教学所用。不论是古代的巨匠或是现代的名家,自家人研究自家的语言文学的传统和成果,竟然都置之不顾,年复一年,紧跟国外第二语言教学的新理论、新方法,亦步亦趋,就语言教语言,视文学为分外事,这种做法难道不值得我们反思吗?

诚然,语言文学是一条长河,社会生活更是瞬息万变,学语作文,听说读写,在新的时代也应该有新的要求。传统的经验也必须经过认真的甄别,取其精华,弃其糟粕;他山之石,也有不少可以"攻玉"的。现代应用语言学的许多有益经验,诸如强调口语交际训练,重视语境的适应,考察言语的变异,分析句式的语用功能,采取现代的教学手段等,都是应该拿来为我们所用的。只有古今贯通,中西结合,与时俱进,才能真正了解我们的语言文化的历史和现状,并为它的传承和传播作出更大的贡献。

就对外汉语教学而论,在文学导入上,有些课题很值得深入研究。以下提出四个问题来讨论:

第一,在编写教材时,应该选用哪类作品?既要有高度的文学价值,又要能切合现代生活的需要,数量则要有适当比例。包括口语方面的谚语、歌谣、快板、说唱、民歌,书面语的成语、寓言、故事、神话、传说、古今诗词、散文名篇、名人语录,等等。对于不同母语、不同程度的学习者,在不同的学习阶段,这类文学素材哪些是合用的,哪些不合用,选编的原则是什么,很值得全面研究。编选之后,有的可以作为范文精读,有的可以作为辅助读物或写作练习参考。选文的形式应该尽量短小精练,有的古诗文要用现代口语加以改编,配上录音、录像和插图动漫。必要时在教学参考中可以有字词说解、作者介绍、修辞分析、文艺样式和体裁的知识提示,提供教师参考,或供学生自学。总的说,选编文学作品做课文和读物,应该以短小精悍为上,力求多彩多样、巧妙动人。

第二,在新编的语言教材中,也应该使课文尽量多些文学色彩。哪些固有的文学作品可以采用呢? 就值得研究。从《李有才板话》到东北小品,都有押韵的节奏对白,相声里常用的"包袱",以及古今都有的双关语,这类中国式的幽默,都可以使枯燥的对话生色,使冗长的故事增加波澜。有些古代寓言故事,可以加以改编,旧瓶装新酒。例如让愚公召开家庭会议,儿子中就可能有挖山洞穿过大山的建议,孙子里则可以有搬出大山,住到外地的好招,这样的改造不但可以去掉对旧时代作品的诟病,还能收到另一种好的效果。不但新编的课本,就是作业、练习也不妨多设计些更带文学趣味的内容。例如从前有过的题目:"下雨天留客天留人不留"十个字能造出几种句子? 不同的句子有哪些不同的内容,应该运用哪些标点符号? 这许多种句子集中地反映了汉语单音词的多功能和语法的灵活性,不也是极好的练习作业吗?

第三,关于教材中的文学篇目的教学方法和练习方法也值得专门做研究。这类篇目自身就具有文学趣味,采用多样的艺术手段表现出来,定能使教学活动生动活泼。快板、相声、山歌、童谣都可以演唱,诗歌、小说、散文可以配乐诵读,有些故事可以让学生听完录音、看完录像后加以复述或发表感想,发挥其欣赏所得,或组织学生讨论、评述,也可以模仿作文。在高级班则可以让学习者用自己的母语做翻译,从语言表达方式和文化含义上做比较。所谓"导入"就是"请君入瓮",文学导入就是带领学生经由"字、词、句、段、章、篇"的途径进入文学的境界,品赏其艺术。疏通字句就是"导",文学鉴赏才是"入"。"入"只能让学生自由行走、信马由缰,他们之中有的只能蹒跚而行,有的则能纵马驰骋。用叶圣陶的说法:"教都是为了达到用不着教……语文教材无非是例子,凭这个例子要使学生能够举一反三,练成阅读和作文的熟练技能……务必启发学生的能动性,引导他们尽可能自己去探索。"(叶圣陶,1980:152)品赏文学艺术是尤其需要能动的探索的。

第四,关于语言训练和文学导入的关系,也需要作专门的研究。既然是语言教学,关于语言的训练,自然是教学的主体。对外汉语教学最重要的是要为学生开辟一条大路,让他们坐上字词句直通车,快速地掌握听说读写的能力。文学导入就像是把路面修平拓宽,在路旁插上彩旗,种满花草,使上路的人走得快些、跑得舒坦些而又不累人。文学导入也不宜喧宾夺主,还没有认清字词句铺成的路,就急着发挥文学想象;也不宜堆砌了大量的文学作品,使学生喘不过气来。除非学习者就是冲着中国文学来、欲求深造的,那是另当别论。近些年来,在强调异文化的条件之下,提倡教外国人学汉语要关注文化差异,于是有的就在文化上大做文章,变末为本,大讲系统的文史知识,有的还节外生枝,在异文化的比较之中不恰当地加以褒贬评判,这样做,往往不会有好的效果,这是应该引以为戒的。

参考文献:

[1]爱德华·萨丕尔.语言论(陆卓元译,陆志韦校订).北京:商务印书馆,1964.

[2]赵元任.语言问题.北京:商务印书馆,1997.

[3]穆克宏,郭丹.魏晋南北朝文论全编.南京:江苏教育出版社,1996.

[4]叶圣陶.叶圣陶语文教育论集.北京:教育科学出版社,1980.

(本文曾刊于《华文教学与研究》2010年第2期。)

论对外汉语的阅读教学

1978 年初,刚刚结束 10 年动乱之后,吕叔湘先生在《人民日报》发表了一篇短文批评当时的语文教学说:"10 年的时间,2700 多课时,用来学习本国语文,却是大多数不过关,岂非咄咄怪事!"接着又说:"少数语文水平较好的学生,你要问他的经验,异口同声说是得益于课外看书。"[①]这说明了,课外阅读确实是可以补充课堂教学的缺陷。课外阅读是学生的主动学习,所以尽管课堂教学差,也总有少数学生能获得较好的语文水平。30 多年过去了,在母语教育,语文教学水平应该有了提高。可是,就对外汉语教学来说,长期以来,对于阅读教学的忽视,严重影响了外国人学习汉语的效果,这不能不说是一个值得注意的问题。本文想就此谈谈几点想法,求正于行内的专家。

一、阅读教学在对外汉语教学中的重要意义

眼下对外汉语教学进行了多少阅读指导,效果如何,尚待做一番调查研究。但就一般的课程设计和老师的教学实践说,阅读并未引起重视,这是行内的朋友们普遍有同感的。不重视阅读教学,首先就因为对阅读教学的重要意义认识不足,所以并未认真探索,也没有开展有效的研究。

阅读教学在对外汉语教学中的重要意义可以从三个方面去理解。

1.在听说读写中,读有多方面的功能

二语教学的目标在于培养听说读写的能力。这四种能力中,听和读是输入,是吸收知识,接受信息。但听只能接受语音形式所表达的内容,读既可以接受语音形式(拼音读物),也可以接受文字、图表所负载的信息。有了录音传播手段之后,听也可以远程接受,但总有限制,读的范围则不受时空限制,可以纵贯古今、横跨四海,连数千年前记录的文字,哪怕语言已经死亡,也可以考订和破译。说和写是输出,是应用,是创造。"说"往往是即兴的、即时的,未经仔细思索,可能说得断断续续,杂乱无章;先写好稿子读出来,则可以说得更有条理、有吸引力,节省时间,又提高效率。读别人的文章还可以接收信息,汲取知识,起到传递、教习、鼓动等作用。"听"多了有助于培养"说"的能力;"读"多了更是有利于提高"说"的质量,并培养"写"的能力。历来所说的"读破万卷书,下笔如有神"不是没有道理的。据此,听说读写的相互作用可用下图来表示:

---

①吕叔湘.吕叔湘论语文教学.济南:山东教育出版社,1987:67.

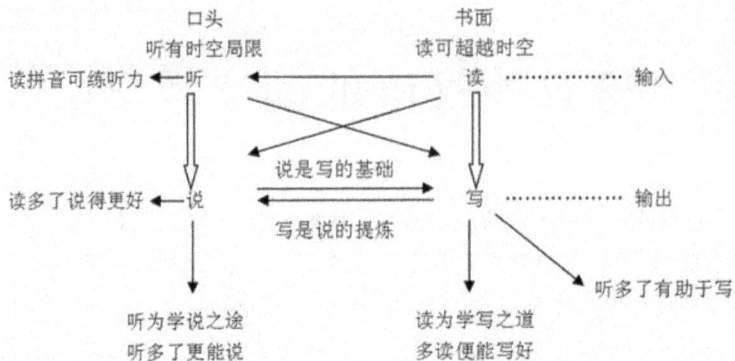

从听、说、读、写的转换训练和容量说,也是"读"的作用大。练习听写只是从语音到文字的转换,"听、说"之后有"写"的实践,可以加强口语表达能力的训练,但是这两项都只是局部的训练。"读"的内容有口语、有书面语,有古文、有今文,"读、写"训练才是全方位的表达训练。"读"后"写"不但可以缩写、扩写,还可以练习写作。"读"的训练可以有朗读、默读、精读、泛读、速读、略读;散文可以朗诵,韵文可以吟唱。"读"的过程不但能学到语言知识和表达能力,还可以得到科学思维的训练和文学艺术的欣赏。可见,对于学习语言来说,"听"只是入门,读才能登堂、入室。认真地抓住"读"的教学环节,是提高二语教学的效率和质量的重要措施。

2.从培养语感说,读的全方位训练也是最佳途径

和母语教育相对而言,二语教学的学习者缺少语感或完全没有语感,就是最大的缺陷。这种先天不足如果不能迅速地用后天训练来补足,就会成为二语学习的致命伤。接受母语教育的儿童,入学时语音方面早已过关(只是方言地区的学生还得纠正方音),也已经掌握了不少日常生活的词汇,有的还在幼儿园或在家里学得一些汉字。这些已有的语感,经过语文课的听、说、读、写训练是很容易"发酵"的。从感性积累变为理性知识,从零散的感知变为系统的知识,这就是从语感到语文能力的发酵过程。二语学习者没有语感,就是没有"酵母"。"酵母"(语感)只能是进入教学班后才开始获取,获取的快慢、多少,决定着"发酵"的迟早和效果。

二语学习者获得语感有三种途径:一是老师在课堂教学中通过讲授和练习所进行的有意培养,主要是老师"说",学生"听"以及课堂上的会话练习。二是直接到社区去"听、说"。来华留学生走出校门听到的多半是南腔北调、芜杂粗糙的口语,在短暂、零散的随机对话中,很难得到良好的训练。但是在没有语言环境的国外,就连这样的渠道都没有。三是阅读,当然也应该包括声像读物或收听、收看媒体的节目。这个渠道从内容到形式都是复杂多样的,很难选择到便于掌握语感的初阶会话读物。因此,有足够数量、可供各种需求选用的读物(含有声的)就成了初学者迅速获得第二语言语感的关键。眼下来华留学生除了薄薄的课本,虽然也有各种读物出售,但是不是篇幅太长,内容太深,就是形式单调,不配套,可供选择的品种不多,能向国外发行的更少。

一下课,接触本地人的机会太少,在境外学习的人,只是靠小薄本的课本,更是不具备迅速建立语感的条件。

3．从可持续发展说,阅读是更重要的二语习得的途径

语感的建立不只是初学时期的要求,中期之后依然有逐步扩大和提高的需要。语言是随着时代的发展而不断变化的,语感的获得也必须与时俱进。二语习得要达到与时俱进、应用自如,决不能单靠有限的课堂教学训练,还必须有长期坚持的阅读,才能得到持续发展。离开课堂后的继续学习,最好是进入第二语言的交际圈,如果没有这样的条件(例如生活在境外),最重要的途径也就是阅读。阅读是随时随地可以自主安排的,茶余饭后的浏览,入睡前的休憩,火车、电车上的短暂时间,在马路上步行时看招牌、广告的瞬间,都可以用来阅读。因此,汉语作为第二语言的教育、传播,为了可持续发展,编印题材广泛的,分为不同层次的、不同形式的读物,是一个艰巨的长期任务。英语的国际传播在这方面的许多做法很值得我们借鉴,例如用通俗的现代语言改写、缩写历史上的文学名著,新编的人物、历史故事,反映民族文化特征的通俗读物(包括民间文学、戏曲、武术、饮食文化等),各种人文学科的通论、通史的简编本,各个行业基本知识和最新动态的介绍,新时代的新词语、新术语小词典等等,都会是深受外国读者欢迎的读物。我们不能把汉语的国际传播理解为只是在国内外设立教学班,办办展览会,开开讲座。我们还应该想到:用汉语言文字编写的大量读物,能够在国际上广泛散播之时,就是汉语和中华文化走向世界之日。

二、汉语二语习得在阅读教学上的特殊困难

和其他语言相比,汉语二语习得在阅读上有更多的困难,造成这些困难的正是汉语异于其他语言的特殊性。这些特殊性包括:

1．汉字的障碍

汉字是世界上至今尚存的表意为主的古老文字。采用拼音文字的语言,掌握了数量不多的拼音字母和并不太复杂的拼写法,就能拼读语词;只要掌握音义之间的关系,就能辨识词语;了解了语法规则,就能通读全文。而汉字则表音度差,虽然大多数汉字有"声符",但是声符表音很不准确。周有光先生曾做过统计,不计声调,声符的有效表音率只有39%,含声调的表音率只有17%(周有光,2004:302,306),难怪靠"形声"字去"有边读边,无边读上下",经常出差错。即使是表音度好的(如:青、清、蜻、鲭),声符本身也既多而杂,一符多音(青、情、请、菁)、一音多字(情、晴、氰、擎),在词语里,一字多音(亲:亲人,亲家)和一字多义(清:清水、清理、清官、清朝)都很常见。至于汉字的形体,虽然也可以举例说明若干"造字原则",但因历史太长,变化很大,大多已经很难说解清楚。可见,说汉字可以"望文生义",也多是靠不住的。西方人学汉语时,通过汉语拼音学口语很快,通过汉字读书面文本,则难免望而生畏。即使是使用过汉字,如今还在学、还在用的日本、韩国,许多字的字形、读音和意义也和汉语不同,要学

好,难度也不小。

2.字词无界

西方语言的拼音文字是按词连写的,现代汉语的拼音读物大多分词连写,也提供了阅读的方便。但汉字读物则仍是逐字分写,词与词之间无从划界,加以缺乏形态标志,字词之间、词语之间、语句之间的语义关系也很难一目了然。"下雨天留客天留人不留"的笑话就是抽去了标点和停顿造成的。"咬死猎人的狗"可以读成不同结构的句子,便成了歧义句。这种情况对于已经有了语感的中国人来说并不会造成普遍的问题,对于西方人就会寸步难行,尤其是书面语中的长句子,常常都断不开。至于阅读无标点的古文就更是无从下手了。面对这种情况,也有学者提议过,汉字书写的书面语也实行分词连写,但是因为习惯的势力难以冲破,实施办法也不易设计,所以响应的少,难以落实。现在看来,汉语二语习得的读物很需要有足够的拼音读物引路。初、中级课本最好是先"全文注音",再减少为"难字注音";不注拼音的,不妨也试试先"分词连写",待到建立了语感之后,在高级读物中再恢复按字分写的老办法,与社会应用接轨。阅读课本如何有计划地从注拼音到注汉字逐步过渡,是个需要专门研究的课题。

3.书口分离

和许多外国语相比,汉语的书面语和口头语的差别很大,这是公认的事实。在古汉语,文言文和早期白话判然有别,自不待言,即使是现代汉语,口头语和书面语的差异也是相当明显的。二语习得一般都从学习口语开始,掌握一种语言最大的用途也在于口语的应用——听和说,因为运用口语是每个人的生活需要,而和书面语打交道则只是部分人或每人的部分时间里的活动。二语教育都从口语训练入手,并以传习口语为主要任务,这是无可争议的。在汉语,与书口分离并存的另一个事实是书口的交流。由于早先的文言文典籍十分丰富,表达艺术又很高超,书面语里袭用了大量的文言成分,并且也逐渐传入口头语。例如:"莫"是古代汉语,现在已经说"不要、别",但是"莫不是、莫非、莫须有、莫名其妙"也早已加入了口语的行列。书面语说"虽、虽然",口语里也在说"虽说、虽说是"。有些常用字是书口兼用的,有语感的本国人都知道:"口袋、口吃、口杯、口角、口水、口重、口味、口是心非"是口语,"口碑、口授、口述、口占、口谕、口蜜腹剑"则是书面语;"高粱、高汤、高手、高兴"是口语,"高见、高洁、高就、高亢、高雅"则是书面语。区分专用的书面语词汇和口语词汇,对于缺乏语感的二语学习者并不容易,因而在阅读写作中就会造成困难。留学生中把书面语套用于口语,是经常可见的。而对外汉语的口语教学中极少有区分书面语和口头语的内容和提示,到了读写阶段,问题就暴露出来了。

4.字词活用

汉语的字,往往越是常用就义项越多,用法越活。不但有古义、今义、本义、引申义、比喻义,还有语法上兼类带来的不同含义。例如"好",读为上声的在《现汉》就有15个义项,各有形容词、副词的多种用法;古时表示"女性美"的原始义还没有包括在内;读为去声的用作动词。"儿化"后还可以当名词(带个好儿);"好多"可以是"副 + 形"的词组,可以是疑问代词(几多),还可以用作数词(好多人、好几人)。这样的字词组合,既无形态标志,又无词界的分写,阅读中,要从字与字的结合中去区别其不同含义,对于以汉语为母语的中国人来说,是需要许多年月的实践才能适应的,对于无母语语感的外国人来说,就不是那么容易的事儿了。

在句子中,字与词用作句子成分时,其意义和位置也是灵活多变的。"他人好/他是个好人/他好人一个"结构不同,意义十分相近;"好人/大好人/老好人"结构相同,意思却有明显差别。"日子好过/肚子好过"结构相同,意思有别;"你的成绩好过他/你现在日子好过了"结构不同,意思也大异。

可见,义项多、语法关系灵活、修辞手段多样,都是造成汉语阅读困难的原因。

此外,除了语言本体的差异之外,第二语言的读物必定还有普遍存在的文化差异,例如在表达方式上,中国文化讲究高低尊卑,不但在应答称谓上有种种尊称、谦称、贬称、蔑称,在表达上也讲究长幼、内外、亲疏,言有所讳(为亲者、贤者、智者讳),在叙事方式上习惯于循序铺陈、有始有终,在表达内容上往往重思想、道德(文以载道,诗可教化),还要反映种种自然观、社会观、家庭观、价值观。因涉及更多方面,此处不再讨论。

三、对外汉语阅读教学的设计

本节讨论以下三个问题。

1. 阅读教学的目的要求

应该说,阅读教学不是可有可无的附属物,而是课堂教学的延伸,是必不可少的教学环节,也应该有自身的目标要求。

阅读是为了使学习者广泛地接触言语实际,逐步建立语感并提高二语学习的兴趣和热情;同时,扩大词汇,巩固已经学习过的语法知识,进一步学习书面表达的写作方法。如能达到这样的目的,经过长期坚持,必能全面提高二语使用的能力。

单靠有限的课文,哪怕是千锤百炼的精品,也是一定学不好语言的,因为课文词汇有限,语法规则和语用变异也无法周全地展示,语境的适应更是受限。只有用阅读去开辟广阔天地,接触各种言语实践,才能迅速建立语感,得到全面的言语训练,提高学习动力。

语言是个完整的系统,语音、词汇、语法相互牵连,相互为用,课堂教学有相应的分项训练是必要的,但切不可把它割裂开来。阅读课文就是言语活动中语言成分根据语境和语用的需要结合起来的整体。只有通过大量阅读才能理解言语作品的整体风貌,学到语音、词汇、语法、语用相关联的表达方法。与此同理,听、说、读、写的各项语言技能,也是相关联、相制约的,也只有通过反复的朗读或默读去接触各种口语和书面语,才能全面理解语言应用和表达的方法,学到听说读写的各种技能。

阅读的要求应该按不同的程度制定,既要切合实际,也要留有余地。

初级的要求是能读懂,借助阅读课文中的注音和释义能越过文字障碍、理解全文的内容,并能读出声音。中级的要求是能用,包括能就课文作表情朗读,能完成课后的练习和作业,并能模仿课文的体式说一段话或写一段文章。高级的要求则应该能欣赏和评析课文。欣赏包括遣词造句和修辞表达、语境的适用和语用的艺术;评析包括检验文中是否有语病,分析其内容与言语表达是否相对应,并能就不同的课文做比较和评论。

阅读的要求是可以有量化标准的。这个标准可以从以下几个方面酌定:(1)阅读的速度——每分钟、每小时阅读多少页。(2)阅读理解的能力——提取主题、主要内容的准确度。(3)语音还原能力——朗读时能否连贯,有无破词断句现象。这样的标准最好不要统一规定,可以在不同的教学班,根据帮其他国家、帮其他地区的不同学员的实际情况,由教师制定。因为东西方学生接触汉字的情况不同,不同年龄和文化程度阅读能力也有差异,对长期深造班、短期快速班、专业学习的基础班也应有不同的要求。

2.阅读教学的教材建设

在合用的阅读教材奇缺的情况下,阅读教材的建设是一个很值得深入研究的课题。

阅读教材的内容越广泛越好,既有传统文化的内容,也有现实生活的写照;有日常生活的题材,也有科学、艺术、文学、政治、经济、军事等方面的信息。从作者说,应该有名家名篇,有报章时文,也有普通人士乃至青少年学生的作品。

阅读教材的形式以多样、短小为佳。从体裁说,诗歌、民歌、曲艺等韵文,故事、小说、剧本、短论等散文,都可入选。一组内容上有关联,能体现一定主题的成语、谚语、歇后语也可以编成课文。从篇幅说应尽量简短,宁可让有充裕时间的人爱不释手、接连读几篇,或一篇读几遍,也不要让人因没有足够时间读完一篇而不得已放弃。能在十分钟到半小时之内读完的短文,一定是最受欢迎的。从语言说,一定要严格按照初、中、高级的要求选用频度合适的用字、语词和句式句型。初级读物的用字、用词应尽量控制在1000个常用字和5000个常用词的范围之内,句型也不能太复杂。即使是名篇也应该根据这样的要求改写。多年前,周有光先生就提倡,多编写反映中国历史文化的通俗易懂的"千字文",以供国外汉语学习者阅读。从中既学习了语言,也能了解中国文化和现实。这个很好的建议似乎至今还未落实。从品种说,阅读教材也应该多样化,有小册子、小丛书,有小词典,有动漫,也应有录音带、录像带、光碟等声像读物。

第二语言教学总是要有专门组织的教学班,有精心设计的基本教材,但是一定要认识到,供教学班用的基本教材只是入门时的几级初步的台阶。要登堂、入室,还得仰赖大量的读物,领着穿过庭院和厢庑。只靠几个薄薄的课本就能学好一种语言,这是不切实际的空想。即使是基本过关,具备初步的听说读写能力之后,也要依靠大量的阅读进一步提升。阅读的课本应该是基本课本的几倍、数十倍。然而眼下我们编写教材的人都把眼睛盯住基础教材,数量更加庞大的阅读教材则少有人问津,着力不够,也缺乏深入的研究,这是应该引起关注的。

任何一种语言都是一湾深邃的大海,尤其是像汉语这样的历史悠久、使用人口众多、分布地域广阔、社会生活复杂多样的语言,现实生活的言语交际变化万千,方言差异层出不穷,历史积淀的文献浩瀚无穷,作为第二语言,要学好它,谈何容易!在我看来,进教学班学汉语,仅仅是老师指导下的学员的一种"热身"活动。老师引入门,深造靠个人。个人的深造靠什么?当然最重要的是到现实的交际生活的大海中去"游泳",同时也要靠长期坚持书面阅读的"涉猎"。因此,阅读教材的建设还要着眼于教学班结束后的可持续发展,把它作为一项长期的任务。就这方面说,对外汉语阅读教材的建设真是任重而道远,我们在这万里征程上还没有迈出几步呢。

3. 阅读教学的方法

阅读教学可以分为读前指导、朗读练习、读后交流、阅读测试四个环节。读前指导应由老师说明阅读的目的要求,介绍所推荐的读物的内容和特点,交代阅读的方法;朗读练习先要集中过语音关,从读准字音到流利朗读,再到表情朗诵;读后交流是读和说的转换,可有长文短说、短文长说、发表读后感、欣赏评论等练习方式;测试是在一定阶段检查阅读的效果,可采取填写问卷及说一说、写一写等方式。

通常把阅读分为精读和泛读,这是有道理的,精读的只是少数经典性的范文,应该要求全面掌握其读音、词汇、语法和修辞方式。可以要求抄写,既熟悉内容,又练习写字,最好能背诵。熟能生巧,往后总有用得着的地方。所谓"用得着"不一定是原文照引,有时只是某个用语或表达方式、观察事物的方法的吸收。泛读的目的在于训练阅读的速度,可以让阅读者自己计时考核,老师可以按照相近程度平均速度确定速读的指标——每小时读多少页?每篇读多少时间?但是读后必须有简单的记录:这篇课文说些什么?有何价值?这就把读和写结合起来了。所作记录是否合适,也是考核测试的内容。

声像读物的语音表达一般都比较规范,并具有一定艺术性。好的声像读物可供学习者模仿练习,如朗诵诗歌、讲故事、打快板等等。

阅读教学要有好的效果,最重要的是区分不同的程度、选用合适的教材。深浅、难易适度才能保护阅读的积极性。一定要由浅入深、由易及难。阅读教材可以分为必读篇目和自选篇目,教师应备有足够的可供选择的篇目语料库。这在今天已非难事。

阅读教学要不要设立专门的课程,如何安排课程,可以讨论。实践告诉我们,不设课程,泛泛发动,只能广种薄收,造成语言能力两极分化。阅读课可以安排在初级班的末尾和中级班的开头,课时不一定多,教师只是启发引导,可选取不同程度的学员做示范,老师加以评讲。主要时间让学生在课上朗读、默读、速读、摘要、复述、评论、写读后感。也可以分别组织时事综合讨论、文学鉴赏、古诗文朗读、故事会、辩论会等课堂活动,就某一个专题让学习者阅读和讨论。总之,一定要强调以学生为主体、以学生为中心,从读入手,带动听、说、写,这样才能得到语言能力的全面训练。在训练过程中,强者得到展示的机会,弱者也得到学习的启发,这就达到了互教互学的效果。

阅读课的设置还应根据二语学习者的组成制定特殊的方案。来自不同国家的学员有不同的文化背景和需求;来自不同行业的学员有不同的爱好;不同年龄段的学员的兴趣和关注内容也截然不同。组织得好可以取长补短,共同提高,组织得不好则容易因互不关联而索然无味。多数教学班来自不同地区、不同职业,年龄上也有差异,可以选择一些共同关心的课题,分头读一些文章(包括有不同看法的文章),在集体活动中复述其内容,评价其观点,发表不同见解,例如关于环境问题、人口问题、婚姻和家庭,经济与政治,文化教育的作用等等,都是很好的主题。

四、对外汉语阅读教学的国别化

提出对外汉语国别化方向,主要是针对汉语作为第二语言教学的课堂转移这个基本事实。以前的对外汉语教学班主要在国内,是为来华留学生开设的。能够来华学汉语的只是各国少数成年人中的精英。如今在许多国家兴起的学汉语的热潮中,在境外入学的汉语学习者数十倍翻番,学员既有入孔子学院、孔子学堂的,也有在大中小学里的学生。还有大量华裔为了使儿孙留住母语的根,从小就送他们参加各种班的学习。

为了适应这样的新形势,汉语二语教学就得着重于如何适应不同国家的实际情况和条件,开展有效的教学。

课堂转移后汉语二语教学最重要的差别是什么? 我想最重要的有如下几条:

1. 在所在国教汉语缺乏汉语的语言环境,不像来华留学生可以上街、下乡到老百姓中间去听去说,在招牌、报刊中去练习读写。

2. 难得有机会组织专学汉语的正规化的教学班。孔子学院的汉语学习者不是第二外语的学习者,便是各种短期班乃至家庭、公司自设的辅导班的学员。

3. 在母语环境中作为外国语来学,母语的干扰十分严重,能否贯彻"语言对比"的精神编好、用好有针对性的教材,成为突出的问题。

4. 在本国固有文化环境中,异文化的差异也显得更加突出。

对外汉语阅读教学要适应课堂转移,贯彻国别化的要求,下列各点是应该明确的。

第一,要增大阅读教材的量,比基本教材多 10 倍也不过分,因为学习者只有大量接触阅读教材才能逐步建立语感。教学班的时间有限,而阅读教材可以在任何时间里自主安排,只要编得好,能适应当地需求,必能取得比教学班大得多的时间投入。

第二,编选阅读教材不能再守着"天安门、北海公园"这类题材和背景,而应该更多地转移到所在国,让他们知道本地风物、历史事件、古今人物,乃至社会生活的各个层面,用汉语如何称说,如何表述。当然,关于中国的事物,尤其是中国和所在国的地理上、历史上的种种关联也是应该编入教材的。至于两种语言之间的对比,分清语音、词汇、语法上的差异,在阅读中处理好这种差异,异处多学、同处从略,还有两种文化的差异,和基本教材的编写一样,也是必须多加关注、认真处理的。

第三,鉴于在国外的汉语教学班课时少、师资短缺的情况,阅读课本更应该作为自学课本去编。注音释义都应该更加详细,附有更多的练习,配备更多的声像制品,练习题不妨在课本后面附上答案。测试方面也可以采用自测的办法。

第四,阅读教材不应该限于与基本教材配套,专供教学班应用,也应该兼顾社会上的需求,编写通用性读物。事实上,生活在境外的数千万华裔,包括先前学过汉语甚至还完好地保存着汉语母语的人,也是很难得到用现代标准汉语编写的读物。我在新加坡开会时就听教育部官员说过,华文中学的学生很难找到课余的华文读物,从中国购来的读物大多太长太深,根本不合用。

第五,由于阅读教材题材广泛,数量浩大,编写过程中更应考虑与所在国的国情相适应,要适应当地语文政策和教育政策,要有适当的历史观和社会观,注意尊重当地的宗教信仰和风俗习惯,为此,应该提倡中国学者和当地学者联合编写阅读教材。

中国的崛起正在逐渐引起世界的注目,随着经济实力的展示,中国的国际地位正在提高,汉语国际教育和传播的事业正在迅速发展,这是展示中国文化软实力的最好时机。正是因为阅读教材在汉语国际教育中占有重要的地位,我们应该把对外汉语阅读教材的编制和教学提到发挥中国文化软实力的高度,把这项工作做得更好。

参考文献:

[1]李晓琪主编. 对外汉语阅读与写作教学研究. 北京:商务印书馆,2006.

[2]吕叔湘. 吕叔湘论语文教学. 济南:山东教育出版社,1987.

[3]孟繁杰,陈璠. 对外汉语阅读教学法. 厦门:厦门大学出版社,2006.

[4]赵金铭主编. 对外汉语教学概论. 北京:商务印书馆,2004.

[5]周小兵等. 汉语阅读教学理论与方法. 北京:北京大学出版社,2008.

[6]周有光. 周有光语言学论文集. 北京:商务印书馆,2004.

(本文曾刊于《国际汉语学报》2012 年第 1 期。)

华文教学的基本字集中教学法刍议

中国现行的对外汉语教学(或称华文教育)的基本模式是从西方引进的。半个世纪以来,西方兴起的应用语言学可谓波澜壮阔,一浪高过一浪,新理论和新方法层出不穷,什么600句、900句,情境教学法、意念教学法,接二连三,令人目不暇接。这些理论和方法是许多不同学科的专家们研究出来的,也经过教学工作者实践过,确实各有独到之处,也各有适用的场合。应该说,是值得我们借鉴的。然而如果我们只是一味地"紧跟",亦步亦趋,并不认真地去总结自己的实践经验,不想想这些方法并非唯一正确的灵丹妙药(如果是唯一正确的,也用不着过几年就更替一次了),也不愿意想想老祖宗的传统方法还有没有可取之处,恐怕这些洋方法也是学不好、用不好的。

西方现代语言学的基本观念一是重语言、轻文字,认为文字只是记录语言的符号;二是重口头语、轻书面语,认为书面语只是口头语的派生。这两种基本观念从方向上说并无不妥,语言教育自应着重于语言训练,外国人学汉语,甚至可以完全撇开汉字和书面语,专门训练口语。然而语言的训练也并非只有一条路可走,既可以从语音和口头语入手,而后掌握文字和书面语,也可以从文字和书面语入手去掌握语音和口语。犹如登山,既可以从正面上,也可以从背面上。如果有的外国人想着重训练阅读和利用汗牛充栋的中国古籍,尤其是日本学生已经掌握了不少汉字,对他们来说从背面登山可能还是一条捷径呢。

汉语有两个基本特点是谁都不能否认的,也是我们研究汉语教学法的时候不能不考虑的。第一,汉语的书面语和口头语差别很大,汉语的书面语不但典籍多,而且书面语的词汇、句型和表达手段一向都大量地、不断地向口头语输送;反之,大白话里的许多成分却难于写入书面语。第二,汉字对汉语来说并不是单纯的、消极的书写符号,而是形、音、义三者的统一体,绝大多数的字就是一个语素,汉字具有部分的语言功能。正由于有这两个基本特点,中国古来的启蒙教育总是先识字后读书,由文字及语言,从书面语再回到口头语。尽管这种旧式的教学法也可以数出许多不合理的地方来,诸如字形繁难,字义多样,字音无从捉摸,因而难于入门;重文轻语,导致言文脱节;十年寒窗,皓首也未能穷经,还束缚人的自由思想等等。但也不能否认,中国历史上也有过神童,出现过群星灿烂的文豪和科学家,数千年之中,文人们也创造过震惊世界的文明。况且五四以来,现代汉语的书面语的建设已经取得辉煌的成就,并且在各个方面取代了文言文的统治地位。书面语和口语的严重脱节已经有了根本的变化。可见,回头看看传统的语文训练,想想其中有什么可供参考的方法,这绝不是无稽之谈。

本文正是从汉语汉字的基本特点出发,参考了传统的启蒙教育方法和近一个世纪以来新学的各种试验成果,提出了"基本字集中教学法"的设想。许多事实使我们相信,这种教学法在华文教育中不但是可行的,做得好的话可能还更加有效。

基本字集中教学法就是先集中教学最常用的基本字的字形及主要读音和主要义项,使学生掌握组字成词、理解词义的自学方法,而后通过大量拼读、认读以扩大词汇量,从而提高听说读写的整体水平。

为什么要先集中识字呢?因为汉语的词都是由字组成的,大多数字义和组成复音词后的语素义是一致的。例如"工人"是"做工的人","农民"是"务农之民",尤其是成年人学习时,更可以利用汉字和汉语的这种奇妙关系,"望文生义",无师自通,由少量已经认识的字推知大量未曾学过的词。

在谈到小学六年"以文带字"才完成3000字的教学时,许嘉璐先生说:"由于受到识字量的限制,要说的话无法用文字表达出来……已经形成的语言和思维能力……得不到有效的提高——还受到了抑制,错过了一个人语言和思维发展的最好时机。"([4],许,1999:137)对于思维能力更加成熟的成年人来说,集中识字,及早提高阅读能力,比起儿童时代的启蒙教育,显然有更加重要的意义。

什么是"基本字"呢?基本字就是最常用的和构词能力最强的字。汉字总量多达数万,其实常用的只有3000左右。据《现代汉语频率词典》①,在180万字的统计材料中,最常用的汉字的字数及其累计出现次数和累计频率如下表:

最常用字	累计出现次数	累计频率
前300字	1251263次	69.2%
前500字	1442176次	79.76%
前1000字	1651994次	91.36%

据上书,最常用字的构词能力简直令人难以置信:用100个构词能力最强的字可以构成13928个词。最常用的字往往构成最常用的词,越是常用词,单音词越多:

高频词　　　　其中单音词　　　　所占比例
前300个　　　231个　　　　　　77%

认得一个字,至少就掌握了一个单音词。认得几个单音语素,就可以推出一大批多音词来,何乐而不为呢?

不但字的频度差距大,词的频度差距也很大,在教学中也应该贯彻"常用先学"的原则。仍据上引书,在生活口语的4000个高频词中,前300个高频词的出现频率累计达69.04%。

可见,掌握了一批最常用的字,就可以掌握大批常用的单音词和多音词。

越常用的字往往异读越多,义项也多,常见音和生僻音,常见义和生僻义的频度也是很不相同的。教常用的基本字不能只教一音一义,也不能把所有的音义都教全,而

---

①北京语言学院出版社,1986.

应该先选教其中的常见音和常用义。

常用字所能造出来的词数量极大。如上文所列前 100 个高频字可以造词近 14000 个。在通过常用字认识常用字所构成的词语中也只能先选教其中的常用词。

例如,在构词能力最强的头 20 个常用字中,可以选出 60 个常用词:

人:大人　小人　工人　生人　气人　无人　头人

气:天气　小气　水气　大气　人气　生气　手气

心:一心　小心　人心　手心　地心　无心

头:人头　心头　气头　手头　工头　头发

生:人生　小生　一生　天生　发生　花生

色:水色　天色　一色　气色　花色

地:大地　心地　工地　天地　生地

工:小工　人工　手工　天工　民工

手:人手　生手　一手

花:心花　水花　天花

子:头子　天子　小子

水:生水　天水　大水

然而,我们现行的教材是否贯彻了"常用先学"的原则呢? 据李镗统计,小学课本的课文总共有 10 多万字,但 1500 个常用字还漏收了百余个(北京版 154 个,人教版 113 个)。如果就生字表统计,3500 个常用字只出现了 2248 个(人教版)和 2079 个(北京版)。(李镗,2000)可见编教材的人并未严格贯彻"常用先学"的原则,也并未重视利用汉字频率统计的研究成果。

集中教学基本字并不是不要教拼音,而应该穿插着教拼音,使学生能自己拼读生字,全面掌握字的音、形、义。以往教学拼音时不教汉字,单词只能一个个学,掌握拼音和常用词都需要大量的时间。如果先教汉字并同时掌握拼音,把字的形、音、义三者联系起来,则可以在较短时间内成批地掌握词汇。

目前的对外汉语教学往往把教学汉字视若畏途,迟迟不教汉字,又把汉语拼音的教学时间拖得太长,往往使学生厌烦。先教常用字,其字形一般都比较简单,易学而有趣。按一般经验,即使是西方的学生,刚开始教学汉字时,除了另有成见,学到了先前陌生的文字,总是因为有一种成就感而兴奋不已。如果能用基本字集中教学法,使他们迅速学到大量常用字和常用词,作为初学者,他们的学习积极性一定可以保持下来。

为了学好基本字,在教材编写和教学方法上也要有许多配套措施。最好用基本字编成句子短、内容有趣而又朗朗上口的韵文,加注拼音,使学生能读能唱。此外,还应编些生动有趣的短文,供学生以字推词,进行认读练习。

基本字的教学可以按 100 个高频词、300 个高频词和 1000 个高频词分为三个教学阶段,每升一级都同时复习前段学习内容,配有生字表、基本课文、阅读课文。每个阶段有一个测试标准,并且编成学生可以自测的材料,让学生自学自测。

　　1997 年,在总结几十年来全国各地开展的 21 种识字教学法时,对于识字教学这一语文教育的永恒课题,郝家杰曾做过三条总结性的结论:"快速高效是现时代识字教学改革的突出特点。""完善体系是新世纪对识字教学的呼唤。""科学化是识字教学实验的内在需求。"(郝家杰,1997)基本字集中教学法正是瞄准了"快速高效"这个目标,以字词的频度为科学根据而提出来的,体现了汉字与汉语的特殊关系。要落实这一套识字教学法,自然还需要重新编制一个教学大纲,按照字、词的常用音义以及组合能力,重新编制常用字、词的频度表,编写一套准确而适当的教材,包括基本教材,教学参考书,学生自学读物。然后还要在试验班里开展教学试验。完全可以相信,只要有认真的态度和科学的精神,一定可以摸索出一套科学而有效的教学方法来。

参考文献:

[1]北京语音学院语音教学研究所编著.现代汉语频率词典.北京语音学院出版
　　社,1986.

[2]郝家杰.人民教育:1997.6.

[3]李镗.中小学语文课文字词分布统计及应用价值.语言文字应用,2000(3).

[4]许嘉璐.语言文字学及其应用研究.广州:广东教育出版社,1999.

　　(本文曾刊于《海外华文教育》2001 年第 2 期。)

文白之异与汉语教学

一、文白之异是汉语的重要特征

本文所说的文白之异指的是书面语和口头语的差异。文与白也用来指称文言与白话,文言文是古代的书面语,白话文是现代的书面语,但是,古代也有口头语,可称为"古白话";现代也有口头语,只好称为"新白话"了。文白之异有时也用来称说字音的文读和白读之分,普通话和许多方言,有些字有两种或多种读音,一般说来,作为书面语词呼读的音是文读音,口语词里说的音是白读音。在方言里,文读音比较接近古今通语的音,白读音则是方言口语中经过变异的土音。不同的方言,有文白异读的字和词,有的多、有的少,范围各不相同。不同时期形成的方言词,有不同的文白读,常常又反映了方言发展过程中的不同语音历史层次。可见,这两种文与白和本文所说的文白有些关系,但是又有许多不同。

在语文教育中,书面语和口头语有时也简称为"语—文"之别。语文课的"语"和"文",本来就是指的口头语和书面语,语文课就是进行口头听说和书面读写训练的课。在国外,"汉语"一般指口语,"中文"则指书面语,和这种说法相近。但是,书面语、口语都是"语",语文课的"文"又牵连到"文章、文学、文化",因而书面语和口头语之异一般不说成"语—文"之异。

有文字的语言就有书面语,书面语的交际功能、交际场景、交际手段和口头语都不一样。书面语多半是背靠背的、借助文本、超越时空的传播;口头语则是面对面的、借助声响所作的现场的口耳传递。为了适应交际的场景、功能和手段的不同需要,各种语言的书面语和口头语在遣词造句和语音处理、语用表达上都会有所不同。在语音处理上,书面语主要是讲究节奏和韵律,口头语还要有音响和语调的处理。在词句的组织上,书面语力求行文精练、内容有蕴含;口头语则侧重于让人能很快听明白。在语用表达上,书面语讲究内容典雅、语言规范;口头语则务求听得愉快、便于迅速反馈。正因为如此,学习任何语言都得分别进行书面语和口头语的训练,掌握听、说、读、写四种本领。

然而,书面语和口头语在一些语言差异大,有些语言则差异较小。汉语就是属于差别大的。请看:

夜半歌声——半夜里唱的歌;

写于深夜里——下半夜写的;

勿忘国耻——别忘了国家的耻辱;

海内存知己,天涯若比邻——天底下要是有知心的人在,虽然远在天边,也会像是就在身旁。

从这几个例子可以看到,汉语的书面语讲究简练,好用文言成分,少用虚词,用词和句式都和口语有明显差别。

汉语的书面语和口头语差异大,最重要的原因,在于汉语采用了表意的汉字。由于汉字表音不力、结构复杂、书写繁难,使用汉字记录的书面语和口耳交流的口头语就逐渐分道扬镳了,在使用中已经沿着不同的道路演变了数千年了,经过了长期的加工提炼,形成了各自的词汇、语法和表达系统。

汉语从3000年前就采用方块汉字作为书面记录形式。最初出现的汉字,多是象形和表意(指事、会意)的,后来的"假借"字因为造成同音字太多,没有得到发展。再后来出现的形声字,表义的形旁类别不多、表义太粗,声旁的表音也不细、不准。而且,造字之后,语音多变、字形稳定,造成了字形和字音的更大分离。所以,汉代定型的"隶变",成了表意为主的文字系统。《说文解字》收字8000多,汉字的规模大体上就定局了,虽然形声字占到80%以上,表音度还是很差。由于受到音节数的限制,先秦单音词占优势的局面不利于大规模扩展词汇,汉代兴起了利用表意汉字合成双音词,果然为词汇的扩展开辟了一条宽广的道路,汉字的表意性质便为汉语的发展做出了重大贡献。这是汉语和汉字相结合千年之后达成的新的和谐。于是,最常用的单音词和双音合成词,构成了汉语词汇系统的雄厚基础,为汉语的书面语表达提供了广阔的空间。汉唐之后1000多年间,两万多个汉字及其不断滋生的多音合成词,用来构筑种种书面语,包括诗词歌赋和议论记叙,可谓畅通无阻。经过世世代代的文人学士的加工提炼,所构筑的"经、史、子、集",成了一道精神文化的万里长城。但是,由于汉字的不利表音和形体结构的繁难,在古代社会,能够识文断字的只是少数的上层人物,书面语也就成了统治者发布文告、施行教化,文人学士们舞文弄墨的专利品。平民百姓的口语则沿着自己固有的轨道世代相承、不断发展。根据社会生活的需要,不断创造新的表达方式,经过戏曲、说唱、故事、传说等民间文学的锤炼,也形成了一套丰富多彩的表达体系。虽然书面语有时也会落入口语,口语也会被一些文人引进书面语,但是二者之间毕竟有很大的区别:创造者不同,表达的内容有别,使用的方式("写"和"说")也各异,确实是形成了不同的发展道路。说书面语和口头语创造了"两种不同的民族文化",并非完全没有道理。不论是拿唐诗宋词、唐宋八大家的散文和敦煌变文做比较,或者拿明清政论、散文和通俗小说做比较,都可以看到,这数百年间的书面语和口头语就像是长江和黄河一样各自形成了系列。"五四"新文化运动的数十年间,文言和白话的对抗和论争,就是这两个系统抢占擂台的过程。

可见,至少到"五四"运动时期,书面语和口头语的分道扬镳是汉语和汉字发展史所决定的汉语的重要特征。

二、文白之异的特征尚需深入研究

然而,汉语的文白之异这个特征在"五四"以前是一直就没有引起关注并开展相关的研究的。就像长江黄河各行其道,清者自清,浊者自浊。传统"小学"作为经学的附庸,只研究古典文献,不论是字音还是字义,只是为了诠释古代传下来的书面语词和句式,帮助后代的人读懂古代经典。口语的发展演变向来是自生自灭,学者们总认为是低俗的、不登大雅之堂的,因而不屑一顾。关于口头语和书面语有什么不同,在古代语文学的时代是不可能有像样的研究的。"五四"新文化运动为白话文鸣锣开道,借助着宋元白话的艺术成就和普通话的群众基础,经过20年的反复拉锯,白话终于取代文言,站住了脚跟。在宋元白话文的基础上,在持续数十年之久的"国语运动"中,一批新的语文学家提倡"我手写我口",编写崭新的语文课本,在少年儿童中传习,吸收了现代普通话口语词汇和语法,加进少量欧化句式和文言成分,在一大批现代文学巨匠的共同努力之下,到了20世纪30年代,很快就建成了现代白话文的、独具特色的书面语系统,应该说,20世纪形成的现代汉语书面语在很大程度上改善了先前的书面语和口头语的分离状态。

为了彻底摆脱文言的羁绊,解决言文分歧,使书面语口语化,借着维新运动的东风,激进的改革派从清末开始,发起了"切音字"运动,30年代又有"北拉—罗马字"运动,经过近百年的摸索,最后才发现,汉字不但是汉语的记录符号,还是汉语的结构因子——语素,罗马字拼音只能用来为汉字注音,帮助识字,用拼音字母来代替汉字是难以实现的。只要还使用汉字,保持着字义合成的构词法,维持着"目治"的习惯,书面语和口头语就不可能实现完全的趋同。在这种情况下,我们必须承认,现代汉语的书面语和口头语的差异,还将长期地存在下去,许多问题还需要进行认真的研究。关于现代汉语的书面语和口头语的差别,值得深入研究的至少有下列四项。

第一,现代汉语的书面语和口头语的差异究竟表现在哪些方面,差异的程度有多大?我们还没有做过全面深入的考察,如今还只能说是雾里观花。这个差异和历史上的文言与白话的不同并非同一件事。文言是从上古到中古的书面语积存和凝固下来的,白话先是宋元之后定型的口头通语,明清之后,随着城市文明和小说的兴起,白话形成了自己的书面形式——白话文。经过四五百年的调整和创造,由"早期白话"发展为"现代白话",才成了现代汉语书面语的基础。而就在白话文定型的过程中,口语又发生了很大的变化。想想当年水浒好汉们的对话和当代农民的口语的差别,就不难体会到这种变化。当代的书面语固然大体以当代的口语为基础,但也加入了一些文言成分、方言成分和欧化成分。从"五四"新文化运动登上历史舞台到现在,也将近100年了,已经积累了大量的文献,尽管语料库语言学已经发展起来,我们还没有把现代书面语和口头语的语料进行认真的对比研究,说清楚它们之间的差别。

现代书面语和口头语的差别主要应该是表现在词汇、语法上。我最近从北京语言学院编的《现代汉语频率词典》(1986)中略作一点抽样调查,发现这个课题还是大有可为的,问题在于没有引起重视。在该书的高频词中,我取了前100个,就"报刊政论"和"生活口语"两种语体的词频做比较,相同的高频词只有1/3(34个),另外2/3则是各不相同的,可见书面语和口头语的用词是异大于同(2∶1)。相异的部分是哪些词,还有些明显的道道:"报刊政论"的高频词中,政治概念就占了近半,例如:政治、经济、文化、工作、社会、领导、历史、建设、国家、民族、民主、同志、阶级、生产、解放等等,都是些单音词;而"生活口语"则有过半是基本动词、指代词和叹词单音词占了很大比例,例如:去、看、走、叫、到、买、想、给、吃、做、那、谁、这么、怎么、什么、这个、吧、呢、呀、啦、吗、啊。不论是共有的和有别的高频词,三类中都有十几个虚词(含副词),例如:的、了、不、就、也、着、都、又、很(共有)、没、再、把、可、别、跟、得(口语)、而、为、以、所、于、使、最(报刊)。如果再拿"分布最广的100高频词"和这两类高频词做比较,34个"共有"的它都有,此外含"口语"中的28个,"报刊"中的15个,另有与"科普"与"文学"相同的24个。从这个抽查中可以发现,最高频的(包括虚词)是各类语体共有的词,也是分布最广的词。这些高频词很有可能就是现代汉语的基本词汇,就书口之别说,口语中的基本词汇比书面语更多。

如果说,关于书面语和口头语的词汇差异,已经有了几本现代汉语的口语词典,算是有人关注了,而语法方面的书面语和口头语的比较,则还是一片荒凉。赵元任的名著冠以《北京口语语法》的书名,只能表明他提倡发掘口语中的语法现象,不主张只研究书面语的语法,事实上还没有进行书面语和口头语的不同语法特点的比较。

第二,判别书面语和口头语应该采取什么标准?制作语料库不难,辨别书面语和口头语却不容易,对此,似乎学界还没有做过深入、周密的研究。在单音词和双音词里,大多数是书口共用的,我从国家语委汉字处所编的《现代汉语常用字表》(1988)的"常用字词例"发现:来自文言的常用字构成的单双音词多为书面语,例如:之—之前、与—赠与、于—对于、无—无穷、乃—乃是、卜—占卜、乙—乙醇、仁—仁慈、义—义举、以—以免、未—未曾、击—击打;而未见于古代韵书的后起的口语新造词字及其所构成的多音词则是口头语词,例如:您、别、甩、甭、找、揣、揣摩、拽、瞧、咱、娃、娃娃、楞、妞、小妞儿、垮、垮台。至于四字格,却是比较容易判别是书面语或口头语:来自文言的成语总是书面语,口语造出的四字格有许多是叠音的、附加音缀的,加用数词组成的则文白两类都有。明显是书面语的如:以一当十、五光十色、合二而一、人仰马翻、门庭若市、义不容辞、雷霆万钧、良药苦口、名存实亡、仁至义尽。明显是口头语的如:三心二意、七零八落、接二连三、嘻嘻哈哈、点点滴滴、地地道道、三言两语、三三两两、五花八门、小恩小惠、妻儿老小、十万火急。看来,判别书口的原则也应该从调查研究的结果中归纳出来,而不能从理论上推知。有的学者曾用过社会语言学的问卷调查,实际上是语感的鉴定,这也不是不能考虑的方法,因为大多数使用汉语的人,对书面语和口头语都有明显不同的语感。

关于书面语和口头语的鉴别，更大的难点在于书面语和文言词的交叉以及口头语和方言词的交叉。

由于汉语采用表意的汉字作为书面符号，"隶变"之后的两千年来，汉字的字形没有多少变化，基本字义也是一脉相承的，所以，上古、中古的词汇经常会被现代汉语所用，成语、谚语、典故、引用语就是古语沿用于今语的通道。"阁下、光临、拜见"还要经常用于外交场合，"有朋自远方来，不亦乐乎""海内存知己，天涯若比邻"经常被引用来接待外宾。"登顶、下潜、镌刻、解读、遗存、境况、景观、滞纳"都是从文言来的，一旦需要表达，就端出来用。维权可以设"驿站"，航班可以设"经停"，网络可以加以"遮蔽"，种种"沿袭启用、改装翻新、重新创造"都会使现代书面语和文言词的界限模糊起来。另一方面，由于现代口语是在官话方言的基础上形成的，官话方言区包括了八九个分区，拥有10亿以上的人口，内部又有许多词汇和语法上的分歧。例如四川的西南官话说的"耍下子、要得、晓不得、龟儿子"，恐怕还不能说进入了普通话；山西的晋语说的"阳婆（太阳）；月明（月亮）；年时（去年）；出水（出汗）"只能说还是晋语；山东人说"扎古"，表示"打扮、治疗或修理"，"埝、埝儿、埝子"表示"地方"，管冰说"冻冻"，也只是地道的官话方言，却是连字面意思都难以理解。东北官话和普通话是最接近的了，近年来搭乘着小品的列车，东北官话的"忽悠"已经忽悠了几亿人了，而"赶趟"恐怕还没赶上趟。诚然，普通话、北京话和官话方言之间是很难找出断然的界限的，但是，区分通语与官话方言总还是一个值得研究的课题。以往的汉语方言的研究，更多关注的是东南方言和普通话的不同，关于普通话和官话方言的差异和化解的原则与方法，好像至今还没有人认真讨论过。

第三，书面语和口头语不但自身的结构特征（语音、词汇、语法）有异，也有语体风格上的不同。书面语继承前代语言多，比较稳重守旧；口头语则适应时代变迁的创新多，比较生动活泼。书面语主要是目治，注重用字规范典雅，不避生僻字；口头语讲究音响效果，多用常用字造词，不计较"有音无字"。书面语力求简洁精练，好用典、避冗余；口头语为求刺激常用铺张、描写，不避重复。书面语讲究规范，常常经过修改而定稿；口头语追求快速和易懂，常常从俗就野，旋说旋改。书面语靠咀嚼琢磨，常有言外之意；口头语可借助声响的调控和身势语言的变动另加发挥。书面语交际对象不在现场，容易脱离情境、无的放矢；口头语身临其境，有针对性，但有时难以应对自如。这些方面在中国固有的修辞学、辞章学中，曾有过许多成功的研究，新的又有语用学、话语语言学、社会语言学的探讨。除了语言学者的努力，还有许多传媒工作者和表演艺术家的共同努力，今后若能多方联手研究，必有很好的发展前景。

第四，关于现代汉语书面语和口头语的规范问题，这几年来讨论的少了。这说明在规范的问题上现在是采取了比较宽松、稳妥的政策，避免硬性地划界，这是一种进步；另一方面也说明了，在大变动的现代社会里，语言生活也在经历着强烈的激荡，现实中的问题既多又难，人们有点应接不暇了。你看，在书面语，有古语和今语的竞争；

在口头语,有通语和方言的矛盾;在网络上,还有汉语和外国语的混用。社会生活越来越复杂,变化越来越快,种种使用语言的变异,靠一本5万多条的中型《现代汉语词典》来做规范与否的裁决,显然是难以胜任的。外国人编的词典,有的采取有词必录,提供给读者自由选择;有的则是从语料库里提取常用、多用的词条来引导读者。近些年来,国家语委为社会语言生活的监控做了不少事,也提出了一些有关规范的问题,例如,新词新义问题,广告语言的问题,网络语言问题,字母词问题,义务教育、辞书建设如何服务语言规范的问题,提高中文水平的问题,有的学者甚至提出了中文(现代汉语书面语)的发展已经出现了种种"危机"。看来,调查做了不少,问题也发现了很多,关于规范问题的研究,"硬件"方面、微量方面关注得多些,如字音的审定、字形的整理、字数的权衡一直在进行;"软件"方面、宏观方面的研究,尤其是词汇、语法的规范还没有引起足够的重视,研究工作显然还不能适应现实的社会生活的需求。按理说,改革开放以来,各类辞书的编纂空前繁荣,方言调查在点上面上都有重大进展,语料库语言学也正在迅速发展,词汇、语法的规范研究,已经有了很好的条件,只是因为规模庞大、问题繁多,有关理论也相当复杂,不是少数人、投放少量时间精力就可以得到效果的。即使有了大团队,做起来也不容易,见效就更难了。

现代汉语指的是现代的通语——普通话,关于普通话的规范,1955年现代汉语规范化会议曾经有过经典的说法:以北京语音为标准音,以北方方言为基础方言,以典范的现代白话文著作为语法规范。这个结论提出了将近60年了,有些地方不过细,显得含糊,面对半个多世纪的实践,应该有更加具体化的解释:标准音应该排除哪些北京话的土音?"北方方言"和现在认定的"官话方言""晋方言"是什么关系?官话方言和晋方言的词汇不少只在局部地区使用,普通话词汇应该认定哪些官话方言词汇已经进入通语,南方方言也有少量进入通语了,是否还可以考虑让有些官话方言和南方方言词汇收进普通话的备用词库?如何着手在语料库的基础上建造这个词库?普通话的词汇规范,一般都以《现代汉语词典》为依据,在这部中型词典之外,如何来判定更大范围的用词的规范?现有词典所收的带<方>字号的词是被确认为进入普通话的方言来源词还是尚未取得规范的方言词?普通话之中有些明显是专用于口语的词,在日常生活中十分常用,但是却没有收为词目,整本《现汉》收了5万条词语,口语词只有八百条,《对外汉语词汇等级大纲》收词8872个,口语词只有160条,都占不到2%,许多口语中的常用词在词典里查不到,南方人和外国人岂不是告求无门了?这对于母语教学和对外汉语教学都是十分不利的。如果用"典范的现代白话文著作"作为语法规范,那么普通话的口语语法又应该拿什么作为规范的依据?普通话口语的词汇、语法规范,看来比起书面语的规范更难于确认,但是又是不得不想办法加以确认的,因为对内对外的汉语教育都必须有章可循。

三、文白之异与汉语教学

文白之异既然是汉语的重要特征,汉语的教学要不要针对书面语和口头语的差别采取必要的对策？这是一个很值得思考的问题。

在母语教育,历来都强调"读写训练",忽略听和说的口语教学。接受母语义务教育的少年儿童,在语言习得中已经大体学会了普通话,建立了一定的语感,入学后有老师的示范、校园语言的熏陶,在普通话普及的地方,还有家庭和社会上通行的普通话交际环境,他们的听说能力一般都可以达到基本的要求。从大学里几年来的普通话测试成绩可以看到,大多数学生稍加训练和准备,都能达到二级的要求。但是,对此我们也不能盲目乐观,应该看到一些问题。

第一,根据世纪之初教育部和国家语委所做的"中国语言文字使用情况调查",全国能使用普通话的人口比例还只有53.6%（农村则只有45%）,在那些普通话尚未普及的地方,中小学生课堂外的普通话环境就有局限,尤其是在东南方言地区和民族地区,家庭和社会上局部通行的也只是不标准的"地方普通话"。即使是官话地区,农村里的普通话也带有浓重的方言色彩。可见,完全依赖家庭和社会,让孩子学好普通话口语是不现实的。前些年,有些南方方言区的学生考到北方去,因为普通话不过关,一开口就引人发笑,为了面子只好采取"少说为佳"的策略,以致落落不群,学习、生活都受到影响,现在情况可能有些好转,但问题总还是存在的。

第二,口语训练不但是要求教好标准的普通话,还包括言语交际能力的训练,要求能自如地应对各种交际对象和场合,适应交际的内容和意图的要求。还应该包括思维能力的训练:因为口语交际必须现听、现想、现说,快速的应对就是一种最佳的思维训练。没有口语课程的专门训练,交际能力和思维能力的训练就不能落实。不少青年上了大学,发现自己的口语能力不理想,于是就订阅《演讲与口才》,参加演讲比赛和辩论会,大学将要毕业,为了升学、求职找工作,怕面试过不了关,又临时抱佛脚,进了有关的培训班。这就是中学阶段口语训练未能达标造成的。

第三,任何时代的书面语都必须根植于口语的土壤之中,才能获得旺盛的生命力。由于普通话的不断普及和文白两面的磨合和发展,现代汉语的书面语是越来越接近口语了,20世纪30年代的一些美文,因为带着半文不白的文风,和当代的书面语显得不合拍,从语文课文中抽去了,代之以更加符合当代口语的文章,这是合理的做法。今后的读写训练显然还应该强调尽量做到口语化。"读"要善于欣赏书面的美文,也要能理解怎样为口语进行艺术加工;"写"要能把平实的口语写得通顺,也要具备提炼口语的能力。读写训练总是局限于书面语、不管口头语的表达,显然是错误的。

可见,母语教育的口语训练不但不能放弃,还应该加强。中师撤销后,承担口语训练的只有高等师范,如今这些高校都在拼科研、争项目,大家一起往学术路上挤。口语教材(包括课外读物)的编写和改进,联系本地方言的正音、正词练习,教学方法的试验研究,好像很少人有兴趣了。事实上,文与白相互依赖,通则双美,塞则两败,这是常理;所谓口才好、文笔差,或者文笔好、口才差,都只是个别的现象。

在对外汉语教学,情况有很大不同。作为第二语言,学习者完全没有习得的基础,所以历来的对外汉语教学总是集中力量教学口语,先解决听和说的问题,这是正确的。如果是来华的学习者,有了初步的听说能力,就能从广泛的社会交际中学到最鲜活的语言,这正是学习第二语言最宽的路。因为在社会交际之中,资源广、品种多,能够学到最现实的口语,也是学习掌握当代口语的最便捷的道路,因为听、说的机会多,不必进教学班,成本也低。如果是短期班的教学,只是为了应付在华旅游或简单业务的一般交流,只学学口语,不教读写也是可以的。但是由于学习者完全没有语感,不知道汉语的书面语和口头语还有许多不同,至少对于处于两端的书面语专用词或口语专用词,应该给予适当的提示,哪怕只在生词表上标上＜书＞或＜口＞,就能使他们轻易地避免许多常见的差误。"我看看罢了(而已),不想买。""我随便说说,您别(不要)生气(愤怒)。""明天咱庆祝他的诞辰(生日)。""他的身体很棒(强壮)。"不论是书语口用或是口语书用,效果都是不太好的。打开中介语语料库,这类病句很多。因为我们的课本里很少有书口之异的提示。

来华学习的留学生,离开课堂后只要走进中国人之中,就能学到许多比课堂上更加生动活泼的汉语(当然也有劣质的),老师如果善于引导,让他们总结课外交际中的经验和教训,找问题、提问题,一定能使课堂教学得到有益的延伸。结合这类课余的指导,也可以提示如何在交际中体验文白之异。

在国外教学汉语,除了课堂,没有语境可言。这是一个最严重的困难。一个星期学几节课,课后没有机会再接触所学的语言,学到手的能有多少,可想而知。补足这个根本缺陷的办法只有一个,就是组织课内的练习和课外的阅读。

就课内练习说,眼下最流行的是针对一个个"语法点"的句型、句式的练习,偏偏汉语又是句法灵活、同义句型繁多的语言,这种乏味的练习究竟有多少效果,值得怀疑。为了克服没有语境的缺陷,要尽量把课堂变成生动语境的现场。有问有答,有讨论有争议,有欣赏有评判。练习的题目和项目最好都是句子连成的篇章,例如成语故事、谚语解释、猜谜语、古诗词、笑话、小相声、短小品、绕口令,形式上可以老师领着练习,可以看录像、动漫,听录音,看电视片段。这种课堂活动,短小精悍,生动有趣。就像赵元任所说的,在整个儿的句子中学习词的意义和用法,既记住了词语,也掌握了句式,还有各种文化的内容。这种语境化的练习还可以通过布置课后的作业,从课内延伸到课外,做到一体化。课后,不论在家里、在公园、在车上都可以自己掌控。适合不同国情、地情的好的读本或声像作品,若能让人爱不释手、欲罢不能,随时随地学,在玩儿中学,有了这种自造的语境,何愁学不好汉语!练习、阅读、听录音、看录像,正是为了调动自觉性、养成自学惯的好办法,也是制造语境、培养语感的好办法。为此,应该提倡大量地编制各种多样化的书面阅读的文本、练习册,口语朗读的音像作品及辅助性的说解,以及不同程度的艺术表演节目。与其守住不合用的课本照本宣科,进行乏味的课堂讲解和枯燥的练习,不如和学生一起,或是鼓励他们自己走进广阔的阅读天地,走进语境,直接接触各种书面语和口头语,从而建立目的语的语感。为了适应不同国家和地区、不同人群的需要,所提供的读物,一定要编成不同内容、不同文体、不同场景、不同程度的若干种类,以口语表达为主,最好是声情并茂、图文兼有、异趣横生的。

经过多年的思考和琢磨,我悟出了,要搞好对外汉语教学,一定要努力建设以下这两套理想的教材。

一套是体现汉语的结构特征的"字词句直通"的基本教材。在介绍语音构造、训练发音之后,教学常用字,以字带词,通过解释词义来扩大和加深对字义的理解;通过解释用字组词的方式去说明词法和句法的一致性;通过构语和造句来巩固和加深对语法的认识;通过不同遣词造句来体会口语和书面语的不同;通过不同题材、不同体裁的言语作品的学习去了解中华文化的丰富多彩和博大精深。在选择字词句的素材时,应该常用先学、循序渐进,求精不求全。编写课文和练习则务求多样化、趣味化,避免模板式的拷贝。这套教材的特点重在语言分析,抓住核心,打好基础,充分体现汉语的结构特征。

另一套是与基本教材配套的开放式的补充教材。这是一套比句子大的言语作品,不强调精当而强调广泛多样,不求严密而注重趣味。内容可以涉及古今中外,有传统的,也有时新的。篇幅应该有长有短,以短为佳,有弹性,可伸可缩。文体、载体则应样式多样,散文、韵文并茂,音响、图像兼有,文本、网络齐全。言语表达形式不论是文言、白话、书面语、口语、美文、应用文,都应该兼而有之。就制作方式说,可采集现成的、可重新编写,可更换、可新添。这套教材的特色是从言语的综合应用出发,通过句段和字词的关联和组织,让学习者去理解生成言语作品的法度;通过篇章内容的理解去认识中华文化的底蕴;通过不同语言素材的选择和组织,去体会言语表达的艺术;通过不同时代篇目的比较,还可以考察语言和言语的历史演变;通过目的语和母语的言语作品的比较,则还可以体会不同民族的语言的文化差异。

为了编好以上两套教材,必须建立一个大型的、多用的现代汉语语料库。字、词有不同频度等级的字库和词库,有异体字、多音字、多义字库,各种词类及兼类词的词库,联绵词、叠音词及各类合成词的词库,同义词、反义词的词库,已经进入普通话的方言词、外来词及现代还常用的文言词的词库,各类封闭性词类和虚词的词库,较为常用的成语、谚语、歇后语、典故、引用语也应该建库,语法方面则应有各种句型、句式的例句库,修辞方面有变式句、中介语和地方普通话与不规范例句,也可以建库。以上所述是"语言库",此外还要有"言语库",包括古代和现代的优秀散文、韵文,可以按不同时代、不同作家、不同题材、不同体裁归类建库,有些字句已经不再使用或者难以理解的,可以适当加以改动。有了这样的大型语料库,配套的补充教材就可以由在外的汉语教师或外国教师根据实际需要自己编印、散发。如果所编的核心基本教材不合国情、民情,也可以由执教的老师做必要的修改或补充。就这个意义上说,大型的现代汉语语料库是更加重要的基础建设。

参考文献：

[1]北京语言学院语言教学研究所.现代汉语频率词典.北京:北京语言学院出版社,1986.

[2]国家语委汉字处.现代汉语常用字表.北京:语文出版社,1988.

[3]江蓝生.古代白话说略.北京:语文出版社,2000.

[4]李如龙.汉语词汇学论集.厦门:厦门大学出版社,2011.

[5]李如龙..汉语应用研究.北京:中国传媒大学出版社,2004.

[6]吕叔湘.吕叔湘语文论集.北京:商务印书馆,1983.

[7]潘文国.危机下的中文.沈阳:辽宁人民出版社,2008.

[8]徐时仪.汉语白话发展史.北京:北京大学出版社,2007.

[9]张中行.文言与白话.哈尔滨:黑龙江人民出版社,1988.

[10]赵元任.语言问题.北京:商务印书馆,1997.

[11]中国语言文字使用情况调查领导小组办公室.中国语言文字使用情况调查资料.北京:语文出版社,2006.

关于语言教育的改革

一、语言教育的三大工程

语言教育是一个巨大的系统工程,它包括三大组成部分:母语教育——主要是中、小学的语文教育;对外汉语教育;对内的外语教育——主要是英语教育。

我国的母语教育源远流长,3000 年来有许多历史经验,近百年来几经改革,也逐渐走上现代化的道路,但是从理论到具体的计划和措施还存在着不少问题,实际效果很难使人满意。对外汉语教育只有不到 50 年的历史,事业发展太快,使得理论探讨和实验研究赶不上形势的需要,教学工作效率一般。对内的外语教育怎样体现第二语言教学的客观规律,又能切合中国实际和汉语实际,也一直是一个使人困扰的问题。解决这些问题,从理论上说,需要开展应用语言学、教育心理学和比较语言学的研究;从实际工作说,需要大量的教与学的情况调查,教学大纲、教学计划以及教材的编写和试验,还有教育行政管理方面的改革,这就牵涉到政府、学校、社会各个方面以及教师、学生和家长,做好这些工作是一个规模庞大的系统工程。

母语教育是对青少年一代进行素质教育的重要基础,它的成败直接决定着民族文化素质的高低。对外汉语教育和对内的外语教育的质量高低,则直接影响到中国走向世界、让世界了解中国,实现国际接轨,跟上全球化、现代化步伐的根本大计。由此可见,这三大教育的系统工程,是关系到千家万户乃至子孙后代的大事,关系到国家的发展和民族前途的重要事业。

二、语言教育首先必须更新观念

我国的语言教育之所以投入很多却收效不大,根本的问题是语言教育的基本观念是陈旧的。传统的语文教育历来是"读书识字",先识字,后读书。读的是蒙学课本,然后是四书五经,学的都是千百年前的老古董,只有书面语的训练而没有口语的训练。民国以来的"国语"课,"语文"课和以前的专学文言文有了很大的区别,但是,即使是"白话",书面语和口头语之间还是有不小的差别。引进了结构语言学、开展了汉语的研究之后,语文课注意了语言知识的传授,但是往往只是照搬结构研究的成果,没有很好地研究怎样才能使初学的人便于掌握。至于言语运用的训练,尤其是口头表达和交际的训练,几乎是空白的。明清以来有了教外国人学汉语的课本(如教朝鲜人的《老乞大》,教琉球人的《百姓官话》),倒是注重了官话口语的训练,但是也没有什么教学大纲和计划的研究和设计。在外语教育方面,早先的做法也是注重语言知识的传授而忽视言语交际的训练,重书面阅读而轻口头会话。这其中的共同点便是把语言教育作为语言知识的传授,而不是把培养言语交际能力作为教学的主要目标。

为什么中国的语言教育长期存在这种旧观念和旧方法呢?究其原因,第一,汉语的书写形式——汉字字数多、形体复杂、多数又不能表音,学起来难。中国历来的文献典籍多得汗牛充栋,而且深如海、浓如酒、美如画,对教的人和学的人都有很大诱惑力。学习者往往是费九牛二虎之力,学到了几千个汉字,建立了"目治"的习惯之后,便一头埋到古书堆里,自得其乐,对现实生活中的语言不感兴趣了。第二,汉语的语法和修辞是紧密结合的,语法规则缺少硬性的标志,全靠在不同的语言环境中灵活掌握各种变通的说法。当语法和修辞有了矛盾,修辞往往会占上风,因此,古来只有作文的章法,而没有"语法"。多读多写才能学好语文,似乎是天经地义的事,于是,很自然的就产生了一种教学理论:"读书百遍,其义自见"。第三,中国传统的书面语——文言,长期作为官方语言统治着政坛和文坛,典雅而优美,书面表达注重古朴与简约,社会生活中的口语被认为粗鄙而低俗,讲究口语表达,则常常被指责为"巧舌如簧""巧言令色""哗众取宠",连"能说会道"也带上明显的贬义。可见,我国语言教育中长期存在的"重文轻语""重知识轻能力",是有深刻的历史原因的。

现代语言的基本观点首先在于把语言和言语区别开来。语言指的是社会约定俗成的相对稳定的结构体系,言语则是指的运用语言所进行的交际和思维活动中的各种变异。人们的言语活动固然需要关于语言的各种成分和规则的知识,更重要的是根据交际活动的需要,灵活地组织语言、选词造句、积句成章。语言教育的目标是使学生掌握使用语言的方法,提高言语交际能力。用这样的原理来考察语言教育就不难理解,只传授语言知识,而不进行语言能力的训练,肯定是无法达到目标的。

三、改革语言教育要切合汉语特点的实际

语言教育必须根据语言的特点去设计,那么,汉语有哪些特点呢?至少有三条是我们在设计汉语教育时必须充分考虑的:

第一,汉语用汉字作为书写形式,汉字表音功能很差。绝大多数汉字是有意义的,有的字还可以"望文生义"。许多常用字构词能力很强,认识少量的常用字便可以按字义组合去认识新词。汉字教得好,可以加快汉字教学并且保证较好的质量;如果教得不好,反而会成为额外负担,影响汉语教学的进度。古时候的"蒙学"从认字开始,应该说基本上是适应汉字和汉语的特点的。现在的母语教育,怎么处理识字教学、拼音教学和词语教学的关系,恐怕还是一个没有解决好的问题。"注音识字、提前读写"着重于语音和语词的训练,"集中识字"则着力于发挥汉字的作用。各种实验都有自己的数据和结论,是应该因人、因事、因地而允许有所选择呢,还是应该权衡利弊做出统一的结论?一般的学校,拼音教学时间花得不少,认得许多字以后,查音序词典还有困难,究其原因,汉字本身的偏旁制造一些误导,由于方言分歧,许多人掌握标准音还

有不少的困难。在对外汉语教学中,汉字教学大多被视为难以逾越的障碍,或者绕开汉字,直接用拼音教汉语,或者勉强应付,马虎过关,更是没有行之有效的方法。

第二,汉语的书面语和口头语的差别很大,而且由来之久。字是意义的单位,脱离口语也可以用汉字组成大量的书面词语。在古代社会里,识字读书是少数士大夫阶层的事,他们一开始便建立了"目治"的习惯,读写起来则"以古为正、以简为雅",一味追求古雅,也就越来越脱离现实口语。现代的语文教育的重读写训练、轻听说训练,就是这种状态的直接反映。读写能力强了,固然也有助于听说能力的提高,但是,读写绝对是不能完全取代听与说的。如果没有教学计划和教学大纲的强力干预,口语训练处于被取消或自生自灭的状态,是永远也无法改变的。对外汉语教学的教材比较注意口语化,这是值得母语教育借鉴的。外语教育中分别有精读和泛读,精读可以推敲字句,用以提高书面表达;泛读便于扩大词汇、练习口语。这也是可供母语教育借鉴的好方法。

第三,汉语的现代共同语至今没有完全地统一,品种繁多的地域方言还在许多地方活跃着。普通话和方言之间的差别还是相当大的,不但语音语调很不相同,就是词汇和语法也有不小的差异。然而我们现有的教学计划和教学大纲,完全没有根据不同的方言情况加以区别对待,教材也没有针对不同方言区的情况去编写。这样的共同语教育,实际上是完全脱离了学前儿童所习得的语言(主要是方言母语),"另起炉灶",语言习得和语言教育不但不能相互承接,还势必变成相互矛盾、相互抵消的关系。外语教学中有时也有方言语音和语法的干扰,但影响毕竟较小。对外汉语教学从零开始,外国学生没有方言干扰的问题,情况就好得多。难怪学了十几年语文课的中国学生说的普通话,有的还不如刚刚学了两三年的外国留学生呢!

四、语言教育必须寻求中学传统和西学经验的相互结合

和整个思维模式、科学文化的特点一样,在语言教育方面,中学和西学的传统历来是不相同的。中国传统在人文科学方面十分重视思想、政治、道德的教化,"小学"为经学服务,教育以育人为本。语文教学最不容争议的就是"文道结合",连带着便是文学教育成了语文教学的中心内容。在几千年的文学史上,越古老的越是可贵的瑰宝,于是乎,用文言文写成的古典文学作品也就自然成了首先的选择,而且又有取之不尽、用之不竭的资源。"文道、文学、文言"可以称为传统语文教育的"三文主义"。应该说,这个传统也有一些合理的成分,例如,重视语言文字背后的思想观念的修养,从优秀的文学作品中学习典雅的语言,这些好经验,于今还有重要的参考价值。然而,这"三文主义"毕竟只是"关系论",而不是语文教育的"本体论"。如果把"关系论"当成"本体论",语文课当成政治课、文学课、古文(文言)课,实际上就会走向喧宾夺主,取消语文教育的本来任务的邪道。我们如果把语文课上成文学课,把文学史、作家生平、作品内容及意义等等知识作为主要的教学内容去传授,岂非本末倒置了?事实证明,强调文学教育的往往没有注重文学作品的语言鉴赏。至于文言文,确实有许多脍炙人

口的名篇,也蕴藏着许多民族文化的精华,是从事文学创作取之不尽的源泉,但是,那个浩瀚的海洋,绝不是刚刚入门的青少年有可能去涉猎的。况且,现代通行汉语口语和文言已经相去甚远了,掌握文言文只能是对少数人的"锦上添花",而不是给初学青少年的"雪中送炭"。

和中国传统截然不同的西洋传统,尤其是当代的西方应用语言学,则十分讲究语言文字的实际应用和科学分析。他们的母语教育要求的是切合教学对象、有计划、有步骤的训练。为了掌握好母语,词汇和句型要求有适当的定量,而所定的词汇量和句型、句式则是从实际口语的广泛统计中提取出来的。为了使教学工作能够事半功倍,在精读和泛读的内容安排上,要经过精密的算计;在训练方法上则十分注重规格化、程序化,并且具有可操作性,为了适应实际口语交际的需要,则十分重视语体、语境、语用的各种变异的训练——所谓情境教学法。关于语言的测试也有一整套成熟的经验。在语言习得和母语教育或第二语言的教学上,西方现代应用语言学综合应用了现代语言学、社会语言学、心理语言学、教育语言学和计算语言学的研究成果,不断进行试验研究,更新教学方法。这些经验和成果,已经陆续引进,逐渐应用于我国的外语教学之中,并不断取得良好的效果。现在的问题是,如何进一步取其精华,结合我们的传统经验,把它应用到母语教育和对外汉语教学中去。

在语文教育问题上,中学与西学确有截然不同的指导思想和具体做法,二者不应该是水火不相容的,因为语言的掌握总有共同规律可寻,其目标也是一致的,无非是提高"听说读写"的能力,有利于掌握语文、陶冶情操。在具体的做法上,不妨先放开一点,允许"八仙过海,各显神通",多做试验,让各种不同模式并行应用、互相竞争,然后经过实事求是、一分为二的分析,权衡利弊再做出结论。

五、改革语言教育需要多方协作,综合治理

关于语言教育的三大工程,近几年来已经引起社会的广泛注意。对于当前的中、小学语文教育,各方面提出的问题相当多。国家教育部在教材建设上也放开政策,加大投入,组织各方面的力量研究方案、试编教材、开展培训。关于母语教育、对外汉语教育和外语教育,已有一些高等院校建立了研究基地,组织多方力量开展研究。数以百计的刊物,组织了大量的文章,对此开展越来越深入的讨论。可以说,步入新世纪以来,这方面也出现了一片崭新的气象。

就当前的情况说,要从根本上解决问题,有几种情况值得引起我们的注意。

第一,理论工作者和实际工作者严重脱节。眼下关注应用语言学的学者主要是从事外语教学的人,他们着重研究的也主要是外语的教学。从事母语教育的广大教师对于应用语言学的理论则十分生疏,他们对传统的语文教育的总结研究,也往往停留于具体问、具体的题方法的探讨,未能理论化。关于汉字、汉语词汇和句型的定量研究和类型研究,应该说,我们已经取得不少重要成果,但是编教材、用教材的人似乎知道得

不多,能够合理地应用的就更少了。研究古今汉语语法的学者很多,而着力探讨语法教学的则少得不成比例。所谓实际工作者,除了广大的教师外,当然还包括各级教育行政部门的官员和业务工作者,他们在制定、执行政策和计划的工作中,能否切合实际情况,具有可行性,这对于语言教育工程的实施来说,当然也是至关重要的。

第二,关于语文教育,眼下有好些明显不同的流派。如果说强调文道结合、文学教育、文言文教学的有"文道派、文学派、文言派"的话,就语言文字本体的教学说,则有强调拼音教学和口语训练派和注重识字教育和书面读写派(集中识字,突击词汇,一文多作等)。从理论框架上说,有强调背诵古诗文、大量读写、注重修辞训练的中国传统派和强调语境、语体、语用的西方现代派。强调长期积累"得之于心,应之于手"的"领悟派"(经验派)和有序、定量,集中、分项训练的"计划派"。范文教学则有"精读派"和"泛读派"……不同流派的争论是有好处的,关于语言教育也很难说哪一派的观点绝对正确,哪一派的绝对不好,讨论中最好实事求是地分清优劣所在,明确最佳的使用场合,处理得好,便可以取长补短,各得其所。

第三,具体问题探讨多,系列化问题研究少。在报刊讨论文章中,个别问题讨论不少,"一课一议"的局部经验总结得很多;把三大工程联系起来做综合研究,或对某一项教育从初级到高级进行系列化、科学化的研究就更少了。就母语教育说,从幼儿班、小学、中学到大学,都在学拼音、学汉字,从小学高年级起,大家都要学语法、修辞。其间如何分工、避免重复,一直没有仔细地研究,以致重复劳动,使学生失去兴趣。有的常用字有几十个义项,不同的义项有不同的使用频度,哪些要先学,哪些可后学,似乎还没有人研究过。至今,我们还没有见过常用字的义项频度字典。

第四,现在的人文学科分科很细,这种状态曾推进过各个学科的发展,但是对相关学科之间的互动共用,则少有人问津。关于语言教育,我们还不能说已经实行了多个学科(包括语言学、文艺学、教育学、心理学等)的综合研究。就语言学领域说,汉语界与外语界应该密切协作,汉语界内不论是语音学、词汇学、语法学、方言学、文字学或是修辞学、语用学都不能认为语言教育的改革与自己无关。只有让不同学科的人关心同样的问题,密切配合,协同攻关,才能把语言教育的研究向前推进。

正是针对以上状况,要推动语言教育三大工程,就必须提倡多方协作、综合治理。而要做到这一点,关键就在于有一个强有力的部门和机构来设计改革方案,开发各种资源,组织有关力量共同投入。如果能建立一个全国性的语言教育工程指挥部来承担这项任务,一定能使这三大工程获得最大的推动力,以最快速度取得最好的效果。

参考文献

[1]S. 皮特·科德. 应用语言学导论[M]. 上海:上海外语教育也版社,1983.

[2]叶圣陶. 叶圣陶语文教育论集(上)[M]. 北京:教育科学出版社,1993.

[3]于根元. 二十世经的中国语言应用研究[M]. 北京:书海出版社,1996.

[4]许嘉璐.语言文字学及其应用研究[M].广州:广东教育出版社,1999.

[5]王建华.语用学在语文教学中的应用[M].杭州:杭州大学出版社,1993.

[6]李如龙.方言学应用研究文集[M].长沙;湖南师范大学出版社,1998.

[7]胡明扬.语言观和语言教育[J].语言文字应用,1994(4).

[8]陆俭明.跨入新世纪后我国汉语应用研究的三个主要方面[J].中国语文,2001(1).

[9]李宇明.语文现代化与语文教育[J].语言文字应用.2002(1).

（本文在 2002 年 6 月的"庆祝《中国语文》创刊 50 周年国际学术研讨会"上选读过,2003 年 3 月刊登于《云南师范大学学报(对外汉语教学版)》,后来收入《庆祝 < 中国语文 > 创刊 50 周年学术论文集》,商务印书馆,2004)

语文教育的定性、定位和定向

一、语文教育是制定语言战略规划的首要课题

本文所讨论的语文教育指的是面向本国青少年的现代汉民族共同语的教育。这种教育有时也称为"母语教育",中国民族众多、方言繁杂,少数民族地区不同民族各自的通语和方言地区儿童时代习得的方言,也都是"母语",因此,把全国通行的语文教学称为"母语教育"有时容易引起含混。面对青少年的语文教育是在中小学施行的,但是学生置身于社会,青少年之前有童年,之后有中、老年,也有不同的语言环境和语言生活,也有继续接受语言教育的问题,从这个意义上说,语文教育是广义的,如果说"语文教学"就是特指青少年时期的共同语教育。当然,学前、接受义务教育期间和走进社会之后都有语文教育。语文教育是伴随终生的。各种语文教育应该相衔接、相关联。

从社会现实说,语文教育是构建健康的语言生活和和谐的人际关系的大事,青少年是学语文的最佳年龄,中小学是他们接受语文教育的最重要场所,既应当"承前",为学前的语言习得加工定形,也可以"启后",是语文能力持续发展的保证。中小学语文教育的成功及其与社会语文生活的协调,不但有利于保持语言的强劲活力,还可以消除因母语的不同以及年龄、职业等差异所造成的矛盾。

从宏观的全局和历史发展的长河看,语文教育是传承和弘扬民族文化、发展教育事业、培养代代新人、推进现代化社会发展的大事。掌握好语文是理解和接受民族文化遗产的必备条件,也是学习百科知识的基础。语文教育不能符合要求,民族文化的传承和崭新人才的造就都会成为空话。

可见,搞好语文教育是涉及全国和全民、关乎历史和后代的大事。

从孔夫子的"六艺"设立"言语"科到现在已经 2000 多年了,现代民主革命起动至今也有 100 年了,新中国成立也有半个多世纪了,引进西方现代应用语言学则有 30 多年的历史,然而,中国的语文教育好像还没有找到一条普遍认可的快速路。关于语文教育的指导思想历来存有争议,具体方法则众说纷纭,大多数教师似乎还心中无数,新时代的学生则普遍对语文课厌学,社会上则常有"语文滑坡"的批评。所以造成这种情况,主要有两方面原因:一是微观的具体问题讨论得多,宏观的理论探索得不够;二是语文教育并非单一学科的课题,而是一个系统工程,从不同方面可以作不同的考察。在这种情况下,如果不能从宏观的理论入手,抓住要害,针对主要矛盾,解决基本问题,就会各执一端、争论不休,在指导思想上把握不定、犹豫不决,被一些似是而非的观点所误导。

针对这种情况,本文讨论语文教育的定性、定位和定向三个基本问题,目的是求正于方家。

二、语文教育的基本性质是语言的教育

关于语文教育的基本性质,"五四"之后探索了半个世纪,经过第一代语文教育家的总结,到了20世纪60年代应该说是清楚了。1949年起,原先学习古文为主的"国文"和改为学习口语为主的"国语"合称为"语文"。叶圣陶说:"口头为语,书面为文,文本于语,不可偏指,故合言之。有人释为'语言''文字',有人释为'语言''文学',皆非立此名之原意。"(叶圣陶,1983:730)吕叔湘则说:"语文教学就是口语和书面语的教学。"[1]这应该是关于语文教育的基本性质的最准确、最权威的说明。为什么后来会使一些人怀疑呢? 语文课进行语言训练,不能只是识字、背词典,而是要通过许多带有文学欣赏价值的课文来教学的,于是就有了"语文"是"语言+文学"的提法。对此叶圣陶也早有解释:"国文的涵义与文学不同,它比文学宽广得多,所以教国文并不等于教文学。"[2]为什么要强调教书面语和口头语呢? 因为汉语里二者相差很大。书面语常常装进古代语言(文言词),表达方式也有不同。吕叔湘说:"语文教学应该语跟文都要教,文是书面语,是重点,要多花一点力气,但是说话也得让学生学习,因为用口语交际在我们生活中还是主要的。""我曾说过,'行有余力,则以学文',这个文应该包括两个'文',一个'文学',一个'文言文'。"[3]可见,语文教学教的是现代汉语的口语和书面语,文学和文言(古代汉语)和它并不是一个档次的东西,是身有余力才进一步去学的内容。

关于语言和文学的关系,1500年前,我国第一部文学理论著作《文心雕龙》就有过精辟的论述:"夫人之立言,因字而生句,积句而成章,积章而成篇。篇之彪炳,章无疵也,章之明靡,句无玷也,句之清英,字不妄也。振本而末从,知一而万毕矣。"后来的许多大作家也往往有"语言为文学之第一要素"的说法。可见,语言与文学是本末的关系,用文学教育来挤压乃至替代语言教育,在理论上和实际应用上都是站不住脚的。

引起对语文教学的基本性质认识模糊的,还有语言与思想的关系、"文"与"道"的关系问题。中国古代文化历来提倡"文以载道",后来在"政治挂帅"的推动之下,把语文课上成政治课;近些年来又换成了"工具性和人文性的统一"的新理论,实际上是把语言训练贬为"工具论",用"人文熏陶"来改变语文课的性质。关于文与道的关系,中国近代第一个语言学家马建忠也早已说得明明白白:"天下无一非道,而文以载道,人心莫不有理,而文以明之。然文以载道而非道,文以明理而非理。文者,所以循是而至于所止而非所止,故君子以致其道。"(马建忠,1983)如果说语言大于文学的话,文学

---

① 吕叔湘论语文教学.济南:山东教育出版社,1987:86.

② 叶圣陶.叶圣陶语文教育论集.北京:教育科学出版社,1980.

③ 吕叔湘论语文教学.济南:山东教育出版社,1987:730.

则又小于"道"(天下无一非道),语言和文学、思想文化都不是一个层次的现象。语言是载道之具,学语文是致道之途,字句是组织成为一切篇章(包括文学)之本。文学和"道"都不是语言的本体,而是与语言相关联的现象。语文课是训练书面语和口头语的基础课程,它的性质是毋庸置疑的。教语文、研究语文的人必须坚持语言训练为语文课的基本性质这个"本体论"。坚持这一点,不但不会贬低语文课的意义或缩减语文课的任务,反而是抓住要害,抓住让语文教育把自身的工作做细做好的关键。如果用"关系论"来代替或冲击"本体论",把文学修养、思想教育、文化熏陶、道德养成等等都作为语文课的主要任务,表面上看似乎十分重视语文教育的作用,给语文课戴了许多堂皇的高帽,实际上只会冲掉了主要任务而使语文教育在诸多重负之中力不从心,不知所措,以致顾此失彼,到头来只能是面面俱到而又一无所成。事实上,语文的本体已经包含着最基本的体现民族文化和思想的内容,每一条与文化相关的语词和名句都浸透着民族精神。正如英国著名的现代语言学家帕默尔所说:"获得某一种语言就意味着接受某一套概念和价值。在成长中的儿童缓慢而痛苦地适应社会成规的同时,他的祖先积累了数千年而逐渐形成的所有思想、理想和成见也都铭刻在他的脑子里了。"①而文学修养和文化素质、道德习惯的培育是所有的义务教育课程的共同任务,并不是语文课所能独力承担的。地理课让学生了解祖国的名山大川,历史课给学生讲数千年的中华文明史,数理化课教学生知道四大发明,不都在为养成这些素质而做出贡献吗?

从另一方面说,语言训练也并非语文课所独力负担的任务。各种课程的教材、教学语言和作业表达,对于学生的语文训练也是影响巨大的。语言训练和人文关怀是语文和非语文各科共有的任务,只是各有侧重,应该分工合作,决不能强调共性而削弱个性,而应该使共性寓于个性之中,在个性之中体现共性。

那么,在以往强调语言基础训练时,在理论认识和实际操作上是否也存在过偏差呢?这也应该承认的,否则以往多次对于"工具论"的批评,就不至于再二再三地死灰复燃,有时还掀起一阵阵热浪。从认识上说,确实有些学者和教师把"语言"理解为形式的(语音、语汇、语法似乎都只是形式)、静态的(系统的、规范的、现代的、书面的却又静态的一面),把它理解为纯粹的"工具",而不是如实地把语言的结构、语义和语用理解为有机结合的整体。语文教学正是从言语作品出发,通过反复的表达训练,培养学生的言语能力,建立形成的良好言语习惯。与此同时,还承担着运用名家名篇的科学和优美的表达,激发学生学习语文的兴趣,从中汲取民族文化的精髓。如果把语文课真正理解成工具课,实践中往往把语言知识和能力分解为大大小小的专题进行专项训练,为了获得应试的优胜,经常要启动题海战术,重复大量的机械性的练习。这样的"语言基础训练"难免就把语言和人文精神的联系肢解了,于是,势必消解了学生的学

---

① 帕默尔.语言学概论.北京:商务印书馆,1983:148.

习兴趣,窒息了他们的创造欲望,甚至会妨碍他们的智力发展。这种片面的"唯工具论",确实只会造成语文教育的滑坡,自然要受到诟病。

三、语文教育要从语言上和教学上正确地定位

关于语文教育的种种争论,也常常集中在定位上。现实生活中的语言是个庞大而复杂的网络,语言的学习和应用是一个长期而复杂的过程,语文教育没找准自己的位置,着力点模糊,就会目的不清、任务不明、效率低下,其结果只能是事倍而功半。

从语言方面说,语文课是现代的汉民族共同语的教学与训练。任何现实的语言都处在庞大而复杂的网络之中。现代通语中有历代古语的积存,周边则有繁复的方言和各种民族语言与之共存。此外,书面语与口头语有明显的分工,稳态的通语又面临着动态的新语的冲击,在网络时代冲击尤大。为语文课定位,就必须认真研究这个网络中的种种关系,找出处理好各种关系的原则和方法。

现代汉语是古代汉语的延伸和发展。由于汉语是用表意的汉字记录的,与汉字相结合的文言已经有数千年的历史,在书面语和口语中都有广泛深刻的影响,处理好古语与今语的关系,便成了语文课定位的首要问题。古语通过文言文和古白话的书面语,借助成语、典故、文言词语,大量保存在现代通语之中,训练现代汉语的通语不能回避这些成分,但是在现代语文训练中显然也不能用增加大量文言文的教学来迁就、甚至加强这种保守的传承。在中小学基础教育中,需要学生掌握的,主要是存活于现代语文中的文言成分,文言文的训练可以安排在某些专业的语文教育或高等教育之中。吕叔湘先生历来主张中小学少教或不教文言文。他说:"不学文言就写不好白话文,……这是一种似是而非的理论……事实并不支持这种理论。五四以后一段时期,很多受过长期文言训练的人改写白话,就是写不好。而现代有许多作者并没有受过多少文言训练,写的白话挺漂亮。"①在现代社会里,文言文离现实生活越来越远了,中小学语文课中选编少量接近现代口语而又脍炙人口的古代诗文,对于理解现代白话的渊源流变,学习精练简约的表达方式是有用的,但是如果让文言篇目占着近半的比例,恐怕是不合适的。

中国拥有多样的汉语方言和民族语言,学龄儿童大多以此为母语,当他们学习现代通用语言时,带着许多母语的语音、词汇和语法的印记,这是不可避免的。许多新词新语新用法,也是从这些依然活跃着的方言和语言中滋生并纳入通语的。语文教育固然是训练通用语的,但绝不是"就通语教通语"就能奏效。显然应该针对不同民族语和方言出身的教学对象因材施教,才能抓准难点,用力恰到好处,提高教学效率。然而历来的语文课本和教学参考书都是不分民族、不分方言区,只管通语的一头,不管母语的区别,其结果,教者昏昏然,学者茫茫然,大家都还在民族腔、方言腔里打转。且不说

①帕默尔.语言学概论.北京:商务印书馆,1983:328.

语音不准,就连用词不当、词汇贫乏、语法不合规范、句式单调等难于克服的问题,也大多与民族语、方言的影响有关。福建人说"包包没有掉"(包儿丢了),"这菜比较不咸"(菜不够咸);广东人说"吃多一碗"(多吃一碗),"我都去"(我也去);江西人说"不知几好"(不知多好),"吃饭不下"(吃不下饭);湖南人说"坐倒吃"(坐着吃),这些常见的语病就都是从方言带来的。近20年间,方言词汇、语法的调查已经获得大量新材料,但是十分遗憾,至今还很少有人把这些研究成果运用到通语教学中来。在运用方言调查成果提高教学质量方面,甚至还不如20世纪60年代那么重视。当年在全国方言普查的基础上,利用方言与普通话的对应规律,编写了各个方言区的学习普通话手册,后来都藏之高阁了。

汉语的口头语和书面语之间的差异很大,这与汉语使用表意文字有关,也与历史上书面语的势力大、影响广有关。历来的语文课文多半选的书面的美文,教学训练也总是以读写为主,口语能力的培养常处于自生自灭的状态。在民族地区和方言地区,即使是"地方普通话"的口语,也和通语差异很大。只重读写,就难于建立通语的语感,从日常的听与说到书面的读写,还得经过艰难的语码转换。口语能力不高,读写水平也很难符合要求。况且,口语与书面语之间,不但语音、用词和句式有别,在语境适应、语用变换、交际策略的掌握以及思维灵敏度、言语应对的速度上,都有许多不同的要求。因此,语文教育中让学生知道书面语和口头语的差异,了解口语交际的要求,这对提高学生的言语能力是至关重要的,一定要把口语教学和训练补上。

从教学的角度说,语文教育也必须认定它在语言获得过程中的独特的地位,处理好各个环节之间的衔接关系,以期在语言获得的全过程之中发挥更大的作用。人生的语言获得都必须经过三个阶段:学前儿童在家庭和童稚伙伴中经过缓慢的积累掌握了方言母语(在民族地区是民语,在普通话普及地区包含着普通话口语),这是语言"习得"阶段。进入学校接受有计划、有步骤、有专门的指导的语言基础训练,掌握通用语的知识和用法,这是语言"学得"阶段。离开学校、步入社会之后的青壮年时期,在广泛多样的社会生活中,适应语言的变异,通过言语交际继续学习语言,这是语言"用得"阶段。这三个阶段中,学得阶段显然是最重要的,因为它必须承前,也必须启后。

语言习得的时间最短,学习是自发的,但奠定下来的是第一块基石。现代应用语言学确认:10岁前的儿童,语言能力的开发已经达到70%。语言教学不但要了解学前儿童的母语获得情况,还应该有针对性地帮助他们扬其长、避其短,克服母语的干扰。现行的语文教育大体上都是从零开始,另起炉灶,循着统一的大纲和教材,大家齐步走。一不考虑不同民族、不同方言区的学生的不同基础,二不考虑不同家庭语言背景和个人语言能力的差异。这种大拉平的做法显然违背"因材施教"的原则,其效果必然是母语干扰无法排除,强弱学生无法实行同侪互动,基础差的吃不消、提不高;天资较高的又吃不饱,没能得到应有的良性发展。

语言的"用得"过程,伴随着漫长、曲折而多彩的人生。语言能力对开发和实现人生价值有着至关重要的作用。因为它关系到知识的获得和思维能力的发展,关系到人际关系的处理,也关系到事业的创造。能否与时俱进地掌握当代语言进行合理表达,在社会生活中的重要意义是不能低估的。语文教学如何提供学生日后的可持续发展,这是一个有待开发的重要课题。老一辈语文教育家在这方面有不少精辟的名言,很值得深入体会和阐扬。叶圣陶说:"'教'都是为了达到用不着'教'。语文教材无非是例子,凭这个例子要使学生能够举一反三……务必启发学生的能动性,引导他们尽可能自己去探索。"①吕叔湘把这一思想概括成:"教语文是帮助学生养成使用语文的良好习惯。"②那么,什么是良好的习惯?一是要爱学。能体会语言的魅力和功用,变被动为主动;二是要勤学。随时随地学,在听说读写中坚持学;三是要善于学。在各种各样的语言表达中能判断正误,能品评优劣,才能不断进步。真能让学生建立良好的语言习惯,对于一个青年人步入社会,走好自己的人生道路,创造美好的前程是能够发挥很多的作用的。因此,这是一个很值得深入研究的课题。

四、语文教育要从教学内容和方法上合理地定向

除了定性、定位之外,语文教育还有定向问题。训练学生的语言表达能力是一种综合性的训练,牵涉到语言本体结构系统的各个方面以及语篇(言语作品)组织的种种形式,还直接受制于学生的学习心理和情绪,如果有一个方面取向不正确,就会影响教学的效率和质量。这里讨论三个问题。

第一,在语文教学内容的诸多系统中要明确词汇是教学的中心,并把它和其他各个系统结合起来进行全面有效的训练。

汉语的教学包括文字、语音、词汇、语法、修辞、逻辑、篇章等好多个部分。应该说,各个部分都有自己的系统。高校的《现代汉语》课就是介绍这些系统的理论知识的。语文教学当然不能照搬这些理论,也不必教给中小学生全面系统的知识。要分清有的是小时候应该学的,有的是中年以后才需要学的,有的是初级阶段学的,有的是中高级阶段才学的。就语言结构的各个分体说,应该明确词汇是语言训练的中心,只有通过词汇才能把多个系统的知识变成鲜活生动的实例,从而便捷地学到手。

和词汇相比,语音是封闭的,绝大多数语言都只有数十个音素和少数几条组织规则。汉语的语音,就结构说,难的是声调,还有是多音字和多音词连读后的轻声、儿化等变化。这些难点只有结合词汇才能把规则变成生动好懂的东西(例如:大小—大夫,小人—小人儿);语法也是规则不太多的封闭系统,汉语的构词法和造句法一脉相承,学会析词,掌握多音词的结构方式,知道虚词的语法意义和用法,掌握语序及其活用,语法知识就大体够用了。修辞则大多与词义的理解和活用相关。汉字多达数万,

---

①叶圣陶.叶圣陶语文教育论集.北京:教育科学出版社,1980:152.
②同上.

常用只有3000,要掌握常用字的形音义最好的途径也得经过常用词的训练。赵元任先生曾把罗素的抽象原则巧妙地应用于语言教学。他说:"拿个体为出发点,拿个体的类为终点,就没有另立理想或观念或性质的必要了。"又说,编课文的时候,"举了某某要点的例子,预备学的人把这些句子练熟了过后,然后再归纳式的总结一下子,那就容易懂容易记得多了。"①这就是把抽象的规则化成具体的例子的教学理念。语音、语法的规则都通过词句的例子去归纳,既具体生动,又经过自己的思索,就能记得更牢。赵元任还说:"词汇,可以说是学语言的最容易的部分,也可以说是最难的部分。容易是因为一个词影响其他的部分不大厉害,没有像语音跟语法影响得那么广。难是因为学词汇你没有法子毕业的;并且还有词跟词相连的时候,有一大堆成语,你也得一个一个学的。"②词汇是开放无边、不断变异、随时衍生的,要培养学生的言语言能力,就应该有组装、拆装词汇,扩展词汇的练习,有慎用、换用、巧用词汇的训练。由于没有把词汇教学作为中心,以往的这种训练也是很不够的。

第二,应该回归自然,以语句为基本单位,进行综合性的训练。

现实生活中的语言是综合的,由词组句,用句段、篇章来表达意义、进行交际。音素、音节、词语、词类、句子、句型、修辞方式是人们把它分解之后所作的分析。不论古今中外,语言教学都是从含着篇章句的课文入手,儿童习得母语也是从词、语、句开始的,语文教学的目标也正是在于学会遣词造句来表达和交际,并非要求学生去分析语言的结构系统。总之,语言教育是从言语范本入手,进行言语应用训练,达到运用言语的目标。从这个意义上说,语言教育其实是"言语"的教育,语言训练其实是言语的训练。关于这一点,赵元任也有一段精彩说法:"编教材编的得当,上课上的有效,就在于选些个最典型的话,把最多的时间用在说听这些话上头。"③如果把语言教育引向分析性教学,照搬语言学研究的各种术语和结论,条分缕析,细之又细,作业则热衷于背成语、抄名句、辨词性、划分句子成分、改病句等单项训练,这是语言学的训练,而不是语言训练,更不是言语的训练。这种训练一多,很容易造成学生厌学。可见,定性、定位之外,还有定向的问题。如果方向错误,虽说也很重视规范化的语言工具的掌握,也不会有好的效果。多少年来,"工具论"受到攻击,许多原因就在于重语音、语法而轻词汇教学,重知识而轻应用,重分析而轻综合,这些方向性错误,确实带来了许多恶果。

与此关联的,语言训练的重点应该在于方法和能力的培养,而不能把教学重点放在知识的传授。吕叔湘说:"过去的第二点错误认识是把语文课看成知识课,看成跟历史、地理或者物理、化学一样,是传授一门知识的课,因而要以讲为主。"④又说:"语

①赵元任.罗素的抽象原则跟语言教学//载《赵元任语言学论文集》.北京:商务印书馆,2002:588.
②赵元任.语言问题.北京:商务印书馆,1980:158.
③赵元任.罗素的抽象原则跟语言教学//载《赵元任语言学论文集》.北京:商务印书馆,2002:589.
④吕叔湘.叶圣陶语文教育论文集(序),1980:4.

文的使用是一种技能,一种习惯,只有通过正确的模仿和反复的实践才能养成。"①言语活动不论是口头交际(听和说)或书面行为(读和写),都是因时、因地、因对象、因内容而异,必须应时变通的。为了达到培养言语能力,形成良好语言习惯的目标,也需要老师引导学生在现实生活的听、说、读、写过程中去体察和适应,去修正和创造。就这一点说,语文教师不但要组织好课堂教学,还得组织好校园语言活动(演讲、辩论、采访、编辑小报),走出校园,还得让学生关注校外言语活动,在社会语言生活中学习和提高。多少年来,为了"应试"而设计的语文课,除了读写、背诵范文,便是做不完的练习题;不但校园内缺少生动活泼的言语活动,回到家里也只有家长关于"写作业"的督促,和社会语言生活愈来愈隔膜。有的老师甚至禁看课外书、禁看影视节目。这样的语文教育就像扭曲了的盆景,只能摆在公园里"眼观手勿动",怎能使一代青少年的语言生活成为能经受风雨的烂漫山花呢? 眼下有些青少年沉迷于游戏机和网络语言,实际上也是对于失败的语言教育的一种抵制和反抗。

第三,在教与学之间应该强调以学生为主体,以鼓励创造为主轴。

传统的语文教学法经常强调教师的主导作用,强调"讲练结合,精讲多练",不能说这些提法都错了,但是有片面性。语文教师以课堂为基地,掌握学生学习的导向,传授最重要的知识,教给最合理的练习方法,让学生明确学习语文的目标和要求,这无疑是必要的。但是教师只是导演,戏还是要各个演员去演,只有让学生自己去理解、吸收,在听说读写中模仿、试验、创造,才能使他们真正获得语言应用的能力。十几本的语文课本只是一些精选过的样品,2000多个教时的语文课也只是一番抽样的排练。语言能力和习惯的养成,只能在校园内外、家庭内外的广阔天地里,经过阅读、写作和交际的实践,在应用、修正、鉴赏、创造的过程中才能实现。一个优秀的语文老师,不但是课堂上的好导演,还应该成为指导学生校内外的语言生活的向导。只有那些善于组织第二课堂、第三课堂的语文老师,善于传授语文学习方法和习惯的老师,才会给学生留下终生不忘的印象。这就是叶圣陶先生经常爱说的"教是为了不教"的道理,这就是可持续发展的科学的语文教育观。

在语文教学的导向上,还有一个亟待更新的观念,这就是从强调模仿、规范到引导使用和创造。初学语文的少年儿童,社会语言生活阅历少,适当的模仿是必要的,对大多数出身方言地区的学生来说,树立规范意识也是很有必要的。在生活节奏不断加快的现代社会,言语交际的手段和方式瞬息万变。语文课大多是前代人根据当时的需要写下的文本,固然是美不胜收,基本的词汇、语法和表达方式也大多可供后人继承和借鉴,但是和新的现实生活总有一定的距离。因此,过分强调背诵和模仿的教学方法并不合适,尤其是对于高年级的学生,更应该指导他们去面对和关注现实的社会语文生活,体验和适应语言表达的新样式。使他们既能继承已有的规范体系和优秀传统,又

---

① 吕叔湘.吕叔湘论语文教学.济南:山东教育出版社,1987:332.

能审视和择取有生命力的崭新创造,分析和抵制不健康的"新潮",真正做到与时俱进。在语文课堂上,传统的做法是老师用"终点"(规范、优美)的尺度去衡量学生的语文程度,不论是课堂提问、批改作文或者点评演讲和辩论,多是纠正错误和指出不足,很少去肯定学生的进步和创造。按照"以学生为主体"的原则,教师应该站在学生的立场上,了解他们的"起点"(已有的素质和水平),肯定他们的任何一点进步,鼓励他们的创造,使他们明白言语交际永远是一种创造。这样教,就能使学生跃跃欲试,学得有兴趣、有信心。如果总是用"规范""优美"的尺度来衡量和要求学生,学生看到的只是永无尽头的路程,总是找不到停靠站,永远到达不了终点,除了少数意志坚强者,普遍都会感到厌学。

中小学的语文教育是普及义务教育中的基础课程,关系到青少年发展智商,学习百科知识,培育种种技能的根本。为它科学地定性,才能使它发挥这样的重要作用。语文教育应该衔接童稚时代的语言习得,开启走向社会后的可持续发展,为它科学地定位,才能使学校语文教育在大语文教育中起到核心的作用。语文教育既是百科教育的基础,又是伴随人生全过程、充分实现人生价值的重要措施,其操作方法广泛而复杂,只有为它合理地定向,才能少走弯路。导向正确了,教者引而不发,既可亲又可敬;学者锲而不舍,能继承也能创造,这样的语文课,就能营造师生合作、和乐融融的语文教学生活。语言交际本来就是生动活泼的,也是无往不利的。语言教育应该恢复它的切实有用、生动有趣、掌握有道的本来面貌,为承接民族历史文化,为创造和谐的社会生活,为培育新人、蔚成新风不断做出贡献。

参考文献

[1]李如龙,吴茗.论大语文教育.汉语学报,2008(4).

[2]吕叔湘.吕叔湘语文论集.北京:商务印书馆,1983.

[3]吕叔湘.吕叔湘论语文教学.济南:山东教育出版社,1987.

[4]马建忠.马氏文通.北京:商务印书馆,1983.

[5]帕默尔.语言学概论.北京:商务印书馆,1983.

[6]叶圣陶.叶圣陶语文教育论集.北京:教育科学出版社,1980.

[7]赵元任.语言问题.北京:商务印书馆,1980.

[8]赵元任.罗素的抽象原则跟语言教学//赵元任语言学论文集.北京:商务印书馆,2002.

(本文原载徐大明、王铁琨主编《中国语言战略》(第一辑),上海译文出版社,2012年版。)

华人地区的语言教学与教学语言

华人地区的语文教育,就语言方面说,需要解决的首要问题是语言教学和教学语言两个问题。所谓语言教学是教什么语言,要求学生学什么,学成什么样;所谓教学语言是用什么语言授课,要求学生用什么语言回应。由于汉语自身情况复杂,社会生活中语言的使用状况多样,不同的华人地区更有自己的历史和现状,因而已有的华人地区汉语文教育中在语言教学和教学语言上存在着各种不同的类型。这些不同的类型之间各有哪些优缺点,能否经过比较择善而荐之? 对于现状和未来,这些不同的类型,各有什么样的发展空间和前景? 本文试就这些问题提出一些看法,希望引起讨论,就正于各方行家。

一、华人地区语言教学的三个历史时期

华人社会的语言教学经历过三个不同的历史时期。

在漫长的古代时期,语文教育一直是教的文言通语。汉语的通语形成得很早,先秦的《诗经》《楚辞》《论语》《孟子》以及"百家争鸣"中使用的"雅言",就是早期的通语。当时的通语在书面语和口头语应有一定差异,但还不是分歧太大。从孔子的语录、孟子的辩辞、《国语》《战国策》的记载,都可以看出来。到了汉代的民间乐府和文人辞赋,就明显地分道扬镳了。唐代的口语记录有敦煌变文、一些唐诗和唐人笔记,和"古文运动"后的书面语就有了很大的差异。唐宋八大家的诗文把文言文推向了顶峰,经过他们的艺术加工,文言文用它的灿烂光辉在文坛上奠定了不可动摇的统治地位。科举取士则又把它推上了庄严的政坛。之后的 1000 多年,口语的变化越来越快,书面的文言文则凝固下来,逐渐僵化了。高等的"书院"里,教的是四书五经,全是先秦典籍;在民间的蒙学馆里,南朝人所编的《千字文》以及两宋时期所编的《百家姓》《三字经》也是一色的典型的文言。这种语言教学一直维持到 19 世纪末叶。

唐代之后,尤其是宋元以来,汉语已经发展到一个新阶段——近代汉语。从宋元白话到明清小说,记录近代通语口语的文学作品不但数量多起来了,艺术上也达到很高水平。明清两代的数百年间,由于南方方言和北方官话拉开了很大距离,各南方方言地区的山歌、小调、戏曲、说唱也大有发展。有些大胆的文人也把它们记录下来,乃至用方言写作,如明代怪杰冯梦龙所整理的《山歌》,以及后来的《海上花列传》《九尾龟》《何典》都是吴方言的口头文学。闽语区则有各种戏曲的脚本和记录"顺口溜"的"歌仔册",粤语区有说说唱唱的"龙舟调"和"粤讴"。然而,这类语言作品,始终未能进入课堂,作为传习的依据,因为它们内容上不合"经、传"的要求,语言上不够"典

雅",尤其是那些殊方异语,更是被认为俚俗、粗鄙之物,自是登不了大雅之堂的。

通语才是正宗,方言只是别流;书面语高尚,口头语粗野;文言典雅,白话鄙俗。这就是历经 2000 年的汉语文教学保留下来的传统观念。语言教学只进行书面语的训练,口语总是在家庭和社会的环境中自生自灭,新一代的人只能自发地习得。这就是汉语文数千年传承的基本模式。这个传统观念和基本模式所以能延续 2000 年,一是靠中央集权的封建统治,二是靠根深蒂固的传统文化,三是靠浩如烟海、美不胜收的典籍。

从清末到民初的 30 年间,汉语文教育经历过一个动荡的、变革的过渡时期。造成这次动荡和变革,固然有语言文字自身演变的原因,更重要的也还是政治的集中统制和文化的深厚影响。

从历史上说,这个时期是近代史时期,从语言上说,汉语已由近代汉语演变为现代汉语了。早期白话到了 19 世纪中下叶又和实际口语有了距离。随着近代城市的形成,白话小说逐渐在民间普及,得到平民百姓的广泛欢迎,士大夫中也有主张采用口语入诗入文的。例如清代诗人黄遵宪就提倡过"我手写我口"。民间通行的文字也有了不少现代方言口语的写法。文言文则如同欧洲的拉丁文,成了无法表现现代生活的僵硬形式。

通语的演变拉大了和方言(尤其是东南方言)的距离,也促使了方言的觉醒。清代中叶之后,陆续出现了许多用反切原理按方言声韵调归类排列的方言韵书,在河北一带有《五方元音》,徽州有《乡音字汇》,武昌有《字音汇集》,广州则有《千字同音》和《拼音字谱》。在闽粤地区,大概是由于闽方言内部差异大,加上音韵学有深厚的传统,先后有福州的《戚林八音》、泉州的《汇音妙悟》和漳州、潮州的《十五音》。这些方言韵书在民间广为传习,供本地人因音查字,有的也用它作为识字课本和编写地方戏文合辙押韵的依据。这是下层文人们运用音韵学知识为本地人服务的创举。辛亥革命后鲁迅在教育部当部员时在《编纂处月刊》上发表意见书,主张:"当立国民文术研究会,以理各地歌谣、俚谚、传说、童话等,详其意谊,辨其特性,又发挥而光大之,并以辅翼教育。"

西方殖民主义者敲开中国大门之后,传教士们从东南沿海登陆,用拼音文字调查和拼写东南方言,编辑方言词典,出版各种传教读物。据游汝杰收集和统计,单是圣经方言译本就有 609 种,其中吴语 162 种,闽语 247 种,客话 52 种,粤语 150 种。方言词典则有 111 种,其中吴语 25 种,闽语 33 种,客话 10 种,粤语 43 种。教会罗马字读物和方言词典对于中国人的方言觉醒是发挥过作用的。清末切音字运动的先驱者卢戆章、蔡锡勇、力捷三、王炳耀等就是东南沿海闽粤方言区人氏,他们先后习得了罗马字之后,创制了用罗马字拼注汉语方言语音的方案,并提倡用罗马字拼读方言语音来学习汉字,甚至还主张用它来代替汉字。在厦门,直到 20 世纪 40 年代还有"新文字协会①"办过罗马字训练班,一些侨眷只要用几天工夫,就能学会方言罗马字拼音,用它

来拼写厦门话和海外侨胞通信。

然而方言韵书和方言读物以及罗马字方言拼音,都没能把方言扶植起来同通语抗衡。因为现代汉语的通语是在占人口80%以上的官话方言的基础上形成的,它的分布地域和使用人口都占着绝对优势。而且近代社会正是商品经济不断发展,交通逐渐发达,各方言区的人的交往日趋频繁的时代,通语不但在扩大着它的通行地盘,也在影响着各地方言。和世界各国情况一样,民族语言的统一和资本主义的发展、国内统一市场的形成是同步进行的。再加上早在民国二年(1918),国民政府就公布了"注音符号",既可用来为通语注音,也可用来拼注方音。也因为殖民主义者进入中国,给人民带来的屈辱的记忆,且用惯了方块汉字的人也难以适应西方的拼音方法。因此,后来就很少人再编地方韵书了,方言罗马字拼音也很少有人提倡了。

在方言韵书、切音字运动和罗马字拼音走向衰落之后,开始了中国现代语文教学的改革。于是,汉语文教学进入了第三个历史时期。1919年,"五四"新文化运动打响了民主革命的头一炮。在辛亥革命推翻帝制、废除科举的基础上,为了反对封建迷信,提倡民主和科学,一批先知先觉的知识分子提倡白话文,反对文言文。经过了近20年的较量,白话文终于登上了大雅之堂,取得新的正统地位,占据了报刊杂志的阵地。在教育界,则是新学堂代替了旧书塾,汉语文教育也逐渐跳出了教学文言文的窠臼,语文教学中用注音符号代替了反切,用"国语"的正音代替方音,启蒙教育的课程名称则由"小学""蒙学"改称"国文、国语"和"语文"。

20世纪20—30年代之后的半个世纪中,现代汉语文教育建立了一整套理论框架和操作方法。虽然几经试验和反复,改革还是得到比较顺利的发展。经过不断的实践,若干基本原则也得到了普遍的认同。这些基本原则是:

第一,以现代汉民族共同语为教学主体,其规范的依据是:语音以北京音为标准,但必须排除未在北方地区普遍通行的北京土音;词汇系统以在多数地区官话方言通行的词汇为基础,从其他方言吸收的在口语和书面语中已经相当通行的也应该认可;语法系统则以现代白话中普遍用例作为标准。

第二,文言文和方言书面语不再作为教学的主体和教学要求,但现代汉语中留存的文言成分和吸收的方言成分、外来语成分,教学中可以适当兼顾。

第三,汉语的书面语和口头语差别较大,现代汉语的教学应该两方面并重,以训练学生听、说、读、写的四种能力。由于口语能力在学前语言习得和社会交际生活中得到某些训练(尤其是官话区学生),因此在语文教学中适当向读写训练倾斜是必要的,但在南方方言地区,则必须充分重视口语训练。

第四,在教学方法方面,编选有了定评的范文指导学生精读,辅以数量更多的阅读课文,精讲多练,组织学生在课堂上自学互学。布置和实行多样的作文练习。经过课堂教学和课外指导,引导学生建立良好的语言习惯,在言语活动中学习语言,提高言语表达能力。用叶圣陶先生的话说:"务必启发学生的能动性,引导他们尽可能自己去探索。""教都是为了达到用不着教"。①

二、华人地区语言教学存在的问题和差异

从旧时代的书塾到现代学堂,从教文言到教现代白话,这是一个大跨度的变革。数十年间,这场变革是曲折复杂的,有时也有反复。在不同的华人社会里,由于历史和现状的差异,政府所制定的语言政策不同,语文教育的改革也有许多差异。就普遍存在的问题说,应该提出来分析讨论的有以下各点:

第一,文言为佳,源远流长。文言较之白话历史长、势力大。从教文言到教现代白话,虽然现在主体是转过来了,但是在香港台湾,文言文的课文还是偏多,在学界,不恰当的强调文言文教学的情况还常常要回潮、喧闹一番。为了认清解决这个问题的方向,重温一下蔡元培先生在出任中华"民国"教育总长和北京大学校长时的说法,是很有必要的。他说:"国文的问题,最重要的就是白话和文言的竞争。我想将来白话派一定占优胜的。白话是用今人的话来传达今人的意思,是直接的。文言是用古人的话来传达今人的意思,是间接的。间接传达,写的人和读的人都要费一番翻译的功夫,这是何苦来?"②后来的叶圣陶、吕叔湘先生都反对语文课教很多文言文,理由是要达到能阅读一般文言的程度耗时太多,效果不大。至于有人说的,"不学文言就写不好白话文",吕叔湘明白指出:"这是一种似是而非的理论……'五四'以后一段时期,很多受过长期文言训练的人改写白话,就是写不好。而现代有许多作者并没有受过多少文言训练,写白话挺漂亮。"③为什么这些名家的真知灼见,久久未能被采纳呢?这显然是文言压迫白话的余威。

第二,文学为主,难以扭转。从教经学转变为教文学,编选为教材的多是前代人写的已有定评的美文,这种情况至今还普遍存在。虽经大家多次呼吁,有些时候新编教材也略有改变,编入了一些应用文和时文,终究还没有根本的变化。语言在社会生活中的应用是广阔无边的,把文学欣赏以外的语文训练都推给课外生活,确实是很不合理的。旧文人会作诗填词却写不来便条、立不了字据;后来的学生分析小说头头是道,却写不了调查和实验报告,这是很常见的现象。叶圣陶先生早在 1949 年草拟《中学语文科课程标准》时就指出:"中学语文教材不宜偏重文艺……偏重了文艺,忽略了非文艺的各类文字,学生就减少了生活上的若干受用,这是语文教学的缺点。"④他还说过:"国文所包的范围很宽大,文学只是其中一个较小的范围,文学之外,同样包在国文大范围里头的还有非文学的文章,就是普通文……中学生要应付生活,阅读与写作的训

①叶圣陶.叶圣陶语文教育论集(上).北京:教育科学出版社,1980:152.

②周有光.新语文的建设.北京:语文出版社,1992:337.

③吕叔湘.吕叔湘语文论集.北京:商务印书馆,1983.

④叶圣陶.叶圣陶语文教育论集(上).北京:教育科学出版社,1980:20.

练就不能不在文学之外,同时以这种普通文为对象。"①如今社会生活比起50年前复杂多了,语文的运用也更加广泛,日常应对之外,还要掌握层出不穷的科技新术语、学会人机对话,要具备严密的科学思维,提高逻辑思辨能力,要和无数的外地人、外族人、外国人交往……光是学一些著名的文学作品的语言,即使再优美,也是不够用的吧。

第三,文本为限,天经地义。中小学课文教学中还普遍存在这种重书面读写、轻口头听说的现象。在教学文言的古代,除了背书吟诗,学生往往是不开口,全靠"目治"的。民国以后,提出了口语训练,但从教学计划、教学要求到教材、教法的安排,一直没有很好地落实。张志公早已说过:"语文教学要培养听、说、读、写的能力,这一点在道理上大概不会有多少人反对。但是在教学实践中往往是重读写而轻听说。听话说话的训练与阅读写作的训练比较起来,不仅分量少得多,而且没有明确的目标,没有周密的计划,也没有严格的要求,处于一种放任自流、听其自然的状态。"②徐世荣则说:"尽管咱们的语文教学大纲规定得很合理,要求'听、说、读、写'兼顾,可是'重文成风',多不照大纲执行,偏向已趋于'习非成是'了。"③

口语训练所以得不到落实,究其原因有以下几点:(1)古典传统(文言文教育)影响至深,加上汉字不表音,中国人的读写习惯于"目治";(2)学生的口语表达有幼小时期的语言习得打底,又有后来社会交际实践积累,在官话地区和普通话推广较好的地区不至于砸锅;(3)口语的应用不但宽阔无边,而且变化无穷,教学训练若是要求不高,不如在实践中习得,若是要求很高,则教材难编、教法难行。要避免"高不成、低不就",就要经过认真的试验,制定出一套"听、说、读、写"都能兼顾,而且比例合理、相互呼应、易于操作的教学方案;(4)书面语教材可采自现成文本,口头语就有多方的困难,旧时没有声像读物,语文教材从文本选取也就成了天经地义的事了。

第四,文道为本,长盛不衰。中国古代的语文教育先是为读经而启蒙,而后为通经而治"小学",写诗作文要求"文以载道",教材则是原原本本的儒家经典。总之,语文教育只是为经学、道学打基础的工作,总处于附属地位。这种传统影响至深,到了后来又有"代圣人立言"的八股文写作的训练方法,现代则有"政治挂帅""思想第一""文化至上"的新的理论改头换面,为"文道为本"的传统张目。至今鄙薄"工具论"的说法还很有市场。语言文字是文化的表现形式,语文教学应注意教材内容的教育功能,真正掌握一种语文也就必然受到该民族文化的精神陶冶。但语文教育的主要任务是语文工具的教习,道统的传承则是百科教育和社会政治、文化各方面的共同任务,不能由语文课来包打天下,这是明摆着的道理。叶圣陶先生对此早有精辟的说法:"国文教学除了技术的训练而外,更需含有教育的意义。说到教育的意义,就牵涉到内容的问题……不过重视内容,假如超过了相当的限度,以为国文教学的目标只在灌输固有道

①叶圣陶.叶圣陶语文教育论集(上).北京:教育科学出版社,1980:60.

②张志公.至少无害何妨一试——谈口头语言训练问题.山西教育,1979(4).

③徐世荣.口语表达训练教材·序.北京:语文出版社,1986(4).

理,激发抗战意识,等等,而竟忘了语文教育特有的任务,就很有可议之处了。道德必须求其能够见诸践履,意识必须求其能够化为行动。要达到这样地步,仅仅读一些书籍与文篇是不够的。必须有关各种学科都注重这方面,学科以外的一切训练也注重这方面,然后有实效可言。国文诚然是这方面的有关学科,却不是独当其任的唯一学科。所以,国文教学,选材能够不忽略教育意义,也就足够了,把精神训练的一切都担在自己肩膀上,实在是不必的。"①

除了这些普遍存在的问题之外,不同的地区还存在一些差异。

在新加坡,据1990年统计,华人仍占总人口的77.7%,其中10岁以上的人口通华语的则有79.2%。但是1965年新加坡独立之后,制定的语言政策是:以英语、华语、马来语和印度语为并列的官方语言。1979年在华人之中则是提倡和推广华语。但是,实际上,英语是既是国家政治行政和法律语言,也是商业\国际贸易用语和科技用语,乃至各类学校的教育用语。于是英语的地位日渐升高,华人之间虽然各方言萎缩了,华语普及了,但是年轻一代华人的华语水平日渐降低。正如云惟利所说,"英语的社会地位节节上升,有完全取代母语之势。这演变的结果,使新加坡的语言问题简化了,但是,顺着这个形势发展下去,则母语难免有一天会消失……新加坡年轻一代……华语固然不好,英语也不见得高明,又不习惯说方言,所以这些'新人类'正面对一个语言'危机',没有一种说得好。崇尚英语和西方文化,使新加坡变成一个不是以本族语言文化为基础的社会。"②在华语学校里虽然也推行汉语拼音和简化字,便于使用中国内地的读物和文字交往,但是新加坡的华语教育已经不是母语教育,而是逐渐变成第二语言教育了。那里的中文程度只会逐渐降低,民族文化的传统也成为无毛之皮,久经裸露,前途堪忧。

在香港地区,华人以外人口极少,华人之间粤语是通语,既可在市井的平民百姓中通行无阻,还能用来诵读文言或白话书面语,实现政治、文化各种领域的交际,作为母语,在汉语诸方言中,最具强劲之势。虽然官方文书也沿袭殖民地以来的习惯,以英语为准,学校教育中也有不少课程以英语为教学语言,但是汉语的白话书面语和粤语口语还是语文教育的主体,也是社会上通行的语文,这就是港澳地区特有的"两文三语"。那里语文教学主要问题是书面语(港式中文)中容纳了更多的文言成分和方言成分,和内地造成了表达上的不少差异,更重要的是书面语和口语完全脱节,学生最熟悉的母语、思维语言和日常交际乃至学校里的口语训练全是粤语,书面语训练的内容则主要是以普通话为基础的现代白话,又由于粤语和普通话差异大,听、说、想和读、写之间免不了频繁的语码交换,也少不了相互间的干扰和影响。结果是书面语和口头语两败俱伤,中文程度提不高,和其他华人地区的同胞也难以交际。长期以来,学生语文

①叶圣陶.叶圣陶语文教育论集(上).北京:教育科学出版社,1980:57.
②云惟利.新加坡社会语言的变迁//董忠司主编.台湾语言发展学术研讨会论文集,1997:318-319.

程度不高的抱怨不绝于耳。改革开放和 1997 年回归以来,由于与内地交往多了,教育界有识之士也努力推动普通话教学,特区政府则在中小学开设普通话必修课,相信学生中书面语和口头语双轨隔离的状态将会逐渐被克服。目前值得注意的是,社会上的毫不讲究规范的文言、白话、方言乃至夹用英文的混杂通俗文体还在报章泛滥,中央广播电台和电视台的普通话节目还没有让广大市民收听、收视。这两种社会生活中的异常现象,对于各类学校的语文教育形成了严重的干扰和压力,这是亟待解决也并不难解决的问题。

在台湾地区,1945 年光复以来的语文教育和大陆(尤其是福建省)是同步发展的。教文言文改成教白话文,在保持方言通行的同时大力推行国语。在推行国语的过程中虽有些过火的做法,只是一个短暂的时期,却带来了今天的国语大普及。其实,闽南话在台湾的保持也不比闽粤地区差,总的说来还是功大于过。平心而论,今日台湾大中学生语文程度还在福建之上,比之香港、新加坡实在是好多了。10 多年来,台湾当局在普及教育中实施乡土语言教学,从保存地域文化的需要出发,让方言多一点存活空间,这是无可非议的,对于保存民族文化的多样性是有好处的。然而当权者多年来从明显的政治观念出发,先是在 2002 年初把闽南话认定为"第二官方语言",后来把客家话、山地话也包括在内,甚至预告英语亦应在未来数年内列入官方语文。到了 2003 年 2 月,改组后的"国语推行委员会"通过了"语言平等法"(9 月又改为"国家语言发展法"),把国语和闽、客方言及原住民的 13 种语言都并列为"国家语言",接着还把1973 年以来实行了 30 年的"国语推行办法"也明令废止了。至此,100 年来几代人努力推动的国语运动,在全民族范围内促进了新文化、新文学的发展,为广泛而复杂的社会生活提供了良好的服务,为抗日战争提供了最佳的动员,现在竟然在中国台湾成了非法的行为。试问,今日之台湾社会从"总统府"、立法会到"捷运"的车厢,从高等学府到城乡商场,从广播电视到各种报章,可以有一天、一时一刻停止使用国语和现代白话文吗?取消国语的历史形成的既有地位,岂非白日做梦?除了暴露其"台独"野心,还能说明什么?事过不久,高校统考时有人用闽南话命题,结果引起了客家人的严重不满,更加深了族群间的对立,这就是否定通语的作用的恶果。至于方言母语的教学,虽在学校推行多年,由于历来用字不统一,注音历经变化,师资未经训练,少年儿童学后在社会上没有使用机会,事实上并无明显效果,至今还停留在采用什么方案拼写闽南话,以及选用哪些方言俗字上争论不休。据 2004 年月台北市教育局的语言教育调查,4000 多小学生的家长们最满意的还是"国语",最不满意的是乡土语言。

三、华人地区语文课的教学语言及其评价

历来各个华人地区语文课的教学语言大抵不外有三种类型。

在官话基础上形成的通语普及之前的读经年代,蒙学馆塾教学文言文,只能用本地方言去读,这是用方言作教学语言的类型。当时的字书是官方颁布的韵书(唐韵、

广韵、平水韵等),各地方言用韵书上的反切折合为本地音读出来,这就是方言的文读音。有些方言让文读音和口语音的白读音并存,如闽方言,就有许多文白异读;有的方言口语里的白读音被文读音同化了,如粤方言就很少有文白异读。在粤语区,长期是用方言的文读音读古书的,在珠江三角洲,直到最近30—50年才改用普通话读书。而在香港,依然保留着用粤语读书(包括读文言文和白话文)的旧制。这种教学语言的模式是读起来方便,不必另起炉灶去"正音"。但也有很大弊病:这样学的语文,哪怕读写都过了关,对于正在全国普及的普通话,也是完全不能听、不能说的。此其一。如果通语和方言之间字义不同,词汇(用字)不同,则只能靠大量的背诵慢慢去捉摸通语的词义。此其二。更大的弊病是完全切断了语言习得和语言教学的关系,学生从方言入手掌握的词汇语法知识和读书识字所接触的词汇语法不但无法"转换",有时还会造成混乱。例如在粤语区,学了普通话的"洗澡、搭档、外面、里面",不知道就是方言里的"冲凉、拍档、出便、入便";学了"班房、得意、糖水、地下",如果不按方言词义理解为"教室、有趣、甜汤、一楼",在和说普通话的人交往时,就会造成误解。可见,避开了学习正音的难点却又增加理解词义的困难。因为所教的书面语是按普通话词汇和语法规则写下来的。若是在官话方言地区,方言词汇、语法和书面的通语的差异不大,那就不学正音的优点多而妨碍意义的理解的缺点少了。如今的官话地区,还有不少老师是按本地音或不甚标准的普通话读音教语文的,先过识字、阅读和写作关,离开家乡到外地时,再按对应规律把方音改为标准音,并不太难办到。

在普通话普及之后,语文课的教学语言一般都使用普通话,这是目前大多数华人地区的普遍做法,也是中国国家语委、教育部反复强调的措施。这种教学模式的优点很多。第一,把识字、读书和学普通话结合起来,同步进行,一步到位,有一举数得之利。第二,把书面语训练和口语训练联系起来,相互促进,可补充口语训练的不足,也有利于写作中改进脱离口语的文风。第三,由于普通话口语过关,有利于在社会生活中听广播、看电视、欣赏各种曲艺,也有利于提高阅读能力。人的一生,从学校语文课学来的只是很少量的基础知识和很基本的初步能力,更多的应该是在社会生活中检验、扩充和不断提高的。第四,目前的语文老师中,普通话水平和语言修养高、语音标准、词汇丰富、语法规范、表达严密而优美的可能还只是少数,学生只有早日投入社会生活,在听说读写的实践过程中,去向更高明的作者和读者学习,才能克服乡音,防止方言词汇、方言语法的干扰,以及受到低水平的语文老师的局限,不断锻炼和提高自己的语言能力。第五,这种模式还有利于普通话在更大范围内进一步普及和不断地提高。然而这种模式也有缺陷,也就是它不利于方言的存活,也依然不能把从方言母语习得的词汇、语法和语言表达的各种知识和能力调动起来,为通语的学习所用。许多方言区由于推行这种教学模式,青少年一代已经把方言淡忘了。不但不能联系和应用方言母语习得的语言知识,甚至难于和父辈和祖辈用方言沟通。尤其是那些通行面不广、使用人口不多、在社会生活中又处于弱势的方言,在这种教学模式的冲击之下,正在加速地萎缩。有些方言已经显现出消亡的势头。这对于保存方言和地域文化的多样性来说,就成了一种不利的因素。

汉语教学语言的第三种类型是通语和方言双语教学的模式。这种模式见于闽南方言区,出现的时期大约是 20 世纪 20 年代到 50 年代的数十年间。具体做法是识字学生词时用注音字母教国音,同时用方言解释字义和词义。例如"天",国音ㄊㄧㄢ,本地文读音相同,白读音[tʰĩ]。"天河"国音ㄊㄧㄢ ㄏㄜ,本地话:河溪[o kʰue]。"天井"国音ㄊㄧㄢ ㄐㄧㄥ,本地话:深井[tsʰim tsĩ],"天庭"ㄊㄧㄢ ㄊㄧㄥ,本地话"天平"[tʰian piŋ]。教到整句的课文时,也是先用国音读一遍,再翻译成本地话说一遍。例如"光天化日"就是"长透白日的时竣","霎时间昏天黑地"就是"一时乌天暗地"。这种双语教学使学生既会用国语读书识字,又能调动方言母语习得的词语去理解课本里的字义和词义。学生既能快速地掌握国语,也不会忘却方言。几年之后,到了小学毕业的时候,一般学生都能兼通国语和方言,和外地人用普通话交流,和本地人还能说熟练的方言。从更深的层面上分析,这种教学模式还有利于保持方言及地域文化,也有利于开发儿童的智商。经过这种双语教育的孩子,自然不会淡忘方言,地域方言和地域文化便得以世代相传。而掌握了双语的新一代也具有更强的语言对比分析的能力,从而培养更高的智商。"Ben – zeev(1997)曾提出证据,说明下列双语人的优点:(1)双语人对语言与社会的讯息线索较为敏感;(2)双语人比单语人较能深入的分析语言;(3)双语人比单语人较能觉知不同语言具有内部一致性的系统在运作;(4)双语人比单语人有较佳简化语言结构的能力。"可见借用方言的解释来学习通语,在方言尚未大量流失的地区还是一种值得肯定和鼓励的双语教学模式。

四、华人地区语文教育的前景和我们的任务

华人主要分布在太平洋西岸的十几个国家和地区,总人口 13 亿多,占着全球人口的 1/4。随着华夏文化的传扬,随着中国国力的增强和中国国际地位的提高,作为它的载体的汉语和华文也在扩展之中。在联合国,汉语是主要法定语言之一。近 20 年来,汉语作为第二语言的学习热潮正在许多国家掀起。华人社会为了自身的发展,为了加强合作,都在千方百计地改善华语华文的教学。华人地区语文教学有着良好的发展前景,这是毋庸置疑的。

中国改革开放以来,港澳地区先后回归祖国以来,台湾地区、东南亚各国与中国商务往来越来越频繁。四地的学者关于华语华文的教学逐渐加深了彼此的了解,也陆续开展了各种形式的调查、讨论和研究。为了更好地推动华语文教学的发展,各方面的学者很有必要坐下来,好好商议一番:华语文教学的最佳走向是什么,大家应该在哪些方面下力,使它得到更好更快的发展。这里试谈谈几点个人的想法。

第一,求同存异,寻求一个宽容的柔性的规范。

汉语的历史悠久,分布地域辽阔,使用人口众多,在经历过长期的战乱和割据之

后,已形成了许多歧异的方言。但是由于长期的中央集权统治,通语虽经多次变动,但许多不同的历史时代还是颇具有权威性的,这就是历来汉语文教育都以通语的传授为本的原因。纵观世界各民族的语言,在现代民族语言形成之后,经过许多文学家和语言家的努力,也都为通语制定了统一的规范。有了一定的规范,语文教学才能有明确的目标和判定正误、优劣的标准。汉语文在历史上是十分重视制定规范的,从秦始皇的书同文,汉代的《说文》《尔雅》到唐宋以来的韵书,清代的《康熙字典》《文字蒙求》,民国以来的《国语辞典》《现代汉语词典》,以及诸多的语法书,都在努力地为汉语文制定通语的规范。

由于历史的原因,中国大陆和港澳、台湾地区及新马诸国的华人社区虽然都在使用和教学现代汉语文,并且也有许多共同点,大抵并不妨碍相互的了解,但是从读音、用字到词汇、语法也存在着不少差异。这些差异在最近 20 年的交往之中充分展现出来了,彼此之间也都有较为深入的了解,经过各种渠道、各种方式的磨合,有些差异还正在逐渐接近起来。时至今日,我们很有必要,也有可能坐下来共同商议,寻求一个宽容的柔性的、大家都能接受的规范。

为什么这个规范应该是宽容的,带有柔性的呢? 因为四地华人社区已经有了长期的政治、经济、文化上的分离,形成了各自的社会生活特点,这些特点在自己内部又是长期整合过的,已经形成小范围的统一。如今只能求同存异,相互宽容地包含,不宜用一处的标准去规范别处,也不宜按人数比例或用投票表决、"少数服从多数"的办法来制定统一的标准。所谓柔性就是制定标准时有宽有严,有必选项和备选项,而不采用"一刀齐"。

相对而言,语音标准方面可以严些,声韵调的类别和正音的标准应该是统一的,个别字音的异读能统则统,如"说服"的说,大陆读 shuō,台湾读 shuì,连词"和"大陆读 hé,台湾读 hàn,前者可以取 shuì,后者可以取 hé。轻声、儿化在港、澳、台、新、马都是难点,因为有时可以别义,作为标准音是不能取消的,但可考虑缩小范围,分为必读轻声、儿化和可读可不读的两类,有个选项,不必字字都规定得十分严格。

词汇、语法方面则可以放得更宽些,在各个地区,语法上本来就都有一些同义句型。已经有一批四地学者联合起来,倡议编辑《世界华语通用词典》,把各个华人地区已经普遍通行的特有词(或称地区词、社区词,但不是方言词)都收录在内。在现代社会里,词汇的变化是很快的,收录这类词汇自然也得有一定的原则,例如只收经久不衰的,在某一地区已经普遍通行的,各地已有所闻的、意义明确而不会造成含混的。例如不少港台、新马先用的词语已为大陆人所接纳:作秀、诉求、低迷、峰会、双赢、情结、瘦身、一族、狗仔队、共识等,自可收录。有些会造成歧义的则应慎重对待,例如香港通行的班房(教室)、转堂(课间)、上堂(上课),"人人也(都)喜欢长寿"。有些同义异形词不妨让它并存并用,如华文、中文、汉语、华语、国语,中乐、华乐、国乐、民乐,自行车、脚踏车、单车、脚车,快熟面、即食面、速食面、方便面,货柜、集装箱等等。

第二，多加接触，交流经验，取长补短，改进教学。

如上文所述，各地华语文教育已经积累了不少共识和共同做法，就是不同的地区的不同特点也是经过长期实践而形成的，其中也有可取的经验。新加坡是 1979 年开始推广华语的，由于力度大，方法好，几年时间华语就取代了早期的"福建话"（闽南话）和后来的广府话而成为华人间的通语。接着，在推行汉语拼音和简化字上也有许多好经验。中国台湾 20 世纪 50 年代的乡土文学创作，在吸收方言词语和句型上有不少成功的做法，《新编国语辞典》反复修订、扩收词条也很值得称道，客家地区组织山歌活动以保存地方文化也有很成功的经验。香港在为方言词造字和选用适当汉字及粤音译写英语词上达到很高的水平，在中小学里用粤方言训练聆听和口头表达，以及组织各种夏令营、篝火晚会等课外活动并与语言训练相结合等方面也有不少好经验。大陆方面黑龙江的"注音识字，提前读写"，闽南地区的双语教学以及近些年来各级各类学校的学生辩论比赛、作文比赛等也有许多成功之处。此外，网上的"汉语桥"活动正在运用现代化手段，在东亚汉字文化圈里，为促进统一规范和华文教育的发展而贡献力量。在中文信息处理方面，中国大陆、台湾以及使用汉字的日本、韩国的专家们都在探讨制定用于信息处理和交换的汉字字符集标准，有些专家已经在共同研究国际的汉字字符集标准上取得了初步进展。为了进一步推动这些接触、交流和研究，使之取得更大效果，今后宜分成若干小专题，有人领头把相关专家请来进行合作研究，有了初步成果之后，及时举办研讨会，有时也可以联手开展大规模的调查和比较研究，协同进行教学改革试验。只要是热衷学术，忠于华语文教育的专家就一定有许多共同的语言，经过反复的努力，一定可以推动华语文教育的发展。

第三，求真务实，担起历史责任，谋求和谐多彩的语言生活。

语言应用是再平凡不过的事了，语言教育看似简单，实则复杂非常，其效果则是牵涉到几代人的成长和整个社会事业的发展。语文教育工作者的肩上永远担负着承前启后、服务社会的历史重任。汉语文的教学传承已经有数千年的历史，在全球化、现代化的今天，它还能得到健康发展，推动华人社会走向时代的前列吗？汉语文的前途是和谐、统一起来，丰富多彩起来，运用得更加科学便捷，还是混乱、分裂下去，萎缩、消亡下去，成为现代化运用的障碍？这就要靠学者们和教师们的共同努力了。

我们追求的目标应该是：使华语文更加普遍化和规范化，既便于各地华人的学习和运用，也便于外族、外国人的学习和运用；在语文应用上更加科学化和艺术化，既有利于现代科技应用和国际接触，也有利于保存和表现多元多彩的文化艺术。

要达到这样的目标，华语文教学的改革是任重而道远的。在这个长途跋涉的过程中，要用求真务实的精神去做好每一件具体工作；继续探索汉语文自身演变规律，调查研究它的教学和应用的现状，预测它的发展前景；在不同地区，为不同的教学对象，编写多种多样的、合用的教材和工具书，并且经过试验不断修订；考察学生的语言习得和语言学习的不同规律，探讨把二者衔接起来的科学方法；运用教育学、心理学和应用语言学的原理试验和改进教学方法,尤其是现代化的多媒体和网络教学的设计;运用社会学、文化学和社会语言学的原理研究语言计划、语言政策,探讨学校语文教学和社会教育、家庭教育的相互联系,设计好三位一体的大语文教育方案。

　　要完成这样庞大的艰巨的系统工程,除了要有历史责任感,求真务实的精神,还应该有宽广的、纯净的心胸,能团结不同意见的人,能突破狭隘的政治观念,能尊重客观事实,顺应大多数人民的意愿。

参考文献:

[1]转引自《吴歌·吴歌小史》.南京:江苏古籍出版社,1999:1.

[2]游汝杰.西洋传教士汉语方言学著作书目考述.哈尔滨:黑龙江教育出版社,2002:16.

[3]叶圣陶.叶圣陶语文教育论集(上).北京:教育科学出版社,1980:152.

[4]周有光.新语文的建设.北京:语文出版社,1992:337.

[5]吕叔湘.吕叔湘语文论集.北京:商务印书馆,1983.

[6]叶圣陶.叶圣陶语文教育论集(上).北京:教育科学出版社,1980:20.

[7]叶圣陶.叶圣陶语文教育论集(上).北京:教育科学出版社,1980:60.

[8]张志公.至少无害何妨一试——谈口头语言训练问题.山西教育,1979(4).

[9]徐世荣.口语表达训练教材(序).北京:语文出版社,1986(4).

[10]叶圣陶.叶圣陶语文教育论集(上).北京:教育科学出版社,1980:57页.

[11]云惟利.新加坡社会语言的变迁//董忠司主编.台湾语言发展学术研讨会论文集,1997:304,306.

[12]云惟利.新加坡社会语言的变迁//董忠司主编.台湾语言发展学术研讨会论文集,1997:318－319.

[13]台湾《联合报》.2004年,6月18日.

[14]郑昭明.第二语言的学习//世界华语文教育学会.华语文教学研究(台北),第1卷第1期,2004(6):167.

[15]周清海编著.新加坡华语词汇与语法.新加坡:玲子传媒私人有限公司,2002.

[16]冯志伟.应用语言学综论.广州:广东教育出版社,1999:164.

华语的研究和华语的教学

海外华人说的话叫华语,写的文章叫华文,他们所属的民族称为华族,华人居住的社区叫华社,所办的教汉语的学校叫华校,东南亚的这类习惯上的称谓,至少已经有100年的历史了。定居在海外的华人,以东南亚的人数最多,历史也最长,这一套名称现在看来是最合理,也是最准确的。分布在海外的数千万华人大致有三类:第一类是未加入当地国籍的老华侨,人数已经很少。第二类是中国开放之后到国外定居的新华人,他们则少有"侨民"的观念,多数人还持有中国护照,在外国只是为了就学和就业而客居。第三类是数量最大的在外入籍的华裔。对这三类人统称"海外华人"是最合理的,因为没有中国籍就不能称中国人或华侨;因为其中也有非汉族的,也不宜称为汉人。华人者,华夏子孙也。一直以来的统称"海外侨胞"看来也应该改为"海外华胞"。

汉语有通语,也有方言,海外华人说的话也有通语和方言之分。在东南亚各国,华侨时代说的一般是闽、粤、客三种方言,在当地称为"福建话(闽南话)、广府话(以广州－香港话为代表的粤方言)和客家话"。半个多世纪以来,这些方言已逐渐为通语所取代。通语和方言的消长状态在本土和境外是同样存在,大体也有同样的规律。20世纪50年代,新加坡为了消除方言帮派的隔阂,在占全国人口75%的华人中推广汉语的通语,率先把它称为"华语",这个名称在海外华人中很受欢迎,半个多世纪以来,已经逐步被东南亚乃至世界各地的华人普遍接受了。

海外华人所说的华语和本土的汉语有三个方面的不同。

第一,华语在海外是少数民族语言,在本土的普通话则是国家通用语言。印尼华人的绝对数量最多,但也只占全国总人口的1%多一点,当地的国语是印尼语;马来西亚华人是仅次于马来人的大民族,也只占1/3,国语是马来语;新加坡华人占2/3,官方却认定英语为国家通用语。这是华语和本土汉语普通话的社会地位的不同。

第二,除了离开本土不久的新华人之外,大多数华人在实现国家认同的洪流中,为了在当地生存和发展,当地民族语言已经成为他们的第一语言,华语则普遍出现了萎缩的状态,至于华人所说的汉语方言,就更是严重地流失,处于濒危之中。这和汉语通语在本土一直作为本民族的母语也有很大的不同。

第三,海外华人中现在所使用的华语及尚存的汉语方言,在与当地国语和其他民族语言长期接触中已经发生了很大的变异,这和本土汉语的通语和方言的变异在性质上和程度上也有很大的不同。本土汉语的变异在多民族杂居、双语并用地区有民族语接触的变异,但更多的是本族语之内地域上的方言变异,东南亚华语的变异,更多的则是不同民族语言接触所造成的变异。

海外华语和海外华人所说的汉语方言的这些特点,说明了它们有多方面的研究价值。

首先,就华语的本体研究说,最值得注意的是流播到海外的汉语方言的调查研究。汉语方言向东南亚流播已有数百年的历史。在华侨时代,保存还比较完整,到了华人普遍在当地落籍的时代,尤其是华语的通语逐渐普及之后,这些方言大多已经走向萎缩,甚至处于濒危的状态,很需要进行抢救性调查。近 10 多年来,东南亚汉语方言已有不少人进行研究,开过多次研讨会,出现了一批有价值的研究成果,如《东南亚华人语言研究》(李如龙等)、《新加坡闽南话概说》(周清海等)、《马来西亚的三个汉语方言》《泰国的三个汉语方言》(陈晓锦)。

尽管闽、粤、客三大方言在东南亚的语言接触、多语并用的状况下发生了严重的磨损,但是这些方言的核心词、基本词不少还顽强地留存着。从这里我们可以看到,核心词在语言的变异、萎缩和磨损、流失中有多么大的顽强性。例如:

华语	闽语	粤语	客语
东西	物件	嘢	东西
瓶子	矸	樽	罂
儿子	囝	仔	赖子
鸡蛋	鸡卵	鸡蛋	鸡春
嘴巴	喙	嘴	口
给(动词和介词)	乞	分	畀
哭	吼	叫	喊
认识	八	晓	识
寻找	㨻㨻	寻	揾

以闽南方言为例可以看到,上面提到的"核心词",有很多都是古代汉语留传下来的。例如:箸(筷子)、厝(房子)、糜(粥)、鼎(锅)、晏(晚)、曝(晒)、嗋(吹)、銎(砍)、芳(香)。这些说法在尚存的东南亚闽南话里,还大多完整地保留着。各地闽南话所说的"唐人、唐山",应该是宋代移民到南洋去的闽南人首创的,如今是三大方言共同使用的说法。三个人称代词的多数式"我侬、汝侬、伊侬",则是早期闽南话未合音前的说法,更是原始闽南话曾经存在过的实证。

其次,由于语言接触,也由于南洋各国马来人最多,东南亚的三种汉语方言都共同借用了马来语的许多说法。例如:甘榜(农村):kampung,马达(警察):mata,榴莲:durian,加页(富裕):kaya,巴刹(市场):pasar。据陈晓锦统计,在她所调查的 2000 多个常用词中,马来西亚的三种汉语方言的马来语借词都有近百个。另有 100 多个英语借词是和马来语同时向英语借入的。不少借词还进入了东南亚的华语的通语。这些语料对于汉语方言史的研究无疑都有重要的价值。

再次,在通语方面,东南亚华语比本土的普通话接受了更多的方言成分,尤其是闽粤语的词汇和语法。例如,到钟(到时间)、冲凉(洗澡),落力(上劲),大跌眼镜(出乎料想)、乌龙(失实)、马蹄(荸荠)、嗜先(先嗜)、煲汤(熬汤)、衰老(倒霉蛋)、辛苦(难受)、身家(财产)、经已(已经)这些都来自粤语;爽(开心)、猫(小气)、角头(角落)、甜(味道鲜美)、斤半(一斤半)、听有(听到、听懂)、脚踏车(自行车)、烧(热)、三层肉(五花肉)等说法,则来自闽语。作为华语的通语,在不同地区,例如东南亚、中国港澳、中国台湾、欧美,由于社会生活的差异,也会有许多不同的说法,这种差异在语音、词汇、语法上都有表现。近些年来,这些差异已经引起学界的注意,出版了一些著作,如《新加坡华语词汇与语法》(周清海等)、《新加坡特有词语词典》(汪惠迪),还有李宇明主编的《全球华语词典》。研究海外汉语的通语(华语)的各种变体,是改革开放以来汉语研究的一个崭新而又有重要意义的课题。

海外华语更重要的价值在于社会语言学研究。在这方面,至少有以下一些值得研究的课题。

第一,海外汉语方言都有不同程度的流失和萎缩,但是在不同地区各有不同的速度和方式,这取决于不同国家的社会生活和当地政府所施行的语言政策,还有人口的多少,是否集中聚居,有无华校和华社的各种活动也是重要因素。对于具体人群来说,则与年龄大小,文化程度高低,所从事的职业等有关,此外,移民历史的长短、与故土往来多少也有一定的关系。印尼的数百万华人,大多是四五代以上的侨裔,与故土早已失去联系,加上20世纪60年代后,当地政府长期取缔华校、华教,连人名也要改用马来语,因而许多华裔都已经丢失了华语。马来西亚的华语社会条件较好,有华校、华教,也多有聚居地,但在各方言的竞争之中,尤其在推广华语通语之后,原有的较小的方言如福州话、海南话也出现了严重的流失。双语和多语是海外华人普遍的语言生活现象。在华人社区,范围不大、人口不多的地区,往往是第一代华人使用母语,也学习当地民族语,第二代则双语、多语并用,到第三代大多就放弃了母语,使用当地语言了。东南亚各国的华人大多是多语者,即使不会说华语,也是多语者。在双语和多语并用的过程中,不同民族语言之间的接触是不可避免的。在接触的过程中,语音、词汇、语法是怎样发生变异的,各种变异之间有哪些共同的规律和特殊的现象,这也是社会语言学所关注的研究内容。

第二,大多数海外华人分布在第三世界的国家。二战结束后,这些殖民地国家独立了,新的民族政府要求各族居民认同新的独立国家,这是符合历史潮流的,也有利于国家的发展和人民的安居。主体民族在自己的国家推行国家通用语,少数民族认同和学习国家通用语,这是情理中的事情。但是在民族文化的认同上,在争取民族语言的教育权益上,华人和主体民族之间难免出现一些矛盾,例如马来西亚和印尼的华校和华教,一直就有不少需要协调的问题。在这种情况下,东南亚华人的华语情结和民族文化能否得到保护,民族语言的文化心理能否保持正常的状态,就会出现一些障碍和干扰。这种民族语言的文化心态的调整和变迁,也是很值得研究的。

第三,制约本族语言的文化心态的因素,除了华人所处的民族关系,国家语言政策之外,还有社会生活对语言的需求这个重要方面。作为少数民族,海外华人要在现代化社会中生存和发展,他们必须习得当地民族语,乃至掌握国际通用语。像百年前的华人那样,抱住本民族的方言和文化不放,不愿意融入当地社会生活,始终把自己当成旅居的侨民,如今已经难以生存,更谈不上发展了。正是这样的原因,使生活在欧、美、澳社会里的第二代、第三代华人,即使当地政府还提供学习母语的方便(如美国),多数青少年还是难以保持本民族的语言。可见,海外华人中本族语言的流失是现代社会中普遍存在的现象。对于这种现象,我们必须进行全面的客观的分析,不宜用庸俗社会学或既定的政治观念作片面的理解。说到底,语言的保持或放弃,都是社会生活的需要所使然,所谓社会生活需要,最主要的基础是经济生活和政治地位。

30年来,中国开放了,崛起了,海外华人不是正在从放弃母族语言改变为重新努力习得吗?应该看到,这个崭新的现象已经带来了新的问题:如何有效地帮助海外华裔重新、快速地学习自己的民族语——华语?看来,这是海外华语研究中一个更加重要的社会语言学课题,但是,对此我们还没有引起足够的重视,相关的研究还甚少。应该说,这方面的研究不但有理论上、文化上的意义,还有重要的应用方面的价值。这就是下文所要讨论的海外的华语教学问题。

这里说的华语教学指的是面向海外华人的汉语教学,上文所说的华语可以理解为广义的,包括通语和方言,这里说的华语一般指狭义的通语。对外汉语教学,从教学对象说,大致有两类,一是面向海外华人的,一是面向外国人的;从教学场所而论,一是来华学习的留学生,一是就地在海外学习的学生。就一般的情况看,来华留学生多数是成年的外国人,学习年限较长,学习时间相对集中,要求也较高;在海外就学的学生,华人非华人都有,年龄层次多,学习时间长短不一,更多的是作为第二语言的零散积累。海外华人中,老华侨和新移民大多不在此列,参加学习的主要是第三、四代的青少年,他们是在大中小学就读的把汉语作为外国语的学习者,少年儿童也有用周末的休闲时间在住地社区学,或者在家由家长辅导自学的。数千万的海外华人,绝大多数都怀着或浓或淡的中华文化情结,希望下一代不要成为华语盲,忘却民族文化的根。老一辈华人花费重金,陪同儿孙来华学习母语的事例,在许多培养留学生的学校经常可见。但是能够离家来华接受正规训练的华人子女,毕竟还只是少数。因而,在境外学习华语的学生中,华裔青少年往往占着较高的比例(曾有人估计,目前可能会占到60%)。学习第二语言,最佳年龄应是在少年时代,这也是他们形成世界观,塑造文化品格的重要时期,因此,从早从小让他们学习华语,是具有战略意义的。多年来中侨办组织力量编写教材,向国外大量赠送发行,应该说已经取得良好的效果。

为了加强对海外华人的华语教学,首先应该对这类华语学习者进行调查,调查内容可以包括语言的、社会的、文化的三个方面。

语言方面主要了解他们习得的第一语言是什么,有无华语的基础,家庭生活中使用何种语言阅读,接触媒体(观看影视,收听广播等)时最常用的语言是什么。与祖国的故乡、亲友还有那些语言联系（互访、书信、电话往来等），接触过、使用过那些汉语方言，说法学过并掌握了汉字以及阅读汉字文本的那里和情况如何等等。

社会方面要了解的是家人从事的职业，经济状况，与当地社会各阶层以及和家乡亲友间的语言联系情况，对中国的历史和现状的了解程度，除了调查学习者的情况，也应该调查教汉语的师资的情况，包括专业和业余的或家长兼任教学的。

文化方面应该了解有关家庭、宗亲的观念，人际交往的习惯，对华人社区的习俗和中华文明的理解和评价。如果毫无乡土观念，连姓氏、属相、节庆、亲属称谓、中国在哪里都不知道，就是和外国人无异的"香蕉人"了。

有了调查分析的基础，就可以研究教材的选择或编写，制定合适的教学计划、大纲，选择合用并可行的教学方式。

根据华语教育的环境和对象的复杂情况，华语教材的设计最重要的是多样性的原则。这种多样性首先要针对不同语言环境，针对学生习得的第一语言，针对学生已有的华语的知识和能力（包括了解和使用汉语方言和汉字的能力），努力做到承接原有语言基础，扬长避短，由易及难，既有与外族语言的对比，也有与本族语言（或方言）的联系。要在很短时间内编写出面向数十个国家的国别化教材和面向不同汉语方言背景的各种教材是不切实际的，可以设计一种通用的入门教材，从现代汉语的常用字、常用词、常用句型入手，先编成简易的通用的综合教材，再按不同国别、不同地区和不同对象去提供有针对性的、补充用的教材，如有当地合用的教师，也可以先给他们提供适当的语料。

华语教学总是从零起点开始的，因此必须强调教材的简易性和趣味性。不论是在中小学作为外国语学习或休闲时可供在家里自学的教材，都不应该像正规化训练那样强调系统性。只有简易和有趣，才能使入门教材不至于成为拦路虎，而成为导游船。汉语的常用的字、词、句，不但数量少，而且掌握快，在继续学习中，不但使用程度高，组合能力也强，可以举一反三，提纲挈领，这就是激发和保持学习兴趣的最重要动力。为了"简"和"易"，课文可多选些朗朗上口便于初学者熟记背诵的口语化韵文，达到熟能生巧的效果。对于趣味性，决不能片面理解为寻求稀奇的笑料，而应该更加着重于内容的启发性、语言的生动性和形式的多样性。给孩子们用的还应该那里做的图文并茂、声像兼有。

华语教学班的组织及教学方式也需要认真讨论。按照不同年龄、文化程度和语言的基础等合成小班，根据实际需要设置不同的课程，这是常理，但是正规化教学和非正规的训练应该区别对待。总之，应该根据具体情况灵活处理。教学方式也应该是多样化的。对初级、小学和幼儿园的儿童可让他们看图识字，字卡学话，看动漫、讲故事，读儿歌、唱山歌。对小学高年级、中学生则应在教材之外提供足够数量的不同深浅程度的阅读材料。这种读物以短小为宜，可以充分利用注音、录音、录像带等教具，编写带有插图的历史故事、成语故事、神话传说、名著缩写，在学话的同时，使学生接触浓郁的中华文化食粮。说话课则可以就学生身边的生活找话题,组织不同的人展示多样的生活,交流各自的感想,发表不同的评论。听、说、读、写不但要有分项的训练,也应该有交叉和综合的训练:看录像模仿说话、复述故事、评点人物,读短文用口语改说,听故事写出大意,都是使课堂训练变得生动活泼的好办法。学习一段时间后,如能组织华裔学生回国观光旅游,参加夏令营活动,置身于广阔的汉语背景,检验学习效果,扩大语言文化知识,一定会有更大成果。

世界各地兴办孔子学院和孔子课堂之后,创造了许多新颖的教学形式。除了大中小学作为第二语言的正式汉语课之外,还有各种形式的面向社会的短期班。例如商务汉语、旅游汉语、网上汉语都是很受欢迎的,有的还和企业挂钩,送学上门,为公司开设专门内容的汉语学习班。这类社会办学,除了面向外国人的,也应该有面向华人的。

据统计,目前全球已有100多个国家和地区的数千所学校开设了汉语课,有数千万学生在这些教学班就读。加上社会办学,家庭自学的,学习华语的人数就更多了。在这种形势下,不但教材品种不足,课文单调而老化,而且能够执教的师资也是奇缺的,为了适应华语教学的需要,应该提倡教材建设和师资的培训相互结合,并案办理。

以往的对外汉语教材大多是为来华留学生编写的,提供给这类正规化集中教学班使用的可以说是"庙堂"式的汉语教材。这些教材培养过许多汉语人才,也积累了许多有用的经验,但是对于境外骤然兴起的学习汉语的壮阔波澜来说,有许多方面是不能适应的。总的看,内容太深,体积太大,系统性太强,灵活性太少。像一艘巨轮,只能在深海大洋直航、远航,不能在小港浅湾出入和停泊。适应新形势的需要,应该有更多的中小航船,能够掌握全局、久经锻炼的老舵手,也有成千上万的摇橹、划桨者。东南亚各国已经办了数十家孔子学院,外派教师、志愿者和当地的新老教师若能加强沟通,通力合作,取长补短,教材现编现用,教法边用边改进,因地制宜,及时总结经验,一定能把这项事业做好。

为了使教材能适应不同国家和地区使用,必须提倡汉语专家和所在国学者共同合作,编写国别化教材;为了使教材适应不同教学对象的需求和水平、能力,必须提倡在国外执教的华语教师自己动手编写多层级、多类型的教材。随着华语教育事业的发展,就地选用教师,编写适应当地民情的教材,将会成为主要的选择。数十年间出国求学就业的知识分子已经形成了可观的队伍,不论是专职或兼职,都有不少同胞热心于此,只要有一套简明的基本教材,经过培训,让他们在实践中摸索和创造,完全可以让他创造出新的业绩来。已经有些孔子学院举办了这样的培训班,取得了初步的经验,这是十分可喜的。为了鼓励这些华语教师自编教材,当务之急是给他们提供一套"对外汉语语料库",包括分级常用字表和常用词表和词典,常用虚词、句型和例句库,听说读写的练习题库、测试题库,常用汉字形、音、义资料库,语法点和文化知识资料库等等。各种语料应该做到有浅有深,样品齐全,提取方便、组装容易。就像为厨师配备各种分类定量的主食副食和调料一样,加上各种菜谱,何愁烧不出可口的菜肴来? 有米之炊一定能锻炼出巧妇来的。

举办华语教师培训班,编出一套华语教学语料库,就是把教材建设和师资培养并案办理的最好办法。

华语研究和华语教学都是方兴未艾的事业。华人和华语早已走向世界,我们应该面向新的形势,推动这项事业,为中华文化的复兴和传扬做出新的贡献。

参考文献:

[1]陈晓锦.马来西亚的三个汉语方言.北京:中国社会科学出版社,2003.

[2]陈重瑜.新加坡华语研究论文集.新加坡:新加坡国立大学话语研究中心,1993.

[3]郭熙.论华语.暨南大学华文学院学报,2004(2).

[4]郭熙.论华语研究.语言文字应用,2006(2).

[5]李如龙.东南亚华人语言的研究.北京:北京语言学院出版社,2000.

[6]汪惠迪.新加坡特有词语词典.新加坡:新加坡联邦出版社,1999.

[7]周德海.新加坡华人教学论文集.北京:北京语言学院出版社,1994.

[8]清海等.新加坡华语词汇与语法.新加坡:玲子传媒私人有限公司,2002.

(本文曾刊于《海外华文教育》2011年第1期。)

方言说解识字教学的优越性

一、识字教学在启蒙教育中的重要意义和努力方向

识字教学是汉语文教学的入门阶段。几千年来中国人学习母语,从启蒙到登堂入室都得不断跨越这个高门槛。说这个门槛高,是因为学会它不容易,学得好更难。汉字是世界上一种独特类型的文字。字数多,形体繁,表音度差,毛病不少。连中国人也难免"人生识字糊涂始"。如今,有了汉语拼音,学起来容易,拼读现代口语也十分方便,但是如果只会拼音,阅读书面语,尤其是夹着文言成分的书面语时,还是会有很大的困难。外国人学汉语,绕过汉字,也可以学到一口漂亮的现代普通话,但是要具备书面语的阅读和写作能力,要理解博大精深的中国文化,就会无从下手。

认识汉字难,但是掌握了汉字,学习汉语却有便捷之处,因为每一个汉字都是形音义的结合体,它不但是记录汉语的符号,大多数汉字还是汉语的细胞——语素。汉语的词、语、句都是由语素组合起来的,认得一个字,学好它所标识的单音词(或语素),往往就不难推知一批词语。识字教学若能做到这样的"字词直通",认字和学话便可以同步行进。汉字虽多,常用的基本字却很少,而且越是常用的字,构词能力就越强。学会五六百个字,可以覆盖各种文本的用字量的七八成;掌握两3000字,就可以覆盖文本用字的九成九了。在古代,18万字的《左传》只用了2990个字种,其中单音词仅968个;现代的10万多字的《骆驼祥子》,总共用字只有2413个。其实,启蒙阶段先学三五百字,就可以学到数以千计的常用词。可见,汉字虽多,但是并不那么可怕。教得不好,它会成为拦路虎;教得好,它也可以成为顺风船。

汉语有众多的方言,各地方言在语音上有不少差异,但所用汉字大多是一致的,字义更是相同、相关的多,相异的少。汉语有漫长的历史,古代汉语和现代汉语也有很大差别。但古今汉语用的是同样的汉字。从汉代以来,两千年间汉字的字形并没有明显的变化,尽管字音变了,字义总还存在着或深或浅的关联。应该说,汉字在记录古今汉语和南北方言上是具有超时空的魔力的。因此,跨进汉字的门槛,经过努力,所学的汉语词语还能时贯古今,地通南北,从而了解浩瀚而深邃的中华历史文化和丰富多彩的地域文化。只学拼音,不学汉字,就无法进入这样的境界。

可见,识字教学入门虽难,还是有章可循、有计可施的,而欲求深造,则舍此别无他法。正因为如此,汉语的启蒙教育总是从识字开始,自古至今,从未有过改变,也从未有过争议。

然而,对于识字教学在启蒙教育中的重要意义,我们还不能局限于语文教学的层

面上去理解,只把它作为一个教学环节去研究。许嘉璐在讨论小学识字教学时说过:"儿童在六七岁入学时,思维和语言已经比较发达,但是在入学后的三四年里,由于受到识字量小的限制,要说的话无法用文字表达出来,'说'和'写'脱节,差距拉大,其结果是'说'和'写'背后的'思'受到制约,也就是已经形成的语言和思维的能力不但得不到提高,反而在相当程度上还受到了抑制,错过了一个人语言和思维发展的最好时机。"[1]语言能力和思维能力本来就是直接关联的,识字教学若能使儿童在最短时间内用最少的精力学到最多的汉字,原来的听、说能力也能得以保存和扩展,再加上阅读能力的养成,语言和思维的能力,就能在良性的互动中得到迅速的发展。可见,识字教学能否"快速高效"也是开发儿童智力的关键之一。

汉字教学是启蒙教育的初阶,古来如此,并无异议。但是,怎样教学汉字,历来却有过许多不同的理论和方法,尤其是20世纪80年代之后,种种试验层出不穷。1997年上半年,《人民教育》就介绍了21种识字教学法。汉字有两个不同的系统,一是形体结构的系统,一是作为汉语的语素的系统。前者包括笔画笔顺、偏旁部首、造字法(六书等)、构形法(独体合体、简化、繁化、类化等);后者包括字音(古今音、方国音、异读音、同源字等)、字义(词义、本义、引申义,实义、虚化义等)、组字规则(联绵词、合成词、派生词、聚合和组合、组字成语等)。启蒙阶段的识字教学,看来应该兼顾前后两个系统,但又不能全面系统地讲求学理。从根本上说,识字的终极目标是掌握语言,辨认字形只是表层的手段,在语素层面,应该进行更多的教学训练。最好是简明扼要地把有关的知识融会贯通,体现于每个字的"形音义"之中。在常用基本字的教学方法上,大体上有分散教和集中教两种做法。集中教学便于利用形音义的有关规律进行类推,但不合儿童的形象思维习惯,作为主要措施看来是不适宜的。分散教学结合课文的综合认知,随文认字,避免抽象、枯燥的记忆的疲劳轰炸,应该会有较好的效果。多年来在许多官话地区推行的"注音识字、提前读写"的改革所以能收到好效果,就因为这种教学法着重于语言的训练,把繁难的汉字字形的辨认分散开来,用字形的不断重复和音义的熟练掌握来攻克辨认字形的难关。在已有经验的基础上,可以考虑博采众长,在拼音教学之后,集中教一批最常用的汉字,让儿童掌握最基本的形体结构的知识,然后进入语素层面,结合生动活泼的课文教学,采取大分散、小集中的方式教学常用字的形音义。总之,识字教学应该努力做到快速和高效。快速就是在最短时间内学到最多的汉字;高效就是形音义兼通,能认、能用、由字及词,有穿透力。如果在识字教学中耗费过多的时间,初学者难免产生厌烦、甚至恐惧的情绪,尤其是对于从未接触过汉字的外国学习者,更是不宜长时间的地停留于识字教学的阶段上。

二、历来启蒙教育中的识字教学有三种模式

要研究汉字教学的方向和方法,很有必要对启蒙教学中的汉字教学做一番历史的考察。如上文所说,汉字从产生起就是记录汉语的工具。从秦汉"隶变"之后,汉字既

是记录从上古汉语到现代通语的符号,也是记录古今南北方言的工具。我们研究汉字教学的历史经验,必须把它放在这个庞大而深远的背景中去考察。诚然,古代蒙学的识字教学,我们是很难有具体、真切的了解了,但是近百年来,尤其是当代的情况,是可以进行深入调查的,也是曾经有过认真研究的。

就近现代以来的语文教育说,汉字的识字教学有过三种模式。

第一种是从方言出发,根据古代字书的"反切",用方音认读汉字,经过书面的通语(文言或白话)去理解字义,从而学会书面语的阅读和写作。这种模式可以称为"由方入通,由口达书"(即由方言转入通语,从口语达到书面)。方音和通语语音并不相同,识字之后还不能学到官音,不能说通语,但是方言的音和通语的音存在一定的对应关系,有音转的规律可寻。雍正年间,皇帝曾经下诏,鉴于闽粤两省官员进京任职言语不通,责令其建立"正音书院"教授官音,当时的官音,在北方大概就是和北京话相近的北方官话,在南方则是和南京话相近的南方官话,全国一致的普通话还没有真正形成,在社会上也没有多大的影响。明清时期各地所编的方言韵书,如河北的《五方元音》、徐州的《十三韵》、广州的《千字同音》、福州的《戚林八音》等,就是帮助本地人用方音认读汉字的工具书。嘉庆年间泉州人黄谦编了泉州话韵书《汇音妙悟》,他在序言里就说了编书的用意:"因音以识字,使农工商贾按卷而稽,无事载酒问字之劳。"这些地方韵书,大多仿照《广韵》的体例,先按方言语音的韵类或调类收字,而后用方言声韵母拼音排列,本地人可以按照方音查字认字。这种按照方音识字的教学模式,直到现在还在尚未普及普通话的地区运用。最典型的是香港的小学语文教学,连汉语拼音也不教,直接用方音呼读汉字。实际上在不少官话地区,虽然也教汉字拼音,老师学生平时说的还是本地方言。不过由于官话方言和普通话之间,不论是语音还是词汇、语法,本来就相差不大,并且存在着明显的对应,他们还是可以把语文学得不错,中学毕业到了外地,改口说普通话也并不太难。

用这种模式识字的儿童能用方音读字,旧时也能诵读课本里的文言文,做做对子,旧式诗文是写不来的,口头表达则还只能说家乡的方言,连用汉字写写便条也只能用方言,所以后来各地又编了许多适应社会生活所需要的《四言杂字》《五言杂字》《七言杂字》,这分明又增加了识字的负担。

在现代的东南方言区,用方音认字,不懂普通话,思维还是用的方言,由于方言和古汉语和现代汉语都有不同,有时,既读不懂文言文,也读不懂白话文,尤其是那些记录北方话口语的文本。什么损人只说"损",贫嘴单说"贫","眼热、闹腾、不济、寒碜",就都是南方人很难读懂的北方口语。

第二模式是从通语出发,联系方言教学汉字。民国之后,有了"注音字母",后来又有国语罗马字,再后来有了汉语拼音,识字先学国音,并且用通语解说字义,然后用方音对译,若通语和方言字义有别,再用方言去说解词义。

这种模式可以称为"方通结合,书口并举"。例如,在闽南方言区,教了"长"就同时说方言读音是 tng，声韵母都不同，方言读成 t 的一些字在普通话要换成翘舌音（如场、肠、帐、张）；教了"脚"jiao，就同时说明方言说成"骹"kha，（如果不知道"骹"的写法也没关系）"脚色"方言说成"骹数"kha siao。

这种教学模式认读的汉字，既有通语的音义，也有方言的音义，让学生知道通语和方言音义的异同，展示了二者的对应。在学前习得的方言和新学的通语之间，用汉字搭上了一座桥，既学会了通语，原来就会的方言也没有忘记。一般的情况下，小学毕业了，认识了汉字，学会了国语，方言也可以教学使用。我自己在 20 世纪 40 年代入的小学，就是这样认得汉字的同时，也学了普通话，方言还照说无误。

这种教学模式在闽南方言区推行的最广泛，也发展得最成熟。究其渊源，可以追溯到晚清以来福建的推行官音和官话。早在 19 世纪末，闽南就有漳州人蔡伯龙所编的《官音汇解》和漳浦人张锡捷所编的《官音便览》，现在可以见到的是后者于 1864 年的"重刊本"。清末切音字运动的首创者，厦门人卢戆章 1892 年自费出版的《一目了然初阶》，就用拉丁字母创制了拼写普通话和多种方言的罗马字方案。1919 年上海宏文阁出版的石印本，闽清人黄绍武所编的《闽音正读表》也是用当时的官音来教福州人识字和正音的。[2]民国之后，移居南洋的闽南人把这种识字教学的传统也带到东南亚去了。新加坡所办的华文学校的识字教学，从 20 世纪 20—30 年代以来就是用的这种模式：用注音字母教国音、国语，同时用方言语音和词汇做解释。

第三种模式是 20 世纪 50 年代以来全国强化推行的直接使用普通话的识字教学。识字用汉语拼音拼标准音，用现代汉语说解字义、词义和讲解课文；不用方音呼读汉字，也不联系方言讲解课文；连课堂用语、校园用语也只用通语、不用方言。这种模式可以称为"通语教学，书口并用"的模式。这是当前最为通行，也被认为是标准化的模式。启蒙教育的对象是少年儿童，普及普通话最好从小抓起并蔚成风气，发挥拼音的效能。数十年来这种教学模式做出了重大贡献，这是必须肯定的。但是，客观地说，这种教学模式既有正面的作用，也有负面的影响。其正面作用除了上述的普及普通话、推广汉语拼音之外，还有利于提高阅读现代白话文的能力和速度，有利于改进文风，使写作朝着口语化的方向发展。就其负面影响说，这种模式把儿童已经习得的方言口语扔在一边，切断语言习得和语言教学的关联，就通语学通语，所建立的通语的语感，并未包含语言习得时所获得的理解，难免受到局限，对于开发他们的智力也会造成不利的影响。再者，由于过分强调教学语言、校园语言使用普通话，放学后又忙着做作业，根本就没时间，也没机会去巩固和扩充方言的语感。于是，不但不能用方言读书，连听说本地话的能力都退化，久而久之便逐渐消失了。近年来不少人士所抱怨的，方言在青少年中的淡忘乃至失传，不能不说和这种教学模式有关。还有，各地的中小学里还不准本地学生在校园里说本地话，保证校园语言是清一色的普通话，这种对学生语文生活并不完全正确的导向，也只能促使方言的萎缩和消亡了。

这三种不同的汉字教学模式是在不同的历史时代创造出来的，各种模式对于不同的时代的语言生活大体是相适应的,总体上说也是不断进步了,因为现代社会里,语言总是朝着集中、整合、统一的方向发展的。但是语言和文化的一体化不能理解为单一化,而应该允许多样化的存在。从语文的掌握、思维的认知和智力的开发来说,不同的模式都有各自的特点和长处,应该比较不同教学模式的优缺点,选择一种基本的,吸收其他模式的优点,岂不是可以把启蒙教育的汉字教学做得更好吗?

三、方言说解的识字教学法的优点

通语识字,方言说解,绝不仅仅是一种具体的教学方法的改进,而是值得进行理论发掘的教学模式。这种教学模式至少有以下的优点:

第一,把语言习得和语言教学衔接起来,有利于汉字教学降低难度和加快速度。

首先应该明确,现在中国儿童最先学会的母语是什么? 在世纪之交,我国在全国范围内用六年的时间开展了语言文字使用情况调查,据2006年语文出版社出版的《中国语言文字使用情况调查资料》[3] 所示,"小时候最先会说普通话"的人只占调查对象13.47%,而"最先会说方言"的人则占84.23%,在吴、闽、湘、赣、客、粤等方言区,这项比例甚至高达93%以上。按分地统计,全国通行汉语的人口中,除北京和东北之外,80%以上的人都是先学会说方言,而后学会说普通话的。当然,如果只就少年儿童做调查,先会方言的比例可能会有所下降,但是,说多数人是先会说方言而后学普通话,应该是有根据的。

这说明大多数孩子学前习得了方言,如今的孩子智力发展快了,他们学会的方言应该是水平不低的。方言的语音、词汇和语法尽管和普通话有些区别,总是还有不少相同之处,存在着对应的就更多了。教学汉字时用方言的音义来说解,就能调动方言习得的语言能力来为识字服务,使汉字教学更加快速和高效。300多年前捷克教育家夸美纽斯在他的《大教学论》中列出了"教与学的便易性原则"之四,就是"从容易的进到较难的",他主张"全部讲解都应该使用学生所懂的语言。"[4] 如果在识字教学时把全部习得的方言都扔在一边,另起炉灶去学习通语的音义,这实在是一种资源的浪费,并违背了由易及难的认知规律,只能徒然加大了识字的负担。

第二,合理利用方言和汉字的资源,识字"立体化",可提高汉字教学的质量。

如上文所述,汉字是贯通古今汉语、兼用于南北方言的。古今汉语和南北方言之间字音存在对应,字义也有种种关联。就字音说,教标准音,利用方音,对于学习正音是有好处的。例如,南方方言有的没有f声母,有的f声母字太多,教学普通话时,习得学生 f−h 不分,对比了国音和方音之后就可以和学生一起总结:凡是方言读 b、p 或偏旁是 b、p 的,只能是 f(例如:方—旁、甫—補、反—板、分—扮),方言或偏旁读 g、k 的只能是 h(例如糊、胡—古、黄—廣、歡—灌、会—剑)。比起逐个死记硬背,显然好多了。就字义说,同样的字,方言的意义如果和通语有别,或者是古代汉语的留存,或者是后来的方言创新,拿方言和通语作比较,既能温习方言习得的语感,也便于了解方言和通语之间的异同,使学得的字义更丰满、更深刻。例如"走"在闽、粤、客诸方言都说"行",说"走"是跑的意思,这是古汉语传承的说法。"三人行必有我师""行百里而半九十""走马观花""奔走相告",这是现代通语保留了古汉语的老说法。"行人、人行道、走笔、走江湖"也是保留的古义。几句话就把古今南北的差异都说清楚了,这样认识的字是"立体化"的,能解释古今还有和南北方言,印象必定更深。又如在吴、客、粤方言区教"穿"字,就要说到方言里"穿衣"的"穿"说成"着",和普通话说的"衣着、穿着、着装"意思相同;至于"穿孔"的穿,方言和普通话说法就没有区别。可见,联系方言不但可以让学生运用方言的语感,迅速地理解字义,而且可以体会到古今通语和方言的异同,理解不同义项之间的联系。把识字教学和语言训练密切结合起来,充分利用各种语言资源,提高识字教学的质量,真是一举数得,何乐而不为呢?

第三,联系方言教学汉字是保存方言、延缓方言萎缩的根本措施。

启蒙教育中的识字教学,教的都是常用字,都是些有构词能力的单音词。和这些单音词相对应的方言词往往也是常用的核心词。通过认字时的方言说解,唤起了方言习得的记忆,把原来的方言语感从感性知识提升为理性知识,这样确立的方言能力是终身受用的。例如闽南方言不说"黑",人黑说"乌",天黑说"暗",教"黑"字时,就可以告诉孩子,普通话也说"乌黑,黑暗",这也说明了"乌"与"黑"、"暗"有同义的关系;又如教"高"字,闽南话山高说"悬",人高说"躼",这都是古代汉语的留存,现代通语不说了。"悬"在现代汉语有时还用,"悬崖"不就是"高崖"吗?

入学不久,教了五六百个常用的单音词,就可以对应出数百、上千个方言词,这就相当可观了。如果再加上作为语素构成的双音词,还可以列举出许多字面意义和普通话不同,并且容易造成误解的方言词,这就不仅复习了方言习得的词语,而且对比了方言和通语,有利于词汇的规范教学。在粤语区,教"火"字时提醒学生,方言里的"火烛"是火灾的意思;教"房"字,指出方言的"房"普通话说"屋",方言的"班房"指的是"班级的房间",在普通话,要说"教室"或"课室",如果说成"班房",指的是"监狱"。教"汤"字时,在赣语区不妨提醒学生,方言里说的"清汤",普通话要改说"馄饨";在闽语区可以提醒学生,方言里的"汤",可以是可喝的"汤水",有时指的是普通话说的"热水","洗汤"是用热水洗澡。"汤"和古汉语的用法是相同的,普通话只在书面语里(如"赴汤蹈火")才用,普通话说的"汤"是可以喝的,方言说的汤也有不能喝的。这样学到的字,不论是字音、字义都是立体化的。不懂方言的,似乎是难了,但是很有趣;懂得方言的,由已知到未知,显然是容易了,不但知己,而且知彼,也是更有趣了。

上小学时,老师教识字就是先用注音符号拼注国音,再用方言对音和解释,字在国语和方言里的音义就都很快掌握了。教课文时,多音词也用方言解释。例如:东西就是"物件",躺下就是"倒落去",晒太阳就是"曝日",打架就是"相拍"。从形音义到字词句,都是"国语领头,方言解说"的方法教的。这种教学模式教出来的小学毕业生,字都认得了,书也能读了,国语也能说了,方言也照样很熟练。50年代以后的识字教学,从汉语拼音开始,从形音义到字词句,只教通语,不问方言,和他们相比,老一辈人的普通话能力未必比现在差,方言能力却肯定是强的,文言文的阅读能力也普遍更好些,因为方言里许多字义和古汉语较为相近。启蒙教育是一代代新人的必经之路,要使方言世代相传,结合方言学习通语是费时少、收益大的好办法。

时下又有人提倡,在义务教育阶段增设学习方言的课,颇有点"力挽方言萎缩的狂澜于既倒"的气势,认真想起来,却有点滑稽。其实,认真总结识字教学的老经验,办法是现成的,道理也是明摆着的,何必另辟蹊径?果真在小学里增设方言课,且不说多加了课时,儿童的学习负担会雪上加霜,难于承受;教材(包括配套的参考书、练习册、词典等)的编写、师资的培训又是一个庞杂而浩大的工程;汉语的方言都是大区套着小区,甚至一个县之内就有几种把它的方言或者同一种方言的几种不同口音,如果按照学校所在地的方言作为标准语去教,该编多少种课本?哪里去找那么多老师?选择其中一种口音去教,学生又要如何分班上课?由于外来工的移居落后,许多大中城市里,非本地生长的学生的比例越来越大,教学本地话的课他们要不要上?不上,干什么去?坐在那里上了,能听懂、能学得来吗?这种做法和想法实在是似是而非的,值得反思,必须慎之又慎。

第四,掌握双语利于提高学生文化素质。

识字教学用方言说解可以达到学好通语又能保存方言的目的,这是毋庸置疑的。从这个意义上说,这种教学法可以称为"双语教学法"。自然,这种通语和方言的"双语"之中是有主次之别的,通语有目标规格,有测评要求,有阅读和写作的训练,而方言只是用来为通语做解释的一种教学手段,用来作为所学的通语的参照物,然而这种教学法却是可以达到通语和方言双语共存的良好效果。

对于这种双语共存的效果,我们切不可小看。少年儿童启蒙时代能掌握双语,他就会建立通过对比来学习语文的习惯,这对语文学习来说是十分重要的。到了中小、高小,他很快就要学习古代汉语、学习外语,都必须用对比的方法。汉语的通语和方言之间在语音和语义上都存在着一定的对应关系。老师在教学时能够给学生挑明或者启发他们去寻求对应最好,即使老师做不到,智商高的学生也可能自己去感悟。例如闽粤语区的孩子,知道了"担、谈、贪、男、南、三、蓝、滥、含、暗"等字,方言都读 m 韵尾,在普通话则归入 n 尾,这对他们为自己普通话正音或日后读古诗找韵脚都会有好处的。闽语区的学生在读到"寒梅著花未""画眉深浅入时无",也可能联想到,句末的这种否定词不就是自己所熟悉的方言的用法吗?("酒矸通卖无"解释这么说的)语言在不断地变化,语文的运用与生命共在,语文学习是一种终身的学习,建立这种对比的习惯,就能活到老、学到老,还能学得好、活得好。这就是语文能力的可持续发展。

不仅如此,任何语言和方言都是一种文化的结晶。英国语言学家帕默尔说过:"获得某一种语言就意味着接受某一套概念和价值。在成长中的儿童缓慢而痛苦地适应社会成规的同时,他的祖先积累了数千年而逐渐形成的所有思想、理想和成见都铭刻在他的脑子里了。"[5]精通两种语言或方言的双语人,比起单语人,不但语文知识多了,价值观念和感情世界也会更加丰富,眼界会更加开阔,思维能力也必定会更强。已经有心理语言学家就此做过追踪研究。他们做出的结论是:双语者的智商和成年后的成就都比单语者更高。20世纪的教学理论,不断地反思旧传统,批判因循守旧的旧方法,在语文教学方面,则从单纯的语文知识的传授、单纯语文能力的培养走出来,从老师教、学生学的旧套子中走出来,提倡教师为向导、学生为中心,让学生主动自觉地、创造性地学习,按照人本主义的文化价值观去关注个性的全面发展、人格的和谐发展。通语和方言相联系的教学、双语能力的培养、多元文化素质的塑造,和这种崭新的时代精神是十分协调的。

四、方言说解的识字教学法的调查研究和推广设计

如果认定了"通语识字,方言说解"是一种科学合理的教学模式,值得推行,我们就必须开展广泛深入的调查研究,并且设计切实可行的推广实施方案。

此项调查工作从横向说,必须包括若干官话地区和各种东南方言,重点是东南方言区,了解不同方言区有哪些不同情况;从纵向说,应该包括民国前后和建国前后,考察不同时代有什么变化。调查内容则应该包括具体的教学都有哪些不同做法,学生掌握汉字的数量和质量、说普通话的水平、阅读古文的能力以及智力开发的状况。还应该了解不同地区、不同时期毕业的学生和家长对不同教学方法的评价。在广泛深入调查的基础上,就各地所采取的不同识字教学方法上的效果进行比较。只要调查工作做得好,就能对各种教学方法做出正确的评估。

设计通语识字、方言说解的教学方案,可以包括以下各项内容:

第一,提供给执教老师使用的教学参考资料。应该说,数十年来,方言工作者对常用字、常用词的调查已经积累了丰富的材料,就一定数量的常用字,编制通语和方言的不同读音和不同含义的对照表,并非难事,除了这份方言和普通话的字、词对照表,还要给老师提供教学方法的说明。不同年级的识字教学,方言说解的深广度要有区别,这种说解不能全由老师满堂灌,最好尽量采取启发式教学,让学生主动联系他们已经习得的普通话和方言的语感,互教互学。20世纪50年代的全国方言调查时,不少地方曾经编写过本地人学习普通话手册,但是多半是把方言调查的字音、词汇和普通话列表比较,没有抓住重点,篇幅过大,归纳语音对应规律时没有做出通俗的解释,小学老师能读懂的不多,也没有给他们进行必要的训练,所以大多没能在教学中发挥应有的作用,后来就束之高阁了。如果再编写方言与普通话的字、词对照表和教学辅助材料,应该吸取当年的经验教训,把工作做得更好些。

第二,培训老师,创办试点。有了教学参考资料,就可以分期分批组织老师进行短期的培训。让经过培训的老师在自己的教学班中试教,并在教学实践中发现问题,解决问题,及时交流经验,修改参考资料和教学计划。

第三,制定推行方案。全国范围内情况不同,推行新的教学法,应该分别不同情况分步进行。东南方言区、普通话尚未普及的农村可以先推广,强势方言的区域、熟悉本地方言的师资充裕的地区可以优先推行,本地人有保护方言意识的地区则应该加强推广的力度。在政策上,只用通语的识字教学法不应该废止,也不应该限制;通语识字,方言说解的教学法则应该得到鼓励和支持。可以让不同的教学法公平竞争,通过考察教学效果给予恰当的评价;也可取长补短、综合运用不同的教学法。经过试验和交流、总结,应该开展相关的理论研究,推动汉字教学和启蒙教育朝着正确的方向发展。

参考文献:

[1]许嘉璐.语言文字学及其应用研究.广州:广东教育出版社,1999.

[2]李如龙.福建方言.福州:福建人民出版社,1997.

[3]中国语言文字使用情况调查领导小组办公室.中国语言文字使用情况调查资料.北京:语文出版社,2006:21.

[4]夸美纽斯.大教学论.北京:教育科学版社,1999:95 – 97.

[5]帕默尔.语言学概论.北京:商务印书馆,1983.

(本文曾刊登于《闽台文化交流》2012 年第 3 期。)

后　记

　　收在这本集子里的文章是我跨过新世纪以来十几年间写的,都是讨论有关语言教育的问题,其中多数是关于国际汉语教育的论述。

　　大学毕业后,我在大学里工作 60 年了,研究汉语,教语言学的课,总是和汉语的教育相关。在长期的工作中,我悟出了一个道理:研究汉语、教学汉语,一定要关注汉语的特征。认识特征,是研究汉语的途径,也是研究汉语的目标;理解特征,是教学汉语的出发点,也必须贯穿整个教学的过程。因此,最近的 20 年间,关于汉语的特征,就成了我集中研究的课题,也是思考最多的内容。

　　语言总有语音,语音的背后是语义,语义是存在于一个个的词和由词组成的句子里,词汇组成句子又总是有一定规则的,这就是语法。这些都是所有的语言共有的一般特征。个别语言的特征则是一般特征的特殊表现,也是该语言与众不同的特征。例如,汉语的语音有声调,声韵调组成了音节,音节在多音词里还有连读变调、有轻声、儿化;汉语的词汇以单音节为核心、双音节为基础,大多数的多音节词语都是由语素按照意义的关系复合而成的,构成词语的方式和造句的方式大体相同;词汇可以按照意义和组合关系分成若干词类,大别又有表示语法意义的虚词和表示词汇意义的实词,但不同的词类有交叉、能转化;词类和句子里的语法成分不直接挂钩,由词组成句子,一般不发生形态的变化。这就是经过长期的努力,在研究汉语的学者中形成的,对于汉语有别于其他语言的特征的一些共识。

　　汉语的这些特征又是怎么来的呢? 这也是我在研究汉语的特征时着重探讨的问题。经过多年的思考,我发现:汉语的这些与众不同的特征,都和汉语采用汉字作为表音符号,汉字作为汉语的语素,兼有语言的功能有关。汉字由形音义组成,绝大多数的字的音义,便组成了汉语的单音词。汉字定型之后,单音词挤压了双音的联绵词,淘汰了复合辅音,压缩了某些形态标志,使上古汉语的单音词占了绝对优势。但是由于音节数的局限,单音词的多音多义现象大量增加,妨碍了表意的明确,于是产生了双音合成词,并逐渐发展为词汇系统的主体。双音词占了优势之后,语义的紧密关联造成了多音词内部的一系列连音变读。由于汉字表音不力,由字义合成的书面语词汇和由语音衍生的口头语词汇逐渐分道扬镳,书面语和口头语也逐渐扩大了差异。由于汉字字形稳定、表音不力、表意为主,一方面形成了按照字义组词并组词成句的语义语法;另一方面,汉字又成了沟通古今汉语和南北方言的利器,文言词、古成语世代相传,通语词、方言词互通有无。由此可见,汉语的许多与众不同的特征都是两千年来与汉字的矛盾、互动并不断达成新的和谐的结果。

　　这些论文就是我在关于汉语的特征以及如何形成这些特征的思考过程中写出来的,所以我用了《汉语特征与汉语国际教育》这个书名。它记录了我的思考成果,也是我所想的汉语国际教育所必须遵循的研究方向。除了两篇演讲稿之外,大多数文章都已经在国内的重要刊物上发表过,文后也注明了发表的时间和刊物。除了《代序》之外,书中的头4篇是我关于汉语国际教育的理论思考,也是个"总论"。最后的5篇是关于语言教育的通论,讨论的不限于对外汉语教学,也包括母语教育。其余的11篇则是专门讨论对外汉语教学的具体问题的。其中,有4篇是学生和我合作研究的成果。这4位同学是:杨吉春、陈瑶、吴茗和何颖,在每篇文章的末尾也都加注说明合作者。其中的3篇曾经收进我2004年在中国传媒大学出版社出版的《汉语应用研究》一书,因为内容较为重要,发表以来引用率也比较高,为提供查阅方便,本书再发表一次。

　　2004年,国家成立了"汉语国际推广领导小组办公室",十几年来,随着中国国力的强盛发展,汉语国际教育的事业受到世界各国人民的欢迎,孔子学院和孔子学堂越办越多,开辟了汉语教育的广阔的工作面。许多汉语研究者和语言学教学工作者都受到很大的鼓舞,对于如何帮助外国人学好汉语,专家们提出了许多新问题,发表了许多好意见。我在跨过新世纪后所带的博士生、硕士生,有不少就是从事对外汉语教学的,好几位都去了孔子学院任教。我还是老办法,带学生不要求他们跟我走,而是我跟着他们去研究。陆陆续续也就读了一些已有的汉语国际教育的论著,思考了一些问题,写了一些文章,也和他们一起编过教外国学生的教材。退休之后,还到厦门大学海外教育学院兼了一些工作,开开讲座,讲一点课,协助他们指导博士生和硕士生,组织一些有关的学术研讨会,和他们一起到几家孔子学院做调查研究。这些实践使我扩大了眼界,体会到对外汉语教学的甘苦,也获得了一些新知。半个多世纪以来,大批语言学家,投入了对外汉语教学这项崭新而又艰难的事业,做出了骄人的成绩,我对他们是深深感佩的。作为一个上了年纪的新兵,我也发现了一些问题,形成了一些想法。这些想法中,可能有些是从旁看清的,多数有点参考价值,也可能有些是外行话,希望得到行家的批评指正。

　　本书是作为庆祝厦门大学海外教育学院建院60周年的丛书之一出版的,感谢厦大海院朋友们的好意。60年前,厦门大学海外教育学院的前身——华侨函授部成立时,我刚刚在厦门大学参加工作,后来我的许多同学和学生都先后到这里参加工作,我是目睹着这个学院的成长和成就的,我为他们感到骄傲。我奉上这本小册子向他们表示祝贺! 汉语国际教育的事业正在蓬勃发展,大批在国外从事汉语教学的年轻人,经过自己的勇敢实践,一定能获得更多更好的经验,创造出更加辉煌的业绩。我也奉上这本小册子向他们致敬!

李如龙

2016年2月,于厦大西村寓所